Um percurso da construção civil
pela história

Editora Appris Ltda.
1.ª Edição - Copyright© 2024 do autor
Direitos de Edição Reservados à Editora Appris Ltda.

Nenhuma parte desta obra poderá ser utilizada indevidamente, sem estar de acordo com a Lei nº 9.610/98. Se incorreções forem encontradas, serão de exclusiva responsabilidade de seus organizadores. Foi realizado o Depósito Legal na Fundação Biblioteca Nacional, de acordo com as Leis nᵒˢ 10.994, de 14/12/2004, e 12.192, de 14/01/2010.

Catalogação na Fonte
Elaborado por: Dayanne Leal Souza
Bibliotecária CRB 9/2162

C568u
2024
	Ciccarelli, Eduardo R. G.
	    Um percurso da construção civil pela história / Eduardo R. G. Ciccarelli. – 1. ed. – Curitiba: Appris, 2024.
	    449 p. : il. ; 23 cm.
	
	    Inclui bibliografia.
	    ISBN 978-65-250-6119-1
	
	    1. Arquitetura - história. 2. Estrutura - história. 3. Construção civil - história. 4. Conhecimento. I. Ciccarelli, Eduardo R. G. II. Título.
	
	    CDD – 624

Livro de acordo com a normalização técnica da APA

Appris editora

Editora e Livraria Appris Ltda.
Av. Manoel Ribas, 2265 – Mercês
Curitiba/PR – CEP: 80810-002
Tel. (41) 3156 - 4731
www.editoraappris.com.br

Printed in Brazil
Impresso no Brasil

EDUARDO ROBERTO GIANNELLA CICCARELLI

Um percurso da construção civil pela história

FICHA TÉCNICA

EDITORIAL	Augusto Coelho
	Sara C. de Andrade Coelho
COMITÊ EDITORIAL	Ana El Achkar (UNIVERSO/RJ)
	Andréa Barbosa Gouveia (UFPR)
	Conrado Moreira Mendes (PUC-MG)
	Eliete Correia dos Santos (UEPB)
	Fabiano Santos (UERJ/IESP)
	Francinete Fernandes de Sousa (UEPB)
	Francisco Carlos Duarte (PUCPR)
	Francisco de Assis (Fiam-Faam, SP, Brasil)
	Jacques de Lima Ferreira (UP)
	Juliana Reichert Assunção Tonelli (UEL)
	Maria Aparecida Barbosa (USP)
	Maria Helena Zamora (PUC-Rio)
	Maria Margarida de Andrade (Umack)
	Marilda Aparecida Behrens (PUCPR)
	Marli Caetano
	Roque Ismael da Costa Güllich (UFFS)
	Toni Reis (UFPR)
	Valdomiro de Oliveira (UFPR)
	Valério Brusamolin (IFPR)
SUPERVISOR DA PRODUÇÃO	Renata Cristina Lopes Miccelli
PRODUÇÃO EDITORIAL	Bruna Holmen
REVISÃO	Katine Walmrath
DIAGRAMAÇÃO	Renata Cristina Lopes Miccelli
CAPA	Jhonny Alves
REVISÃO DE PROVA	Bianca Pechiski
	Jibril Keddeh

À Maria Fernanda,
minha neta.

Tenha em mente que tudo que você aprende na escola é trabalho de muitas gerações. Receba essa herança, honre-a, acrescente a ela e, um dia, fielmente, deposite-a na mão de seus filhos.

(Albert Einstein)

A Arte é o espelho da pátria. O país que não preserva os seus valores culturais jamais verá a imagem de sua própria alma.

(Chopin)

Não se deve nunca esgotar de tal modo um assunto que não se deixe ao leitor nada a fazer. Não se trata de fazer ler, mas de fazer pensar.

(Montesquieu)

Como posso ir para frente, se não sei para que lado estou virando?

(John Lennon)

SUMÁRIO

PREÂMBULO 13

PARTE 1

1
O EGITO DOS FARAÓS 26

2
A GRÉCIA ARCAICA 37

3
GRÉCIA CLÁSSICA 43

4
A GRÉCIA HELENÍSTICA 54

5
ROMA IMPERIAL 61

6
A IDADE MÉDIA: DOMINAÇÃO SENHORIAL 86

7
GUILDAS 101

8
A ARQUITETURA DAS CATEDRAIS 105

9
O SURGIMENTO DAS UNIVERSIDADES 132

10
O RENASCIMENTO: RAÍZES DA MODERNIDADE 143

PARTE 2

11
AS ACADEMIAS 178

12
AS PRIMEIRAS SOCIEDADES CIENTÍFICAS 180

13
A REVOLUÇÃO CIENTÍFICA 185

14
ROYAL SOCIETY 197

15
O CONHECIMENTO CIENTÍFICO 202

16
O ENSINO COMO INSTITUIÇÃO NA FRANÇA 207

17
O ENSINO COMO INSTITUIÇÃO NO BRASIL 212

PARTE 3

18
O AVANÇO TECNOLÓGICO 233

19
AS FONTES DE ENERGIA 235

20
O FERRO 238

21
O AÇO 243

22
A SIDERÚRGICA NO BRASIL 246

PARTE 4

23
A ANÁLISE ESTRUTURAL 259

24
OS ENGENHOS DE CÁLCULO 261

25
OS SISTEMAS ESTRUTURAIS PRIMÁRIOS 265

26
PUBLICAÇÕES E EVENTOS TÉCNICOS 288

27
FUNDAMENTOS: NORMAS 298

PARTE 5

28
A ESTRUTURA NA ARQUITETURA 307

29
A ESTRUTURA METÁLICA 310

30
AS ESTRUTURAS DE CONCRETO 360

31
AS ESTRUTURAS DE CONCRETO NO BRASIL 373

CONCEPÇÃO DE UMA NOVA IMAGEM 393

BIBLIOGRAFIA CONSULTADA 407

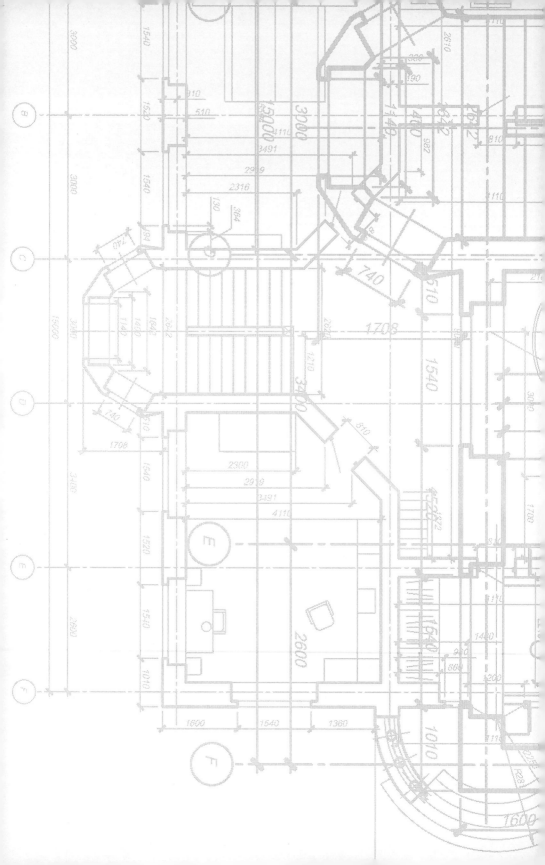

PREÂMBULO

Há uma coisa mais importante que as mais belas descobertas: o conhecimento do método pelo qual são feitas.

(Leibniz)

Seres humanos já viviam há milhares de centenas de anos. Evoluíam dos primatas a hominídeos e destes, há dois milhões de anos, ao *homo erectus*. Quase trezentos mil anos atrás o *homo sapiens* passava a dominar o fogo para afugentar predadores, aquecer no inverno, iluminar, cozinhar, desenvolver lâminas, machados de mão e obras de arte. Antes da fala aplicava a linguagem da interpretação prática. A abstração, pensar em coisas não de fato presentes, permitia o aparecimento da fala e do poder de comunicar, ensinar, comandar. Há cem mil anos conquistava a palavra e gradualmente desenvolvia a capacidade de organizar na consciência aquilo que observava, e muito tempo passaria para conseguir interpretar além das aparências. Isto é, por magia e mito, suspeitar da existência de horizontes para além do mundo imediato que levaria às primeiras manifestações do pensamento simbólico, introspectivo e reflexivo. Durante milhões de anos vinculados com a terra, árvores, montanhas, rios, a diferenciação entre o real e o irreal era pequena. Fontes, cavernas e bosques eram sagrados e inspiravam o enlevo místico. No murmúrio das águas, sons entre as árvores interpretavam como se fosse a voz dos deuses. A contemplação das estrelas e dos planetas em movimento, do sol e da lua em suas rotas, e a mudança das estações ensinavam a observar, perceber e classificar as regularidades dos fenômenos da natureza. A observação dos céus foi questão de sobrevivência.

Como ser gregário vivia perambulando em pequenos bandos de caçadores-coletores. Em regime de interdependência, dependia de outros, direta ou indiretamente. Para obter as condições materiais de vida e poder sobreviver, constataria a importância do necessário e indispensável equilíbrio às relações humanas e sociais, ensinando e compartilhando trocas de conhecimento e especialização. Agrupou-se em sociedades orientadas para os valores que indicavam o limite entre o agir correto e o incorreto fundados na liberdade e no respeito pelo outro e na lei natural gravada na natureza humana que nascia com ela e a acompanharia durante toda a sua vida, independentemente do nível cultural. Regras da mente, sob o comando da consciência, discernindo o bem do mal. Acompanhada pela busca do saber, da coragem de ver, ouvir e reagir, que dava coesão à mentalidade coletiva, criaria a arte, as técnicas, a atividade econômica e a organização política.

Ser solitário, o Homem era incapaz de viver na solidão. Pela necessidade de conviver em grupos, de expor o que sentia e possibilitadas pela memória, foram arrancadas as primeiras vozes e as primeiras palavras inventadas. Para o diálogo pessoal e comunicação rápida, nascia a linguagem figurada que representava o princípio da dominação do Homem sobre as coisas. Olhando e observando o céu aprendia a caminhar pela Terra, tendo como guia as estrelas.

Muito mais por ser *homo loquens* do que *homo faber*, o Homem é *homo sapiens* quando recorrendo à razão, capacidade de criar, articular palavras, pensamentos, comunicar e expressar sentimentos, o "espaço vital que o envolvia, o sideral que o espiava e o infinito que desnudava sua pequenez e finitude" passavam a ser analisados. Na luta contra obstáculos interferia e transformava a natureza; libertando-se das suas malhas, assenhorava-se dela.

Pinturas rupestres antigas mostravam os humanos em menor tamanho com relação aos animais selvagens. Pinturas rupestres mais recentes demonstravam uma inversão. Na Caverna de *Lascaux*, a Capela Sistina da Pré-História, paredes cobertas por quase 6.000 imagens produzidas ao longo de uns dez mil anos, entre 25000 e 15000 a.C. representando animais e estênceis de mãos, surgia a forma ideográfica de escrita (desenhos de ideias), quando com a mão traçava as primeiras figuras na superfície de pedra, divulgando mensagens. Pela linguagem o conhecimento se transmitia para além do tempo e espaço. À arte da escrita juntava-se a arte de pensar.

A não mais se esconder nas cavernas, sua arte, com figuras em cenas coletivas, passava a ser vista em plena luz. Vivendo em grupos aprendia a subdividir tarefas e, utilizando instrumentos de trabalho, progredia, tendo o instinto aquisitivo e o de conservação como irmãos xifópagos.

Para garantir a subsistência, os povos fixados nos deltas dos rios Nilo (no Egito), Tigre e Eufrates (na Mesopotâmia), há cerca de doze mil anos, passavam por uma grande transformação. Na Revolução Agrícola, também conhecida como a Revolução Neolítica ou, ainda, Revolução Urbana, os humanos abandonavam o estilo de vida nômade afastando-se da caça e da coleta em pequenos bandos baseados no parentesco. Ocorria uma transição dos bandos para as tribos. Começavam a manipular a natureza alterando o meio. Por intermédio do conhecimento, ao apoderar-se da técnica provida de práticas espontâneas, procedentes do senso comum, transmitidas e aperfeiçoadas de uma geração a outra, as primeiras comunidades aldeãs apareciam constituídas pela confiança. Conferindo certo domínio sobre a natureza, o agricultor deixava de vagar para coletar alimentos. Cultivando uma grande variedade de plantas e cereais exclusivamente para uso humano, surgia a agricultura. Criando animais sobrevinham os pastores conduzindo animais domesticados. Mais tarde esses grupos se encontrariam e se desenvolveriam paralelamente de forma complementar. A plantação de vegetais se juntava à criação de animais ocorrendo a domesticação das fontes alimentares. Como consequência, adaptava-se à nova vida sedentária e às bases tecnológicas das civilizações que mais tarde apareceriam e evoluiriam tanto mais rapidamente quanto mais comunicação e intercâmbio mantivessem umas com outras.

Nesse período histórico, com os agrimensores (primeiros matemáticos) tendo a geometria (ciência da medida da terra) oferecendo uma descrição quantitativa das grandezas como comprimento, áreas, ângulos, volumes, a corda com nós dados com o mesmo espaçamento utilizada como régua, esquadro e compasso, ocorria o conhecimento da medição, divisão e modulação do território fixo habitado; com fio de prumo, nível d'água e invenção de ferramentas, começava a divisão do trabalho, subdividindo tarefas como a delimitação, o cercado e a defesa das terras; a manufatura, o artesanato, o comércio, o transporte por estradas e barcos; as construções das moradas "para acomodação contra o frio, o medo e a noite"; os locais de estoque do acúmulo do excedente alimentar, afastando o perigo contínuo da fome; o desenvolvimento da técnica da construção de canais de irrigação e drenagem para a transformação dos pântanos em terras férteis; a origem da propriedade privada e coletiva; a hereditariedade e as sucessões. Com a herança patrimonial que prestigiava apenas o filho mais velho, gerava-se, com a migração, a fundação de novos assentamentos, povoados, aldeias, vilas e cidades, originando a profusão de novas profissões.

A formulação de princípios com hierarquização de valores e poderes, o desabrochar das sociedades estáveis, em esquema trifuncional em que os sacerdotes oravam, os soldados combatiam, os camponeses sujeitos aos demais asseguravam a subsistência de todos, propiciavam a formação, o crescimento e consolidação das cidades e a formação de impérios quando amplos territórios ficavam sob um único soberano.

A transmissão dos saberes era cantada "pela voz dos poetas, apoiados pela música de um instrumento revestindo uma forma verbal fácil de memorizar". Obras emblemáticas da história da humanidade como a Odisseia — origem de todos os livros, composta de vinte e quatro contos e doze mil versos que narram o retorno de Ulisses à sua casa depois de participar da guerra de Troia, história contada na Ilíada — expressavam a voz coletiva do povo. Repassando problemas humanos, exprimindo crenças e tradições, passavam de geração a geração como narrativas orais que o vento leva, e só a memória poderia retê-las. Como "livros de carne e osso em um tempo sem escrita", as histórias orais impediam que todo o saber acumulado acabasse anulado pelo esquecimento. A memória possibilitava o acesso a um outro mundo e poder retornar ao mundo dos mortais. Não provocava apenas lembranças, mas, também, gerava o esquecimento. Como os conhecimentos podiam se perder com a morte de um ancião, a comunicação oral era insuficiente para a preservação cultural.

A tecnologia da escrita aparecia na Suméria há 5500 anos, no Egito há 5200. Pouco antes de 3000 a.C., na extremidade sul da Mesopotâmia, as representações pictográficas, símbolos com forma de figuras gestuais de animais e pessoas imitando os objetos representados, inscritos em fichas de argila e em coleções de tabuletas de metal ou madeira, por meio de desenhos simplificados daquilo que a palavra significava, se somavam a uma escrita mais complexa com caracteres inventados pela hierarquia religiosa da Suméria (3300-2000 a. C.). A escrita cuneiforme, sinais ou grupos de sinais para representar sons e sílabas em forma de cunha, primeiramente gravados por estilete de junco em placas de argila, representava a separação entre a pré-história e a história. Dos sumérios com a capital em Uruk, fundada há cerca de seis mil anos, florescente cidade protegida por muralha de tijolos situada em uma curva fértil do rio Eufrates a 270 quilômetros ao sul de Bagdá, a escrita cuneiforme passava aos acádios, com capital em Acádia, que a difundia em seu império e fora dele. A escrita cuneiforme foi utilizada por mais de trinta séculos.

Na Fenícia, fundada por volta de 3000 a.C., no atual território do Líbano e partes da Síria e Palestina, emergia com o alfabeto, em 1100 a.C., para desenho dos sons, a escrita fonográfica. Série de vinte e duas letras todas consoantes, correspondendo cada uma não a imagem, mas a um som da fala, que quando diversamente organizadas, com uma dúzia de sinais de pontuação representavam todos os fonemas de uma língua. No século VIII a.C. os gregos inventavam símbolos para as vogais. Ao representar cada palavra e não somente os objetos, a escrita alfabética padronizada permitia registros, fiscalização, regulamentação, contabilidade, envio de correspondência, controle da vida econômica e social e a feitura do livro manuscrito. A escrita, mais estável e permanente do que a fala, foi apanágio do poder, instrumento do governo. Saber ler e escrever era segredo de Estado.

Com o alfabeto latino e a partir dos escribas, pequena classe profissional dominando centenas, e com o passar do tempo, milhares de signos, como primeiro das profissões de caráter intelectual privilegiado e secreto e primeiros detentores do saber escrito, acontecia por volta do século III a.C., a primeira revolução cultural "que ia tornar infinita a memória da humanidade, dar vozes aos mortos, comunicação universal aos vivos, legar a sabedoria adquirida". Registrando impressões, relatos, relações, conquistas, proezas, os escritos se multiplicavam.

Escrever prolongou a vida da memória. Permitindo uma percepção da vivência por meio do conhecimento da sua herança, a memória do Homem se universalizava. Ao abrir caminho para a alfabetização rápida e fácil e se espalhar entre os povos, tornava-se suporte na partilha do conhecimento. O livro tornou-se extensão da memória e da imaginação. Antes da escrita era a pré-história, quando, nos mitos criados na época, o terror vivia com a magia e com ritos carregados de poder.

O Homem nasce inconcluso. "*É um vir-a-ser, um contínuo devir*" Aprendendo quase instintivamente com sua própria experiência pregressa, participa do processo levando avante o que outros pensavam antes dele. Herdando padrões tem seus precedentes, tradições, ideias organizadas acumuladas lentamente durante séculos. Em suas diferentes formas, o conhecimento se expressa em um dado momento histórico, sempre como parte intrínseca do global, compreendido à luz do espaço e do tempo em que se dá. Tudo está na sua época e traduz suas condições, vontades e valores. Assim, o "gênio é uma legião, não um homem isolado", e as invenções decorrem do ambiente social.

Por sua vez, o mundo contemporâneo, com raízes ligadas a um passado de reflexões, resultou de um acúmulo de invenções e de realizações convertendo o desconhecido em conhecido. O que considerava não era a transmissão daquilo que se inventava, mas a transmissão do poder de inventar.

Por saltos repentinos a humanidade evoluía da era tribal para a era da agricultura e desta para a era científica/industrial. Cada estágio trazia avanços na tecnologia, nos meios de subsistência, nas estruturas do poder e na perspectiva religiosa. Símbolos, herança, memória, datas simbólicas e rituais não eram frivolidades.

Por milhares de anos, algumas dezenas de pessoas viviam em clãs, sem chefe, hierarquia e divisão de trabalho. Mais tarde passavam a se inspirar no comando de uma autoridade aceita por seus membros. Os velhos, "unindo o começo e o fim, ligando o que foi e o porvir", "fonte onde jorra a essência da cultura, ponto onde o passado se conserva e o presente se prepara", eram respeitados.

Há dez mil anos estabeleciam-se sociedades com milhares de pessoas com autoridades de cima para baixo, e a figura do chefe imposta pela lealdade e pelo medo. Na Mesopotâmia, aproximadamente há 4000 anos, surgia uma sociedade complexa com burocracia e religiões organizadas.

A revolução científica/industrial libertou o sistema de castas e substituía a dominação senhorial pelo Estado de Direito e pela Democracia onde todas as pessoas teriam valor fundamentalmente igual e todas as vozes seriam ouvidas.

O aparelhamento científico e técnico, símbolo da vitória do engenho humano sobre a matéria, decorria do modo lógico, pragmático e científico de pensar, e dos esforços despendidos desde tempos imemoriais na pesquisa e na indagação das leis que presidem os fenômenos naturais. A ciência passava a beneficiar a libertação do Homem sobre a natureza.

A construção, um dos principais feitos do Homem, fruto de processo longo e gradual, nascia, há quarenta mil anos, originada por um teto como habitação, descanso e abrigo contra o inimigo e o clima. Como cada nova investigação revela testemunhos da evolução humana ao expressar traços culturais de uma sociedade à época em que a construção foi executada, a assertiva vale até que novas evidências ou novos testemunhos, eventualmente, confirmem inícios mais remotos. A gruta natural, a toca e o refúgio foram as mais antigas moradas. Construir implicava o conhecimento de segredos ocultos e o Homem primitivo via nos fenômenos naturais forças superiores às suas, atribuindo fundamento divino, mantidos vivos por narrativas míticas, lendas e ritos.

A necessidade de morar é permanente. Desde a pré-história, o Homem é construtor. A construção, enquanto conjunção de matéria e forma, manifestou-se quando, para se proteger do ambiente externo, percebia a necessidade de tetos e abrigos em vez das grutas. Atividades acarretavam, posteriormente, para os caçadores moradas em cavernas, para os pastores moradas em tendas, e para os agricultores moradas em cabanas. Com fibras, ramos e varas levantavam as choças. Em lugares frios com peles, ossos de animais construíam as habitações. Nas sociedades nômades os acampamentos transitórios e transportáveis eram pousos, não aldeias. Já, nas sociedades sedentárias, as casas eram permanentes e, com elas, surgiam as cidades. Espalhadas, agrupadas, defendidas por cercas, fossos e torres, foram as bases técnicas primitivas que originavam a construção civil, militar e naval. Com o passar do tempo, foram se convertendo em expressões artísticas na busca do ideal estético e de beleza.

A Arquitetura afigurou-se quando a construção passou a ter, para satisfazer necessidades pessoais e coletivas, a qualidade de ser agradável e dar prazer, não só como habitação, repouso e abrigo, mas também como local de trabalho, lazer e reuniões. Desenvolveu-se como arte e ciência. Para beneficiar-se da liberdade de construir, visava ao conhecimento das necessidades, das consequências e das conexões em relação a uma série de parâmetros, entre eles o domínio tecnológico onde os materiais empregados para as construções possuíam um conjunto de características próprias que os tornavam aptos para o tipo de edificação.

À madeira juntava-se a pedra, a argila e o tijolo de barro misturado com palha prensado e seco ao sol produzido, em 3000 a.C., na Mesopotâmia. Materiais com propriedades e tecnologia suficientemente avançadas para construção de grandes prédios com colunas e terraços.

Antes de ser utilizada nas construções, a pedra servia de monumento aos mortos. Menires, blocos de pedra de forma alongada, foram erguidos encravados no solo com a parte pontuda voltada para o céu. Deram origem às colunas. Percebendo que com três elementos era possível construir, nasceu, em forma de mesa, o dólmen ou o trílito (três pedras), duas colunas como apoio da arquitrave em forma de pórtico. Em série formaria uma galeria, um corredor coberto. De uma série de trílitos surgiria a colunata. Famosos monumentos neolíticos da planície de Salisbury na Inglaterra, sendo a de Stonehenge com círculos formados por pesadas lajes de pedra apoiadas sobre outras pedras em pé, é o monumento neolítico simbólico da Grã-Bretanha.

Funcionando como gigantesco calendário que emoldura o amanhecer do solstício de verão e o crepúsculo do solstício de inverno, foi o último de uma sequência de estruturas cerimoniais.

A história da Arquitetura é longa. Valendo-se do que a natureza oferecia, se instituía não só pela procura da beleza e pela tentativa de vencer a Lei da Gravidade, mas por empregar, para a sua sustentação, elementos resistentes mais leves, elegantes e cada vez mais desafiadores. Sendo realização material, estava no plano físico, e não no plano das ideias. Tendo peso, volume, espaço, textura, brilho, cheiro, cor, largura, altura e profundidade, fazia parte do mundo real e, juntamente com o material, passava a ser funcional e artística. Sua estabilidade mantida pela estrutura, seu suporte físico, formava uma unidade. Graças à estrutura e ao material trabalhando solidariamente, obras arquitetônicas têm sua permanência mantida ao longo dos séculos.

Contudo, a arrumação da unidade arquitetura/estrutura necessitava do conhecimento técnico. Como fazer para manter a estabilidade? O desenvolvimento técnico resultava e evoluía como consequência da escassez e da procura de novos materiais. Embora sendo uma velha arte, o dimensionamento matemático na análise estrutural é uma ciência muito nova. É recente, veio como ajuda. Substituía a concepção intuitiva e as comparações de uma construção a outra de mesmo porte baseada em experimentos em que mestres de obra especializados, mostrando gênio e intuição, empregavam regras empíricas, raramente enriquecidas e cuidadosamente guardadas como segredos.

A construção, como produto da Arquitetura, brotou com raízes na vida social que datam do neolítico, com o Homem adaptando o ambiente à sua vida, dando início aos primeiros grupos humanos sedentários, organizados como um lugar cívico onde as pessoas podiam ser alimentadas sem que participassem da produção e do transporte. Antes, no paleolítico, a sua vida é que se adaptava ao ambiente. A Arquitetura, símbolo e abrigo, passava a expressar a vida coletiva. Como forma de arte, em que são acolhidas as demais artes, concretizava a união dos Homens na origem e no destino. O "construtor" converteu-se em "arquiteto", quando construiu casas e monumentos em honra aos deuses refletindo os valores da sociedade e do tempo em que foram criados.

Assim, na construção, da concepção à realização, tudo se consolidava no "arquiteto", a um só tempo artista e tecnólogo, projetista e construtor. O aspecto, a solidez, a intenção funcional e os materiais empregados eram do seu domínio. Tem reminiscências das civilizações do mundo clássico greco-romano.

A história dos milênios mostra que a Arquitetura se materializa a partir de diversos estilos motivados pela religiosidade (templos), pela segurança (castelos) e como símbolo de poder (palácios). Em tempos passados a concepção era intuitiva, os construtores comparavam uma construção a outras de mesmo porte. O aprendizado baseava-se em experimentos. As obras arquitetônicas que constituem o acervo e a memória do mundo antigo foram construídas com base na tradição. A partir da tradição é que ela tem história.

A Arquitetura como arte e ciência de projetar edificações para abrigar diferentes atividades humanas, segundo regras determinadas, tem a formação educacional escolarizada há três séculos e meio. A Engenharia, disposta que era na arquitetura, na arte militar e na arte naval, como atividade específica própria, que conjuga conhecimentos especializados e viabilidade técnica econômica, como a entendemos hoje, tem cerca de dois séculos e meio.

Com o desenvolvimento de novos materiais, o aparecimento dos computadores pessoais e modernos critérios de cálculo de segurança, a Arquitetura ficou mais livre para utilizar, nos seus procedimentos, as variadas maneiras de tirar partido mais amplo no aproveitamento do terreno, iluminação, recuos e facilidades construtivas. Teve uma predominância influenciada pela associação de peças formadas por estruturas básicas, com limitações apenas de ordem econômica. Com isso, entre a catedral medieval e as torres contemporâneas, as práticas arquitetônicas foram radicalmente transformadas pela passagem da pedra ao aço e ao concreto.

Concomitante ao desenvolvimento tecnológico e ao aprimoramento alcançado pelo desenho, um dos meios fundamentais para representar a ideia da distribuição espacial e detalhes construtivos, o aço e o concreto iniciavam uma revolução na Arquitetura, desvinculando-a dos estilos do passado.

O advento das estruturas metálicas e de concreto tem seus conceitos e teorias não provenientes de causas únicas, mas no encadeamento de causas múltiplas relacionadas com a história no aspecto econômico, social, político, cultural e nas instituições herdadas do passado. Instituições que ao criar relações entre os corpos de conhecimento de forma a categorizar o aprendizado para compreender seu significado, transplantando a cultura (biblioteca) para a apresentação em aulas que propagam verbalmente os ensinamentos (universidades), e com a produção de trabalhos práticos que podem ser reproduzidos, dando origem às leis universalmente aplicáveis no tempo e no espaço (laboratórios científicos), salvaguardaram o conhecimento ao longo dos séculos.

"Arquitetos" e "construtores" tiveram influências das obras dos seus antecessores. Herdeiros de bilhões de anos em que a vida se perpetua, longas etapas, que não são sucessivas nem no espaço, nem no tempo, marcam a evolução contínua e em perpétua mudança das técnicas construtivas.

Evolução, como melhor compreensão e aprofundamento do passado, deve ser tomada como desenvolvimento progressivo com recomeços indefinidos, que não atinge da mesma forma, nem com a mesma intensidade e condições o conjunto da humanidade. Ao longo do tempo foi-se acumulando como saber-fazer. Para o conhecimento das coisas, para facilitar a análise, foram desenvolvidas investigações divididas em áreas de estudo. Essas separações pedem uma totalização do conhecimento.

A Arquitetura, campo extenso e plurifacetado do conhecimento, como produto cultural, configurou-se como símbolo concreto que materializa uma ideia, representando fisicamente uma concepção de mundo desenvolvida por uma determinada cultura.

O passado não pode ser alterado, mas tomado como lição. A memória do passado é a base para a visão do futuro e, como o presente são as possibilidades reais herdadas do passado, as cinco **Partes** do livro, envolvendo diferentes esferas do conhecimento e algumas figuras consagradas por nomes imortais de singular valor e seus feitos memoráveis, têm como propósito reunir fragmentos de estudos realizados, recorrendo, por se materializarem em uma mesma sociedade, à História da Arquitetura, à História da Técnica, à Teoria do Conhecimento não no isolamento, mas nas relações de empréstimo e exclusão. Em uma visão abrangente e de forma condensada, aborda períodos históricos e fatos que normalmente não seriam apresentados juntos.

A **Parte 1** apresenta breve trajeto das construções. Tem início no Antigo Egito, passa pela Grécia, Roma, Idade Média, Renascença.

A **Parte 2**, de natureza geral, ressalta as academias, as sociedades científicas, a revolução científica e o estabelecimento das primeiras Universidades e das primeiras Escolas de Arquitetura e Engenharia.

A **Parte 3** descreve o emprego do ferro e do aço. Sua fabricação e propriedades realçando aplicações na construção civil e sua acolhida no Brasil.

A **Parte 4** trata dos engenhos de cálculo. Aborda os sistemas resistentes primários. Apresenta as origens das publicações técnicas.

A **Parte 5** mostra algumas das primeiras coberturas e edifícios altos em aço e em concreto.

Não sendo um manual e não estando submetido à rigidez disciplinar instalada no século XIX, sai da especialização acadêmica e se dirige não só a Engenheiros e Arquitetos, mas ao público geral e diversificado.

Preâmbulo remete ao significado de perambular, passear indicando um trajeto, um caminho. Trabalhando com mediações de síncreses e sínteses, o itinerário de *Um percurso da construção civil pela história* tem seu ponto inicial há cinco mil anos no importante, e das mais antigas comunidades sedentárias, o Antigo Egito, berço da arquitetura ocidental.

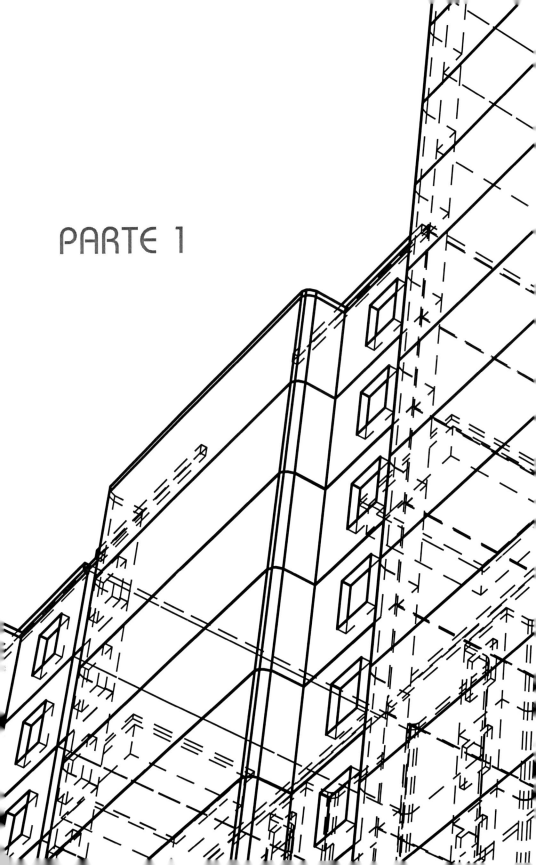

PARTE 1

1

O EGITO DOS FARAÓS

No Egito, país situado no planalto desértico a nordeste do Continente Africano, o regime político no tempo dos faraós (3150 a 31 a.C.) era hierarquicamente organizado. Poder piramidal chegou ao ápice com o faraó Amon-Rá como personificação de um deus, fenômeno intitulado teofania. Dominando os assuntos dos vivos e dos mortos, o faraó, representando o poder supremo, encontrava-se no topo, a assembleia dos mortos com os sacerdotes abaixo e na base a humanidade com os mercadores, artesãos, operários, camponeses, escravos conquistados em guerra e os que não tinham como pagar impostos. Governavam com a capital instalada em determinada cidade do reino. Por meio do exército cuidava dos vivos e por meio dos mitos dos mortos. Os deuses, transformados propositalmente em figuras não humanas e diferentes de qualquer criatura viva, não tinham qualquer semelhança com a realidade.

O ensino se dava no ambiente dos templos e a hierografia (signos sagrados gravados) era elemento característico. Em Hermópolis, centro do culto a Thoth, deus dos escribas e da sabedoria, associava-se conhecimento secreto envolvido em magia. No livro de Thoth encontravam-se os segredos dos saberes ancestrais. A matemática era uma ciência divina, religiosa, de essência mística, e os números e figuras que dela se originavam, tinham valor simbólico.

Integrante da elite do poder, o "arquiteto" era personagem do Estado. Pela tradição, seu aprendizado, como para qualquer outra atividade profissional, passava de geração a geração e ocorria em círculo restrito, um fato interno à família regulada em lei, onde as crianças aprendiam as habilidades do ofício trabalhando com os pais, impedindo qualquer mudança. Possuía conhecimentos sobre quantificação e dimensionamento aplicando aritmética, geometria e trigonometria. Rodando disco de madeira com entalhe na borda era possível a medição contando o número de vezes em que esse sulco tocava o terreno. Conhecia o cálculo dos materiais e mão de obra necessária. A arquitetura, primeiramente de tijolos e madeira com o cedro importado por intermédio do porto da cidade de Biblos, na região da Fenícia (que então abarcava o atual território do Líbano, parte da Síria, Palestina e colônias de Cartago, Cádiz, Marselha, Malta, Sicília e Sardenha), passava a uma arquitetura de pedras, tornando-se hábeis cortadores.

As construções residenciais comuns utilizavam alvenaria de tijolos de barro ou a madeira, escassa e inadequada para construções importantes. As plantas das construções eram retangulares, as coberturas planas e os terraços voltados para jardins internos. Casas construídas com tijolos de barro cru necessitavam de manutenção constante, para não se reciclarem de volta ao pó. A falta de reparos, não a destruição, provocou a ruína das antigas povoações, desaparecidas e transformadas em montes de terra. Edifícios oficiais de alvenaria de tijolos ostentavam colunas de pedra. Havia grandes centros religiosos e palácios, mas não cidades fortificadas ou grandes cidades como demonstração de poder. Vilas abrigavam os trabalhadores das pirâmides.

Cuidavam dos idosos, temiam a morte, acreditavam na imortalidade. Por terem esperança de uma vida após a morte, os mortos eram considerados sagrados. Estima-se que há mais de quarenta mil anos o humano abria sepulturas para os que morriam e criava ritual funerário para seu sepultamento. Tão importante quanto defender a vida era a preservação do corpo e receber honras fúnebres. Os mortos considerados culpados eram castigados com a privação da sepultura. Com a punição da alma, o suplício era eterno.

No neolítico os túmulos eram iguais para todos. Verdadeiras casas guarnecidas de móveis, mantinham muros de pedra impedindo profanações. Classificados em mastabas, pirâmides e *hipogeus* da XVIII Dinastia no século XV a.C. (Figura 3) não podiam ser destruídos, nem deslocados.

    Mastaba era o túmulo comum dos nobres e da realeza. Construção retangular com forma de pirâmide truncada, laterais inclinadas em um ângulo de 75° em direção ao topo plano de menores dimensões. Composta por tijolos de barro e cascalhos, erguida sobre sepultura escavada no chão e servida por escadas, tinha cerca de cinquenta metros de comprimento, vinte e cinco metros de largura e dez a doze metros de altura. As sofisticadas, com galerias internas e paredes cobertas por inscrições e pinturas mostrando cenas da vida do morto, tinham sua estátua colorida guardada em um recinto fechado chamado *serdab*. Na câmara sepulcral era depositada a múmia e na capela ocorriam orações e rituais.

    Depois de 5500 anos do povo de Jericó erguer suas torres de vigia de 8,5 metros de altura, Imhotep, conselheiro e vizir do faraó, foi o autor da forma inédita, a tronco-piramidal. Considerado o primeiro "arquiteto" da História conhecido pelo nome, abandonava o uso de tijolos e empregava pedras talhadas para construir, em etapas, sobre uma base retangular de cento e vinte e cinco metros por cento e nove metros, seis mastabas de tamanhos decrescentes superpostas alcançando a altura de sessenta metros. Como composição arquitetônica, no terreno retangular com 280 por 550 metros, uma muralha com 9,7 metros de altura circundava com saliências e reentrâncias emolduradas por catorze portões idênticos, mas apenas com uma entrada verdadeira. A muralha protegia o ingresso ao santuário construído no espaço interior, com reproduções dos edifícios existentes no palácio.

    Para a preservação do corpo e do espírito do monarca Djoser, primeiro soberano da III Dinastia, Imhotep conduziu o projeto, o planejamento, a administração e a construção. É o mais antigo monumento com tais dimensões no mundo. Conhecida como a **Pirâmide de Degraus** (Figura 1), situa-se no centro do conjunto funerário nas proximidades da então capital Mênfis, a trinta e cinco quilômetros da cidade do Cairo. "Primeira pirâmide do Egito a servir de palácio a um rei morto". Através dos seus degraus, o espírito do faraó poderia ascender aos céus.

Figura 1. Pirâmide escalonada do faraó Djoser, no complexo funerário de Sakkara. A mais antiga construção de pedra utilizada como material para construção. Origem de todas as outras pirâmides do Egito.

O legado de Imhotep, que após a morte foi venerado como uma entidade e mais tarde, até o período romano, como semideus, teve grande influência na história egípcia. Graças a Imhotep, os sacerdotes no Antigo Egito foram os precursores do saber com o conhecimento inseparavelmente ligado ao sagrado. O significado de magia seria a tecnologia de hoje.

A pedra já não era uma mera pedra, mas uma possibilidade da existência de uma forma. A mastaba passava, em Sakkara (moradia dos mortos), a ser de material duro, sólido, eterno: a pedra. Pela primeira vez, com grau inigualável de perfeição, o Homem construía com blocos recortados, sustentando outros blocos sobrepostos e de igual tamanho. Diretriz das futuras pirâmides como a Curvada, a Vermelha, que acumulariam funções de morada mortuária e monumento.

Resultado de uma organização de trabalho bem-elaborado, nas terras desérticas junto às montanhas naturais de areia, em Gizé a sudoeste do Cairo, a vinte quilômetros ao norte de Sakkara, ao longo de oitenta quilômetros na margem ocidental do rio Nilo, fora do nível máximo de inundação, aproximadamente oitenta pirâmides foram erguidas.

Resultado de um ciclo de evolução, a mais imponente, é a **Grande Pirâmide** construída para a glorificação e imortalização do faraó Khufu, lembrado pelo nome grego Quéops, no período da V Dinastia. Sobre câmaras subterrâneas com trinta metros de profundidade, massa e volume ostentam, ainda hoje, o relevo de uma escultura de proporções gigantescas. Cento e quarenta e oito metros de altura, inclinação de 51°50'40" em relação à sua base, quatro faces lisas na forma de triângulo isósceles que convergem para um mesmo ponto, está assentada sobre um quadrado com lados medindo 233 metros, apoiada sobre rocha. Corresponde às dimensões da Seção Áurea. Têm como estimativa cerca de 2,3 milhões de blocos de calcário e granito lavrados transportados de longas distâncias pelo deserto e assentados com extrema precisão. Internamente interligados por túneis, blocos criam tetos em forma de "V" invertido, confirmando planejamento minucioso da construção. Pedras, da ordem de três toneladas, algumas com dimensões de seis por um metro, transportadas pela força humana com a ajuda de ferramentas das mais elementares, colocadas com precisão utilizando tecnologia hoje perdida. Os veículos de rodas eram ainda desconhecidos pelos egípcios e o sistema de roldanas não era ainda sonhado.

A **Pirâmide de Quéops**, orientada conforme os quatro pontos cardeais e perfeitamente alinhada à **Pirâmide de Quéfren** (seu filho), de cento e vinte e seis metros de altura, base de 225 por 225 metros e inclinada de 53°10', deslocada mais à esquerda da **Pirâmide de Miquerinos** (seu neto), de sessenta metros de altura, base de 108 por 108 metros e 50° de inclinação (Figura 2). Localização criteriosa, nenhuma faz sombra na outra e com uma das faces voltadas para o mesmo lado. Para alguns estudiosos, os quatro lados da base da Grande Pirâmide têm reentrância de um metro, não formando um quadrado, mas um octógono côncavo. Revela conhecimento de astronomia e geodesia, e não apenas câmara mortuária do faraó com status de um deus com poder inquestionável de líder religioso, civil e militar, mas "um observatório gigantesco para o estudo da abóbada celeste".

Segundo o historiador Heródoto (485-425 a.C.), no período de vinte anos para sua construção, empregou milhares de pessoas no período de cheia do rio Nilo, que fertilizava o vale, mas tirava o trabalho dos camponeses. Das margens férteis do Nilo brotava, além dos grãos, o papiro que depois da escrita sobre pedra, argila, metal, madeira passava a ser o material mais utilizado. A água do rio Nilo era divinizada como o deus Hapi.

Figura 2. Pirâmide de Quéops, rodeada por outras menores e por mastabas destinadas a membros da família real.

A Pirâmide de Quéops foi a construção mais alta até a **Catedral de Lincoln** (Fig. 65), com 160 metros de altura, ser concluída no ano 1311, na Inglaterra. A pirâmide fez parte de um complexo funerário que com o passar dos séculos veio a desaparecer. Única das sete maravilhas do mundo antigo que se conserva, teve seu revestimento de mármore branco despojado pela expedição, em 820 d.C., comandada pelo califa Al-Mamum (786-833).

Nas pirâmides, construções maciças e pesadas, tem-se uma arquitetura estática de volume dominando a sensação de massa, e a solidez expressa a garantia da indestrutibilidade e da segurança.

Figura 3. Hipogeu de três planos superpostos, escavados nas rochas próximo ao Vale dos Reis e Rainhas em Luxor, sul do Egito. Antiga cidade de Tebas. Templo de Hatshepsut, primeira mulher a receber o título de faraó. Nota-se a simetria e modularidade entre as colunas e as rampas.

Construções significativas pela ousadia e imponência, diversas das pirâmides, dos edifícios oficiais e residenciais, foram os templos, os obeliscos e as esfinges. Entre as pirâmides erguidas na margem esquerda do Nilo, lado oeste, do sol poente e, portanto, da morte, passaram-se quatro séculos para os templos construídos à margem direita, lado leste, do sol nascente, portanto, da vida. A partir dos templos os elementos estruturais se definem em pilares que sustentam as vigas e as vigas sustentam as coberturas de pedra.

Os templos com decorações inspiradas na paisagem eram sustentados por colunas torneadas coloridas — compostas pela base, seu apoio inferior; pelo fuste de formato cilíndrico, seu corpo; pelo capitel, suporte da estrutura do teto. Pertenciam a quatro estilos:

A "*protodórica*": não tinha base, o capitel era um suporte quadrangular e o fuste exibia reentrâncias côncavas denominadas caneluras.

A "*lotiforme*": o fuste era composto por feixes amarrados de talos de lótus, o capitel, uma flor de lótus não desabrochada.

A "*campaniforme*": a mais decorativa e luxuosa tinha capitel com papiro ou flor de lótus desabrochada em forma de campânula.

A "*hatórica*": no capitel um rosto humano, personificava a deusa Hator, filha de Amon, simbolizada por uma vaca, e acima um templo.

No **Templo em Luxor** nos dois lados da entrada havia estátuas com corpo de leão e cabeça humana, as esfinges. Na frente duas colunas com lados lisos e topo triangular eram os obeliscos esculpidos em um único bloco de granito rosa decorado com hieróglifos homenageando o deus. Obra realizada no século XIV a.C. (Figura 4).

Figura 4. Templo em Luxor. O obelisco da direita com peso de 230 toneladas e 23 metros de altura foi levado, em 1833, para Place de la Concorde no local antes ocupado pela gilhotina durante a Revolução Francesa, em Paris.

O *Grande Templo* (1300 a.C.), XI Dinastia (Figura 5), com estilo retilíneo formava um dos conjuntos arquitetônicos mais imponentes. Morada de Amon-Rá, divindade mais alta, o deus solar, era o centro administrativo e religioso, residência e espaço de formação da burocracia. Com dimensões finais de 366 por 110 metros, construído por sucessivos faraós durante mil e setecentos anos, no santuário de Karnak, em Tebas, local onde a simbologia e a magia caminhavam juntas. Maior templo do Egito, com obeliscos e estátuas colossais em homenagem a seus monarcas, três naves centrais com sobre-altura de sete metros de cada lado introduziam a luz para a nave central. O saguão Hipostilo (teto sustentado por colunas), composto por corredor central de 100 por 50 metros e recintos laterais cobertos por placas de pedra apoiadas em elementos formados por blocos suportados por cento e trinta e quatro colunas sem argamassa para o assentamento, dispostas em dezesseis fileiras, ostentavam capitéis inspirados em plantas como palmeira, lótus e papiro. Doze dessas gigantescas colunas campaniformes de pedra, distanciadas de 7,2 metros, tinham 3,5 metros de diâmetro e 22 metros de altura. As colunas laterais mediam 12 metros de altura e 2,7 metros de diâmetro. Da entrada, conforme se avançava, a altura das salas do templo diminuía. A pintura complementava as esculturas e decorava as superfícies do edifício.

Templos foram construídos em homenagem aos governantes. Com estátua do faraó Ramsés II de vinte metros de altura e demonstrando conhecimento de astronomia, o Templo de Abu Simbel estava a 320 quilômetros de Assuã. Devido a realização da barragem e fadado a desaparecer em suas águas, foi desmontado e transladado para local seguro, perto do local de origem.

Ramesseum, Templo Funerário de Ramsés II, apresentava na frente, em posição sentada, a estátua do faraó com altura de dezessete metros estimada em mil toneladas.

No Vale dos Leões, perto da hidroelétrica de Assuã localizava-se o Templo de Wadi Es-Sebua, no lago Nasser.

Figura 5. Templo de Amon-Rá em Karnak. Arquitraves interligam colunas com função de travamento

Construído por Ramsés III, portal de entrada voltado para o Sul, com exatidão de formas e detalhes, sobressaia o Templo de Medinet Habu.

O Egito, civilização imortalizada por monumentos colossais, apresentava avanços artísticos, além da façanha na arquitetura. Estendia-se na matemática, na astronomia, na medicina, na tecnologia do ferro, bronze e no corte das pedras. Foi a raiz do hermetismo, com crenças isotéricas e práticas mágicas transmitidas pelo deus Thoth, conhecido na Grécia como Hermes Trismegisto – "três vezes grandíssimo". Linguagem secreta do universo com influência nas academias da Idade Média.

Convulsões ocorridas no final do segundo século e início do primeiro século a.C., lutas pelo poder e uma série de invasões assírias e persas isolavam áreas culturais até então entrelaçadas pelas ligações marítimas. O Egito, conquistado por Alexandre Magno, cujos sucessores tomaram o nome de dinastia do general Ptolomeu, se transformava em uma florescente colônia grega com notável arquitetura.

Instalada a nova capital em Alexandria, a Grécia foi se convertendo em nova base cultural e centro da civilização que atravessava fronteiras até ser superada por Roma. Do ano 200 a.C. em diante, o poder romano começava a avançar. Em 30 a.C., com o suicídio da legendária Cleópatra e com a vitória na "Batalha de Áccio", Otávio (63 a.C.-14 d.C.) não só ganhava a batalha, mas a guerra e alcançava o triunfo definitivo sobre Marco Antonio (83 - 30 a.C.). Cleópatra, herdeira de Alexandre Magno, tinha 39 anos quando passava o bastão para o Império Romano. Três anos após a Batalha de Áccio, Otávio abolia a República e com ajuda do comandante da frota, Marco Agrippa (63 - 12 a.C.) tornava-se o primeiro imperador — Augusto. O Egito passava a integrar o Império Romano.

2

A GRÉCIA ARCAICA

As migrações e o ímpeto das tribos dóricas (séc. XII-IX a.C.), povo indo-europeu, invadindo em sucessivas ondas, ocupavam a região que os gregos denominavam Hélade e os romanos, Graecia. Estendia-se pelo território conhecido pelo nome de Ática e pelas suas ilhas. Ao norte fazia fronteira com a Macedônia; ao oeste com o mar Jônico; ao sul e ao leste, com o mar Egeu.

O poder da realeza micênica centralizada em torno do palácio desabava e jamais se reergueria. A figura do rei divino desaparecia. As construções não eram mais dispostas em torno do palácio rodeadas por fortificações. O direito da conquista dava direito às terras da nação conquistada e instauravam uma sociedade aristocrática ocorrendo simultaneamente a introdução da escravidão. Assim como o dinheiro se tornou o intermediário do comércio, também os escravos se tornavam um artigo de compra e venda. O mar cessava de ser caminho de passagem para se converter em barreira. Consolidavam o que seria a civilização grega.

Depois da dominação do Peloponeso pelos dórios, a configuração da Grécia passava por uma mudança gradual da aristocracia para a democracia, e ao longo desse período ocorriam, não depressa, mas lentamente, transformações que foram grandes e permanentes.

Reduzindo a civilização micênica (sec. XVI-XII a.C.) à obediência, os mortos passavam a ser incinerados ao invés de inumados ou embalsamados. O culto aos mortos não mais se constituía em poder paralelo ou agregado ao Estado. Não temiam os mortos, e a magia era inexistente. Por desconhecerem formas mais perfeitas, davam aos deuses a forma humana na sua medida e semelhança. Escultores estudavam a forma humana para formular suas concepções do divino. Com a cultura antropocêntrica, e não teocêntrica, o Homem estava acima de todas as coisas, não se preocupava, no plano espiritual, com a imortalidade e despia suas deidades de atributos simbólicos. Os túmulos não eram monumentos. Consideravam sagradas certas cavernas e as montanhas eram templos da natureza. Seus cumes aproximavam-se dos oráculos do céu. O contato com o divino se dava em grutas. Religião sem livro sagrado, sem igreja, sem clero caracterizado, era mais rito do que crença. Não havia uma casta distinta de sacerdotes. O sacerdote raramente era visto e não era importante. Importantes eram os poetas sucedidos pelos filósofos. País de planícies rochosas, colinas pedregosas e montanhas escarpadas, os gregos viam, com assombro, o milagre da beleza ligado aos poderes divinos. Toda a arte e todo o pensamento giravam em torno dos seres humanos.

 Deuses, idealizados pela imaginação de algo superior, não criaram o mundo. Fragmentos do cosmos, nascidos nele, eram realidades profundamente interligadas à vida humana. Conviviam com os Homens, sendo parte do indivíduo e do Estado. Estavam no mundo "construído a partir de um nada que era tudo" e dele faziam parte. Aos deuses, com funções próprias em seus domínios, foram atribuídos os mesmos defeitos humanos: amavam, odiavam, brigavam, criavam e destruíam. Família de imortais antropomórficos, mais poderosos que os heróis, detinham vastos poderes. Controlavam o meio ambiente, o clima, liam mentes, comunicavam-se à distância, movimentavam-se a velocidades muito altas e eram fundamentais para diferentes aspectos da vida cotidiana, e no sucesso ou não dos empreendimentos. Para aproximá-los, templos na acrópole local foram construídos como moradias dos deuses, não como lugar de veneração. Dedicavam importância à acolhida da estátua do deus fundador da sua grandiosidade, o guardião da cidade.

 Havia variações dentro de certa ordem, de acordo com a particularidade que cada cidade lhe atribuía e segundo uma hierarquia representada pelos grandes deuses do "Olimpo", a casa de todos os seus deuses: Zeus ("*pai do Homem e dos deuses*") era o Rei, detentor e senhor da soberania. Hera, Poseidon, Atena, Ares, Deméter, Apolo, Ártemis, Hefesto, Afrodite, Hermes, Dioniso, Héstia se encontravam nas mais altas esferas da transcendência. Personificavam a beleza e a força. Hades, reinando no mundo subterrâneo, deusa da morte, era a única a não ter culto, nem templo.

No espaço delimitando uma área sagrada, erigir um templo era um projeto colossal acolhendo diversificadas profissões. Davam importância ao aspecto externo fundamentada na simetria, no ritmo e no equilíbrio. Construídos de madeira e tijolos secos ao calor do sol de verão, com elementos verticais dando suporte aos horizontais, consideravam a harmonia entre o rito e a beleza.

Para serem eternos e duradouros, passavam com os coríntios, no século VII a.C., a utilizar pedras calcárias sobrepostas, elevando a técnica a um alto nível. O mármore polido e trabalhado não necessitava de material aglutinante para a junção dos blocos. O teto e o frontão triangular, sustentados pelo entablamento, repousavam sobre colunas que circundavam a parte interna retangular. Construídos sobre plataforma com três degraus demasiado altos para os seres humanos, executavam uma faixa de degraus adicionais de altura normal ou rampa de acesso. Os templos, quase sempre, vistos exteriormente e de longe, não se destinavam a acomodar as pessoas, mas a abrigar a estátua da divindade, onde só aos sacerdotes era permitido o ingresso. O povo depunha suas oferendas a céu aberto.

No estudo das proporções representava a natureza. Foram os primeiros artistas a adaptarem, na arquitetura dos seus magníficos templos, proporções relacionadas à medida do homem. Classificados pela disposição das colunas, os templos mais simples eram pequenos, de câmara única e apenas uma entrada com duas colunas. Outros caracterizavam-se por terem na fachada quatro colunas. Os de maior tamanho, um anel de colunas rodeava pelos quatro lados. A regra, no período clássico, era o número de colunas dos lados mais extensos ser o dobro mais um dos lados mais curtos.

Os teatros (Figura 6) construídos em forma de meia-lua, ao ar livre nas encostas das colinas, aproveitavam a declividade do terreno para acomodação das arquibancadas.

Figura 6. A posição da curvatura da arquibancada em relação aos ventos permitia uma acústica perfeita.

As cidades centralizadas na Ágora eram protegidas e delimitadas por muralhas. Ao redor de pátios, as habitações com quatro paredes e um só pavimento eram pequenas, irregulares, com piso de terra batida. Paredes, tendo a lama como argamassa, tinham as superfícies cobertas com barro. Por não possuir ferramentas adequadas para fazer juntas apropriadas, utilizavam a madeira com parcimônia. Um poço captava águas subterrâneas para o abastecimento. Sem aberturas além da porta para a rua estreita, sinuosa e sem calçamento, era no pátio que transcorria a vida das famílias.

Atenas do século VIII ao século V a.C., ao lançar os fundamentos do regime da *polis* como uma família ampliada, sofreu alterações surpreendentes. A *polis*, circunscrita aos limites da comunidade urbana, ligada a um território definido, comunhão dos homens livres, com a cidade governada com a ordem social alicerçada na legislação preocupada com o cumprimento de deveres e não só de direitos, foi formulada e instituída. Abrangia a vida cultural, política, econômica e o culto às divindades protetoras, honradas nos santuários urbanos. Não era a reunião de indivíduos, mas lugar de um determinado grupo familiar, definido pela existência de um ancestral em comum. Constituindo uma unidade isolada, o valor principal eram os laços simbólicos. Não se confundia Estado e Religião nas mesmas instituições. As divindades não conferiam caráter místico à autoridade. Atenas fechou-se, quase completamente, no século V a.C., admitindo apenas os filhos de pai e mãe atenienses.

O espaço da cidade era dividido em três áreas: as privadas, os recintos dos deuses e as praças públicas, denominadas Ágora, a casa universal dos cidadãos, centro de um espaço comum, coração da *polis*, local de negócios e intercâmbio entre as pessoas, onde vários edifícios foram construídos. Local de reuniões políticas onde eram debatidos problemas de interesse geral disputadas, como iguais, pela oratória e por combates de argumentos. As construções respeitavam a paisagem natural e em muitos pontos significativos era deixada intacta.

As cidades-Estados, estabelecidas por fronteiras limitadas por rios e montanhas, contavam com reduzida capacidade de expansão. O crescimento era limitado. Após certo tamanho criavam uma nova cidade-filha (*néapole*), próxima à atual (*paleópole*). Para a nova cidade, ou para a nova colônia além-mar, levavam brasas do fogo da cidade--mãe com as quais acendiam o fogo da fogueira na nova cidade. Não deixando apagar, mantinham os costumes e intercâmbios constantes com os Estados natais. O cidadão tinha presença ativa na sociedade com direitos apenas em sua cidade, onde Estado e cidade eram sinônimos. O cidadão era alternadamente um soldado, servidor, legislador, juiz, administrador dedicado ao interesse público. A cidadania era privilégio de uma minoria definida por gênero, raça e classe, diferenciando dos escravos, das mulheres e dos estrangeiros sem poder decisório, sem participação. Todos tinham o direito de falar aos seus concidadãos nas assembleias, tendo a palavra de todos igual valor. O Homem não se separava do cidadão. "Antítese da oligarquia, em que o poder político supremo pertence à classe proprietária", o poder supremo pertencia ao povo, que o exercia diretamente e nunca por meio de representantes. O Homem não ativo politicamente não era um cidadão. O banimento da cidade correspondia a condenação à morte, maior castigo que se infligia aos criminosos. Aos que se prendiam em preocupações particulares sem participarem com a coisa pública eram chamados de *idiotas*. Empregos da política eram reservados exclusivamente aos homens livres. Os escravos trabalhavam em todas as profissões. Consideravam humilhante o trabalho braçal e trabalhar para viver, vulgar. O nobre não empregava cidadãos, comprava escravos.

Quatro tribos principais: dórios, eólios, jônios e aqueus reunidos e fixados em uma localidade agrícola, pequena e livre, crescia com rapidez, tendo o seu deus protetor. Colônias fundadas no litoral, tornavam – se em centros comerciais, com portos estratégicos para a navegação. Civilizações parcialmente dependentes se inter-relacionavam. Semelhanças arquitetônicas suscitam que estavam em contato e se influenciavam mutuamente.

A diversidade das paisagens naturais, entrecortadas e diversificadas por tantas irregularidades, rios, fontes e traços vulcânicos proporcionavam a prodigalidade de fábulas associadas as suas criações mitológicas. Criando e promovendo quase tudo que a imaginação poderia produzir, a Grécia emerge à condição de um império.

3
GRÉCIA CLÁSSICA

Na Grécia Clássica, séculos VI, V e IV a.C., pela acidentalidade do relevo dificultando a comunicação, uma coletividade vivia em um Estado não unificado, politicamente fragmentado em uma pletora de comunidades autônomas seguindo o próprio caminho com seus dialetos, suas leis, seus costumes, suas festas e seus calendários, não submetidas a domínio externo. Estimadas em mil e quinhentas, abrangendo desde a Turquia a Nápoles e do Cáucaso até a Espanha, carregavam características assentadas na partilha de elementos comuns como a língua, religião com sua deidade particular, costumes e a tradição que remontam do período homérico (séculos VIII e VII a.C.). Divergiam e lutavam entre si. Com origem entre os séculos XI e VIII a.C., o modelo de espaço público começava lentamente a materializar-se em um nicho urbano com a cidade-Estado em torno de cinco mil habitantes como Atenas, Esparta, Tebas. Nas suas cercanias, modestas propriedades agrárias garantiam a produção agrícola. As terras destinadas aos cidadãos eram cultivadas pelos hilotas, que não detinham a posse da terra e a cultivavam pagando parte da produção aos seus senhores. Eram escravos que trabalhavam em condições semelhantes às dos servos ligados à terra.

Por possuírem uma universalidade provada e válida em todos os lugares, independentemente das aplicações particulares; pelas propriedades gerais não vinculadas às contingências do mundo, percebiam que a matemática e a geometria, importadas do Egito e da Babilônia, diferenciavam de todas as demais formas de conhecimento.

Observavam os fenômenos da natureza e preocupavam-se com as condições da formação do conhecimento não por procedimentos empíricos ou experimentação, mas por raciocínios dedutivos. Tinham uma perspectiva dominada pela visão, compreensão e expressão teóricas. A ciência grega não era uma ciência matemática. Era qualitativa, prevalecendo a identificação de qualidades dos fenômenos naturais. Fundamentava uma matemática sem procurar aplicá-la na investigação da natureza. Fazer matemática significava convencer por demonstração deduzida racionalmente e disposta em teoremas, lemas, corolários e axiomas. Conhecer era ir além da realidade sensível; a geometria representava a realidade no estado puro e a matemática continha uma verdade suprema. Conta-se que Platão fizera escrever, na porta de entrada de sua Academia, então o mais popular centro de ensino, "que o desconhecedor da geometria aqui não ingresse". Platão (428 -348 a.C.) admitia terem os números e as proporções geométricas, papéis importantes para compreensão da natureza e quem estudava geometria era infinitamente mais rápido na apreensão das ideias.

Protágoras de Abdera (490-420 a.C.) considerava o homem como a medida de todas as coisas, expressando a possibilidade de uma concepção unitária do mundo. O mundo organizado para o homem teve no seu corpo a medida de todas as dimensões. Ao conquistar conhecimento deixou de ver o mundo como algo estranho assimilando o mundo ao seu próprio eu. Cabia ao homem pensar e determinar os moldes da própria convivência. O Homem era livre para expandir suas oportunidades a partir da instrução. Base do humanismo.

Na pré-história, o mundo era visto como uma manifestação do poder dos números, evidenciados por monumentos que não poderiam ser construídos sem a crença de serem criados de acordo com um padrão numérico. Pitágoras sustentava que o princípio de todas as coisas é o número, face verdadeira da realidade. Todas as coisas existem porque são ordenadas e são ordenadas porque nelas se realizam leis matemáticas. A natureza era a personificação das relações numéricas cuja análise leva a descobertas as quais chamamos hoje de leis da física. Na obra de arte era necessário um simbolismo numerológico e a proporção foi explorada por escultores e arquitetos.

O espírito grego tinha insistência na demonstração. O "por quê?" importava mais do que "o quê?". O objetivo era encontrar conceitos aplicáveis em toda parte e em todos os casos. A teoria e a demonstração (raciocínio lógico preciso) era o que importava.

O aprendizado era sistemático e organizado. Como no Egito, a hierarquia familiar era clara e simples. As profissões passavam de pai para filho, ocorrendo uma transmissão de mestre a discípulo. A arquitetura era ocupação das classes ricas, e "arquiteto" e construtor foram indissociáveis. Nas construções, o material adotado e aperfeiçoado era a madeira, o mármore, a pedra amarrada com grampos de ferro conhecido dos dórios, que dominavam sua metalurgia, e na cobertura telhas. Aliando arte e técnica desenvolviam formas estruturais simples. Associavam o pilar (coluna), viga (arquitrave), laje (teto) com base na resistência isolada de cada um dos componentes. Sabiam que a altura da viga influenciava na resistência.

Os números geravam proporções geométricas entre as partes em si e a totalidade. Com a disposição regular por hierarquia e inter--relações dos elementos construtivos, criaram as Ordens Gregas, identificáveis pela padronização da ornamentação, de acordo com o módulo que correspondia ao diâmetro da coluna. Pouco restou da sua documentação em relação aos processos construtivos. O conhecimento sobre essa época é inferido das edificações de caráter público como monumentos, ginásios dedicados à cultura física, templos e teatros onde forma e beleza eram assentadas nos cânones que constituíam regra essencial de perfeição. Eram expressas com exatidão por meio de relações numéricas, da disposição de partes dentro de um todo, das diversas partes entre si, das partes com o conjunto e do conjunto em relação às suas partes. Por volta do século III a.C. datam os primeiros estudos sobre a arte (manifestação do belo) e estética (explicação do belo), vistas como atividade na composição arquitetônica.

Vitruvius (80-15 a.C.) sistematizava a arquitetura grega em três ordens, de acordo com o conjunto dos elementos que compõem a construção. Ordens Arquitetônicas (Figura 7) guardam regras próprias quanto às dimensões. Designam diferentes estilos na forma do conjunto: coluna (base, o pé; fuste, o corpo; capitel, a cabeça) e entablamento (arquitrave, friso, cornija).

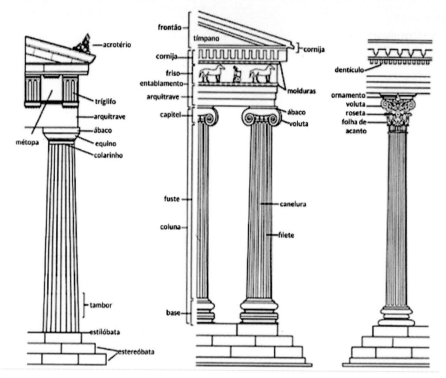

Figura 7. Ordens gregas. Padronização da ornamentação.

No Peloponeso, período mais antigo, resistia-se à inovação. A ordem dórica era a versão em pedra das peças de madeira com capitel simples, friso adornado, fuste apoiado diretamente sobre a plataforma, número de caneluras de dezesseis a vinte e altura proporcional a seis diâmetros. As primeiras colunas dóricas eram monolíticas. Posteriormente foram montadas com o fuste composto por blocos sobrepostos, por encaixes macho-fêmea, ou com furo central tanto no topo quanto na base onde se introduzia pino de madeira ou barra de bronze ou ferro. Os mais importantes templos da antiga Grécia foram os da ordem dórica, como o **Templo de Poseidon, em Paestum** (450 a.C.), no golfo de Salerno, na Itália (Figura 8), a noventa quilômetros de Nápoles. No Parthenon, em Atenas, atingia o seu mais alto grau.

Figura 8. Templo de Poseidon em Paestum. Colunas de nove metros de altura.

Período mais avançado, a essência dos jônios era o espetáculo da mudança. A ordem jônica tem antecedentes na arquitetura da Ásia Menor. O capitel ornamentado com volutas semelhantes a um rolo de papel, a cornija denticulada, o fuste, com número de caneluras de vinte e quatro a quarenta e quatro, altura correspondente a nove diâmetros.

A ordem coríntia, do período helenístico, é uma variação da ordem jônica. O fuste é mais esbelto, altura de doze diâmetros e meio, o capitel enfeitado com folhas de lótus ou palmeiras. A cornija, com modilhões, exigia dos escultores muita habilidade.

Durante os trinta anos sob a liderança de Péricles (495-430 a.C.), o Estado ateniense apresentava uma população de meio milhão de habitantes, cerca de sessenta por cento de escravos e vinte mil estrangeiros. Pouco mais de quarenta mil cidadãos governavam Atenas e constituíam a soberania do Estado. Atenas estava no auge da prosperidade e do poder. Alcançava seu ápice nas vitoriosas guerras contra os Persas (489-479 a.C.), quando liderava a Confederação de Delos e tornava-se um império marítimo e comercial. Momento culminante da sua grandeza. Período sublime na história. Atenas brilhou na história das artes, dando importante contribuição para a cultura universal com os dramaturgos Ésquilo (525-456 a.C.), Sófocles (497-406 a.C.), Eurípides (480 - 406 a.C.), Aristófanes (447-386 a.C.), e o "pai da medicina clássica", Hipócrates, (460 - 377 a.C.), inaugurava a medicina experimental baseada em evidências.

Templos no estilo retilíneo foram reconstruídos e os artistas favorecidos. Sucediam realizações arquitetônicas de grande esplendor com dimensões e proporções baseadas no corpo humano. As construções visavam na arte a valores eternos, tecnicamente não reproduzidas, únicas. Os artesãos tentavam superar uns aos outros na perfeição do trabalho e ambicionavam a imortalidade mediante realizações de feitos registrados e lembrados para sempre na memória humana.

Na Acrópole, lugar sagrado para ser morada humana, literalmente cidade alta, penhasco rochoso, situada no centro de Atenas, encontrava-se o espírito que dominava sua identidade por ter sido lá que Zeus desceu do Olimpo para dar à luz a deusa Atena, nascida de sua cabeça.

O conjunto arquitetônico na Acrópole (Figura 9), projeto e execução meticulosos, proporções corretas até nos detalhes mais insignificantes, composto pelo Parthenon, Propileu, Atena Niké e Erection, fez de Atenas a mais bela cidade do mundo grego.

Figura 9. Vista da Acrópole de Atenas.

Eduardo R G Ciccarelli

O **Parthenon** (Figura 10), apoteose da arquitetura dórica, o maior templo ateniense, substituía o templo existente e destruído pelo exército Persa de Xerxes (519 - 465 a.C.). Construído em mármore pelo arquiteto Ictinos. Por iniciativa de Péricles, estadista e militar, chefe político de Atenas, foi retomado e ampliado nas suas dimensões pelo arquiteto Calícrates. Cercado e suportado por oito colunas em cada uma das fachadas e o dobro de colunas mais uma, ou seja, dezessete em cada um dos lados, tinha nas duas entradas frontões com figuras esculpidas referentes a mitos e grandes eventos históricos. O teto de madeira era decorado com pinturas e dourados. A luz penetrava apenas quando se abriam as portas de bronze. Dividido em dois setores não comunicantes, o menor era a antecâmara de trinta metros de comprimento e vinte metros de largura. O outro abrigava, em ouro estimado em 1.200 quilos (nas vestes) e marfim (no corpo) com mais de doze metros de altura, a estátua da Atena Pártenos, deusa da sabedoria, patrona das artes e ofícios. Nascida de Zeus sem ter tido mãe, foi esculpida por Fídias (490-430 a.C.), um dos maiores escultores da Grécia, contratado para dirigir a construção.

Figura 10. Parthenon, com 69,5 metros de comprimento por 31 metros de largura. Construção executada em 10 anos, de 447 a 438 a.C. Altura das colunas cinco vezes superior ao diâmetro. Colunas e arquitrave contruídas com cerca de 30 mil toneladas de mármore.

Apogeu da composição clássica no estilo dórico, o Parthenon, seis anos depois de concluído, sofreu danos provocados por terremoto. No século VI d.C. foi convertido em igreja bizantina, depois igreja católica e, mais tarde, transformado em mesquita. No ano de 1380, o rei Pedro IV (1319-1387), de Aragão, a descreveu como a joia mais bela existente no mundo.

O *Propileu* (437-432 a.C.), sob orientação de Mnésicles, sustentado por colunas dóricas na fachada e jônicas no seu interior, com portas e pórticos, era a entrada monumental da passagem do lugar profano para o lugar sagrado, havendo entre eles uma diferença de nível com percurso para cima.

A *Atena Niké* (435-420 a.C.), pequeno templo no estilo jônico, com 8,3 metros de comprimento, 5,4 metros de largura, quatro colunas de quatro metros de altura tanto na fachada de frente como na de fundo e uma sala quadrada de dezesseis metros quadrados de área, friso decorado de baixos-relevos representando combates contra os Persas, foi construído para comemorar a vitória na batalha naval de Salamina (480 a.C.). Para que não voasse e saísse de dentro do templo, a estátua da vitória alada tinha as asas cortadas.

O *Erecteion* (421-406 a. C.), dedicado a Erecteu, o rei mítico de Atenas, construído sob as instruções de Mnésicles, situava-se à esquerda do Parthenon. Monumento no estilo jônico, era o santuário de Poseidon. Admirado pelas figuras femininas que se erguem eretas, as Cariátides. As seis donzelas esculpidas em pedra, com 2,3 metros de altura, colocadas como colunas, com entablamentos em suas cabeças, formavam o pórtico sul (Figura 11).

Na Acrópole, através dos tempos, templos, santuários, altares, teatros, muralhas de contenção formadas por colunas, arcos e paredes com seis metros de largura foram destruídas, transformados em ruínas.

Esculturas, em mármore, foram desmanteladas, pilhadas. Algumas, se encontram em museus, como no Museu Britânico, em Londres.

Em 1687, os Otomanos, que então governavam a Grécia, utilizavam o Parthenon para armazenar armas e como depósitos de explosivos. O Templo de Niké foi destruído estendendo espaço para o posicionamento da artilharia.

Disparos de canhão, sob o comando do Doge de Veneza, Francisco Morosini (1618 – 1694) acertaram o Parthenon, restando pilares sem teto e a destruição de algumas de suas esculturas, quando os Venezianos, em 1686-1687, atacaram e cercaram Atenas.

Figura 11. Erecteion. Pórtico sul das Cariátides.

4

A GRÉCIA HELENÍSTICA

A Grécia decaiu quando chegava ao clímax em suas realizações. A *polis* desaparecia diante da expansão militar da vizinha Macedônia. Com a conquista de Felipe II (382-336 a.C.), as cidades-Estados foram constrangidas a fazerem parte de um império formado por povos os mais diversos.

Alexandre Magno (Alexandre III da Macedônia), o mais famoso pupilo de Aristóteles, invadia o Egito após a batalha em Isso, na Ásia Menor. Ao vencer Dario III (381-330 a.C.), em 333 a.C. libertava o Egito do jugo Persa e era coroado rei em Mênfis. Com Alexandre, que no século II os romanos acrescentaram-lhe ao nome o cognome Magno, encerrava-se na Grécia o período helênico iniciado em 776 a.C. e inaugurava-se o período helenístico.

Em uma de suas guerras, Alexandre, ao arrasar a cidade de Tebas, preservou a casa do poeta Píndaro (518-437 a.C.), cuja obra admirava. Ao contrário de Alexandre Magno, Heróstrato, em 356 a.C., com a finalidade de entrar para a história e tornar-se célebre, perpetrou ato criminoso ao incendiar o templo de Ártemis em Éfeso, na atual Turquia, considerado uma das sete maravilhas da Antiguidade. Sua ação, hoje, dá nome à Sindrome de Heróstrato aos que perpetuam atos hediondos com objetivo de serem lembrados. Percebe-se que já na Antiguidade, tinha-se duas atitudes tomadas em relação ao patrimônio arquitetônico ou escultório: a preservação e a depredação. As riquezas legadas pelas gerações passadas estarão sempre correndo perigo.

Por Alexandre (356-323 a.C.) não deixar herdeiros, os generais macedônicos Antígono (382-301 a.C.), Eumenes (362-316 a.C.), Selêuco (358-281 a.C.), Ptolomeu (366-283 a.C.) disputavam ferozmente seu espólio. Ao criarem dinastias rivais, fragmentavam o império herdado e ocasionavam o desmembramento em quatro grandes reinos: Regiões Europeias, Síria, Persa e Egito.

Uma monarquia absoluta tomava o lugar das cidades livres. Em 335 a.C., findada a era da *polis*, anexados ao Império de Alexandre, cidadãos gregos passavam a ser súditos e participantes da Cosmópolis, a cidade universal. Iniciava-se o período histórico assente em uma mistura de elementos gregos e orientais, que perduraria aproximadamente entre a morte de Alexandre, em 323 a.C., e a conquista do Antigo Egito, em 30 a.C., pelos Romanos.

Em honra a Alexandre, ao norte do Egito, perto do delta do Nilo, nascia, nos princípios do urbanismo técnico-político da Escola de Hipódamo de Mileto, a cidade de Alexandria. Com padrão geométrico ortogonal no formato retangular, planejada pelo "arquiteto" Deinócrates de Rodas e implantada por Cleómenes como entroncamento e maior empório comercial, convertia-se, sob a tutela ptolomaica, na nova capital marítima do Egito e em uma das maiores e mais vibrantes cidades. Por novecentos anos foi o epicentro do pensamento greco-romano.

No porto, na ilha de Faros, no delta do Nilo, ao norte de Alexandria, posicionava-se imponente o famoso **Farol de Alexandria** (290-279 a.C.), (Figura 12), construído por Sóstrato de Cnido, a pedido de Ptolomeu II Filadelfo (309-246 a.C.). Com cento e trinta e oito metros de altura, imensos espelhos refletiam o sol de dia e o resplendor da chama de fogo que ardia à noite "com raio de luz visto mar adentro, além do horizonte". A altura era dividida em quatro partes, ligadas por rampas. A primeira, sobre base quadrada, formada por colunas de blocos de granito com altura aproximada de oito metros. A segunda, octogonal com cinquenta metros de altura. No estágio superior cilíndrico, localizava-se o farol. No topo uma imensa estátua do deus do mar, Poseidon

Figura 12. Representação artística do Farol de Alexandria. Uma das sete maravilhas do mundo antigo.

Na Grécia encontravam-se os elementos fundamentais da cultura ocidental. A influência helenística, caracterizada por incorporar elementos heterogêneos de diferentes culturas, se espalhava por um novo e vasto império. Com costumes e crenças, criava raízes nos territórios conquistados. As cidades obedeciam a planos urbanísticos regulares com previsão das necessidades coletivas de circulação com largas avenidas e serviços de utilidade pública. Seguiam o traçado hipodâmico com ágoras, teatros, foros, ginásios, inscrições em grego e templos de mármore com frontões decorados. Recuperava as realizações da época de Péricles imitando edifícios e conjuntos monumentais, templos, sedes administrativas, teatros, palácios. Edifícios suntuosos passavam a simbolizar poder e riqueza como os Templos de Dendera, de Edfu, de Kom Ombo, de Esna e de Philae.

Ptolomeu fundava o primeiro centro organizado de ensino da história com museu, biblioteca e universidade. A Escola de Alexandria, união cooperativa entre os homens de letras e do saber do mundo oriental e ocidental, era o sustentáculo internacional da cultura eminentemente cosmopolita. O Liceu de Aristóteles, encaminhado para Alexandria, tornava-se o *Mouseion*. Projetado pelo "arquiteto" Demétrio de Falero, era uma espécie de templo com instituição de pesquisa voltada para o saber filosófico. Objetos eram depositados e oferecidos às divindades em sinal de agradecimento. A matemática e a física eram cultivadas com fins acadêmicos e práticos. Chefiado por sacerdote, originalmente era o templo das nove musas, deusas da inspiração, filhas de Zeus e de Mnemósine, a deusa da memória: Clio era da história; Urânia, da astronomia; Melpômene, da tragédia; Talia, da comédia; Terpsícore, da dança; Calíope, da poesia épica; Érato, da poesia amorosa; Polímnia, do canto; Euterpe, da poesia lírica.

O papiro, feito de tiras prensadas do caule da árvore chamada papiro, era o material da escrita por excelência dos gregos e dos romanos. Folhas emendadas formavam tiras de 5,5 metros de comprimento por 30 centímetros de largura; enroladas para facilitar o manuseio, eram transportadas como se fossem um bastão. Costuradas formavam um caderno, catalogados em bibliotecas de papiros.

A Biblioteca Real, fundada, organizada e patrocinada pelo general e historiador macedônico Ptolomeu I (366-283 a.C.), que adotava o título de Sóter, com significado de "Salvador", recolhia, segundo algumas fontes, por 150 anos, mais de quinhentos mil rolos de papiro originados de 70 mil trabalhos abrangendo assuntos vindos de todos os recantos. Seus organizadores percorriam países à cata de livros. Rolos que saciavam a curiosidade de leitura dos filósofos e tribunos que tinham moradia, alimentação e remuneração pelo trabalho. Local para traduzir, organizar, editar, copiar e recopiar manuscritos com acréscimos de comentários e análises. Nela floresciam dezenas de gerações de cientistas por mais de sete séculos. Custódia do saber daquela época, reunia todo o saber da Antiguidade. Foi parcialmente destruída por incêndio em 47 a.C.

Ptolomeu III (246-222 a.C.) fundava uma segunda biblioteca, no Serapeu, como filial.

Nesse período teve grande importância, na história das ciências, Arquimedes de Siracusa, na Sicília (287-212 a.C.), um dos maiores matemáticos da Antiguidade. Formado na escola de geômetras criada em 300 a.C. por Euclides em Alexandria, cidade fundada no Egito em 332 a.C., respeitada na época como o centro intelectual e capital da pesquisa matemática. Arquimedes, "neto espiritual" de Euclides, o Pai da Geometria, soube, ao contrário dos seus contemporâneos, praticar o método experimental na matemática, na estática e na hidrostática. Formulava trabalhos sobre as leis teóricas básicas do conhecimento mecânico, o princípio das alavancas e roldanas, o equilíbrio estático, a determinação do centro de gravidade dos corpos e inventava o denominado parafuso de Arquimedes, aplicado na bomba de água, e que junto à prensa revolucionava a indústria grega do azeite de oliva quando combinado à mó giratória. Na obra sobre a medida do círculo demonstrava, pelo método da exaustão precursor da moderna integração, a relação entre a circunferência e o diâmetro que o matemático William Jones (1675-1749) nomeava, em 1706, como π. A medição de π acompanhou a introdução de mecanismos baseados no uso da roda. Arquimedes produzia vários mecanismos, como o sistema de roldanas e equipamentos de defesa. Geniais projetos atendiam a exigências militares da defesa de Siracusa, cidade mais poderosa e rica da Sicília, na região chamada Grande Grécia, tendo ao sul a silhueta imponente do vulcão Etna. Arquimedes morre depois de um longo cerco, durante a conquista romana comandada pelo general Marcus Claudius Marcellus (268-208 a.C.), na Segunda Guerra Púnica. Em homenagem a Arquimedes o general Marcellus mandou erguer um magnífico túmulo.

A cidade de Pérgamo, no território que hoje é a Turquia, apresentava edifícios grandiosos, teatros, templos e o **Altar de Zeus**, com friso esculturado (Figura 13). Sua Biblioteca, segunda mais importante do mundo helenístico, criada por Eumenes II (221-160 a.C.), reproduzia os métodos dos primeiros Ptolomeus para conseguir livros. Em Pérgamo surgia o pergaminho, folhas finas de pele de ovelhas ou de cabra, que permitindo a escrita de ambos os lados, substituía o papiro, feito com caule de planta de papiro, monopólio de exportação dos egípcios.

Até a invenção da imprensa, nenhuma biblioteca superou a de Alexandria. Antes de Ptolomeu, Assurbanípal (690-627 a.C.), monarca assírio, criador da Biblioteca de Nínive, foi o maior colecionador de livros — placas de argila em escrita cuneiforme.

Figura 13. Reconstrução do Altar de Pérgamo (séc. II a.C). dedicado a Zeus. Partes da construção foram enviadas para o Museu de Berlim, no séc. XIX. Frisos, em alto relevo, mostram a guerra entre os deuses e os gigantes.

A Dinastia ptolemaica de reis e rainhas macedônios por nascimento e gregos por cultura, inaugurada por Ptolomeu Sóter em 323 a.C., foi extinta, quando Cleópatra, a última da linhagem, suicidava-se em 30 a.C. lançando o Egito em uma total dependência. Roma emergia como eixo principal de um novo império. Alexandria em 59 a.C., capital do Egito, tinha cerca de 300 mil habitantes. O patrimônio cultural consolidado pelos gregos e herdado pelos romanos, que passaram a organizá-lo, prosperou por mais dois séculos.

As obras de Arquimedes, Euclides e Apolônio (264-194 a.C.) foram estudadas com afinco e influenciaram, no Renascimento, a recuperação de parte da matemática da Antiguidade. As obras de Arquimedes, em 1269, foram traduzidas para o latim pelo dominicano Guilherme Moerbecke (1215-1286). A primeira versão impressa traduzida do grego para o latim ocorreu em Veneza, em 1503. O latim, idioma do direito e da administração, era a língua dos Romanos (língua do Ocidente). A do conhecimento, da filosofia, da cultura e do comércio era o idioma grego (língua do Oriente). Alguns tratados gregos foram traduzidos para o latim, mas, a partir do século X, a maior parte para o árabe.

Como observou Horácio (65-8 a.C.): "cativos, os gregos cativaram os vencedores". A Grécia permanecia como força vigorosa nas ciências e nas artes. Ainda hoje, nascemos, vivemos e morremos cercados de palavras e expressões, ideias e míticas figuras herdadas da cultura helênica.

Alexandria, formosa, rica de beleza arquitetônica, foi devastada por maremotos e terremotos. Sitiada, invadida, assaltada e saqueada, já decadente viu sua Escola chegar ao fim e sua Biblioteca definitivamente fechada, em 641 d.C. Supostamente, segundo alguns, seus documentos, irremediavelmente perdidos, ardiam em chamas, substituindo a lenha para aquecer os banhos dos conquistadores muçulmanos comandados pelo poderoso e carismático Califa Omar (586-644). Depois de um cerco de catorze meses, encerravam-se novecentos anos de soberania greco-romana.

Omar, sucessor de Maomé (571-632), em menos de um decênio, conquistava o Egito, a Pérsia, a Fenícia, a Síria e a Palestina, e designava Damasco como capital do primeiro império muçulmano.

Hoje, o passado do Egito ainda pode ser visto, mas em Alexandria, que manteve o *status* de capital do Egito durante quase mil anos, os vestígios dos tempos de glória são inexistentes. Cidade mais importante de todo o Mediterrâneo, foi arrasada na Segunda Guerra Mundial.

Em 832, o 7º califa al-Mamun (786-833) criava, em Bagdá, o observatório que viria a ser modelo no mundo árabe. A Biblioteca, que congregava a escola a várias entidades e centros de pesquisa, fundada pelo 5º califa Harun al-Rachid (766-809), recebia o nome de Casa da Sabedoria. Como em Alexandria, obras foram copiadas e traduzidas para o árabe com o intuito de preservar os conhecimentos acumulados. Foi destruída, em 1258, pelos mongóis durante o cerco, tomada, saque e incêndio de Bagdá, então centro do islamismo e importante cidade na preservação da antiga ciência dos gregos, mesopotâmicos, egípcios e indianos.

5
ROMA IMPERIAL

As civilizações da Antiguidade formavam cidades grandiosas. Roma, com origem na história dos gêmeos Rômulo e Remo amamentados por uma loba, no ano 753 a.C., no Monte Palatino, era a cidade dos patrícios (nobres dotados de privilégios) e dos clientes (servidores das famílias de posses e uso de terras cuidados e protegidos pelos patronos). No Monte Capitólio alojava-se a plebe composta por refugiados, exilados, escravos fugidos, criminosos, condenados. O assentamento expandiu-se ocupando o círculo das sete colinas. Estrangeiros, ao contrário da Grécia, eram recebidos e submetidos às mesmas leis constituindo um asilo inviolável para todos. Nenhuma cidade fora tão acolhedora. Seu primeiro templo foi dedicado a *Asylum*. A configuração inicial do governo foi a monarquia. Rômulo nomeia cem anciãos para auxiliá-lo. Em latim, ancião é *senex*, que ficou conhecido como senado.

Roma era unida por ritos e aberta a influências culturais exercidas pelos gregos, talentosos nas artes, e pelos etruscos, engenhosos nas construções com madeira, tijolos e nos canais de drenagem. A religião tinha por base o culto aos antepassados e a deuses ligados diretamente ao Estado. Palácios revestidos por mármore e templos como o no Monte Capitolino em homenagem a Júpiter (146 a.C.), mostrava um desenvolvimento que a distinguia das demais comunidades.

Tarquínio, o Soberbo, em 509 a.C., deixou o governo quando uma série de eventos culminou com a sua deposição. Roma passava da monarquia à república tendo o Senado plenos poderes de decisão, até o advento do império.

Depois das vitórias nas guerras contra os Latinos (340-338 a.C.), contra os Samnitas (343-290 a.C.) e contra Pirro (278 a.C.); em 214 a.C. Roma estava à beira de um colapso durante a invasão da Itália por Anibal. Escravos foram requisitados como remadores da marinha.

Em 146 a.C. ocorria a conquista da Grécia pelo general romano Lucio Múmio (193 -140 a.C.), com a destruição da cidade histórica de Corinto, antigo porto grego, e a aniquilação de Cartago, cidade costeira no norte da África fundada pelos fenícios, por volta de 800 a.C., que representava a ameaça mais poderosa à hegemonia romana no mundo mediterrâneo.

No século II a.C. Roma projetava seu poder muito além da península italiana. Desde o último terço do século I a.C. até os primórdios do século V d.C., o mundo mediterrâneo helenístico, com seus costumes e tradições, se submetia à dominação sócio-político-militar e cultural dos Romanos. À mercê da força de organização e da engrenagem bélica mais devastadora e desconcertante que o mundo jamais vira, as cidades caíam sob o poder das tropas romanas.

Com a destruição física e política das antigas cidades, os romanos alcançavam hegemonia. Conquistar o mundo era a diretriz suprema. Os tribunos faziam discursos legando grandes peças de oratória. Roma, pátria comum de toda a Humanidade, seria a capital do universo. Generais e suas legiões ficavam longe do poder. Por segurança o Senado, que nomeava os cônsules — aquele que cuida da comunidade —, que se tornavam comandantes militares, liderando o exército em épocas de guerra, proibia que comandantes tivessem seus quartéis dentro do perímetro de Roma.

Nos anos 80 a.C. o sistema republicano entrava em instabilidade. Ao ordenar a décima terceira legião a cruzar o rio Rubicão, pequeno curso d'água a 350 quilômetros de Roma, em janeiro de 49 a.C. Júlio Cesar ao entrar em território romano portando armas provocava a guerra civil contra o seu rival Pompeu (106- 48 a.C.) Derrubando a

República levava ao estabelecimento de uma ditadura militar. Corinto, em 46 a.C., reconstruída por Caio Júlio César (100-44 a.C.), ditador de Roma, passava a ser capital da província romana da Acaia.

Roma assumia o legado de povos derrotados e estrangeiros como ingredientes da sua própria identidade. Os deuses gregos do Olimpo passavam a ser relacionados aos romanos. O de maior importância era Júpiter, seguido de sua mulher, Juno, e de Minerva, sua filha. Antes da literatura e arte gregas chegarem a Roma os deuses não eram personificados.

Por influência das colônias helênicas, novas cidades eram organizadas, mas sem a característica grega do limite. A coletividade de homens e mulheres, em territórios rurais (*civitas*), abastecia a metrópole por meio de terras aráveis demarcadas por vias secundárias e paralelas à estrada principal. Consolidavam as conquistas territoriais tendo como centro uma cidade (*urbs*) com seus monumentos, casas e *domus*. O espírito prático dos romanos era não só voltado para engenharia, para inovação e eficiência bélica, mas, também, para organização comercial, administração agrícola e industrial. Assim como os egípcios, dispunham interesse maior pela técnica.

Herdeiro das conquistas republicanas, no período de meio milênio, de 30 a.C. com o primeiro imperador autodeclarado Otávio César Augusto até 476 d.C. com a deposição do imperador Flávio Rómulo Augusto, o Império, pela sua capacidade de assimilação, soube garantir cautelosamente o seu domínio, incorporar a beleza dos gregos e permitir não só a integração, mas a importante influência cultural, relativamente harmoniosa, dos vencidos, ao seu desenvolvimento técnico confiado à esfera militar, repassando-a às diversas partes da Europa.

Do ponto de vista físico, a expansão romana sucedia com ênfase na infraestrutura de transporte, dedicando consideráveis recursos na construção e manutenção dos aquedutos, das redes de estradas estratégicas, pavimentadas por pedras, espalhadas para partes distantes do império, dos portos, permitindo que mercadorias e pessoas, ideias e doutrinas circulassem. Construíam um Império que era uma imensa rede multicultural e no seu apogeu foi um sistema incrivelmente sofisticado que ia do norte da Inglaterra à cabeceira do rio Nilo.

Casas populares, edifícios coletivos rematados por terraço, algumas com balcões nas fachadas, com uso comercial no piso térreo, eram construídas com tijolos ou pedra. Por falta de plano urbanístico, localizadas basicamente em áreas baixas, em becos escuros, vielas estreitas, sombrias, sinuosas serpenteando entre alvenarias que se abriam para praças e pátios, eram as *insulae* (Figura 14). Para as pessoas abastadas, eram construções térreas, unifamiliares, luxuosas, com pinturas, estátuas, mobília pomposa, os *Domus*, em colinas ensolaradas.

Figura 14. Ruínas de uma *insulae*.

Por sua vez, a arquitetura de caráter predominante urbano era monumental com aspecto propagandístico, comemorativo. Configurava suas realizações nos edifícios públicos de porte majestoso. Estádios para corridas, pontes, aquedutos, teatros, termas, basílicas, fortificações, anfiteatros, templos. Construídos ou revestidos com mármore, eram os monumentos sobre tudo que serve à memória, tudo que lembra, que recorda.

Construções, com funções política e estratégica, garantindo o transporte e o abastecimento das tropas, facilitavam a manutenção e a expansão do Império ampliando o raio do seu domínio. Representavam para os artesãos e construtores muitas oportunidades de atuação. Nas construções com arcos e abóbadas, as pontes, aquedutos e coberturas de grandes espaços combinavam as linhas retas dos gregos com elementos curvos. Aperfeiçoou o arco executado em pedra (Figura 15) pela habilidade dos trabalhadores etruscos que, desde o VIII século a.C. na Toscana entre os rios Tibre e Arno, já exploravam o cobre, chumbo e ferro extraídos dos ricos depósitos na ilha de Elba, sobrevindo, por todo o Império, o arco romano.

Figura 15. Construção etrusca do século III a.C. em Perugia.

Foram precursores na utilização da pedra vulcânica porosa encontrada em Pozzuoli na baía de Nápoles, nas proximidades do monte Vesúvio. A pozolana misturada com a cal produzia o concreto que, pela facilidade de execução, possibilitou a construção do Panteão.

Com pedras de dimensões menores que as empregadas por egípcios e gregos, utilizavam aduelas em forma de cunha e juntas ligadas por argamassa de pozolana, que ao permitir massa mais resistente e impermeável à água alcançava, com a mesma quantidade de material, maiores vãos, comparado ao sistema pilar-viga.

O majestoso **Coliseu de Roma** (Figura 16) é o resultado de pelo menos duzentos anos de experimentação. Construção do século I, com sua execução realizada do centro para o lado externo em perfil escalonado, com juntas de dilatação impedindo o aparecimento de trincas. Altura aproximada de 50 metros, planta de formato elíptico com eixos de 189 metros e 156 metros. Realizada em concreto ciclópico, apresenta como fundação uma laje de doze metros de espessura. Nos pórticos da fachada, as ordens gregas foram imitadas, não com a função de sustentar o conjunto, mas como ornamento. Ordem toscana dos etruscos no térreo, jônica no segundo piso, coríntia no terceiro, encimados por pilastras. Paredes simples, pedras aparelhadas colocadas umas sobre outras a seco, unidas por grampos de cobre formando três fileiras de oitenta arcos semicirculares, revestidos por 100 metros cúbicos de mármore. Dispunha de elevadores e comportava a capacidade estimada de 65.000 espectadores em assentos de mármore. Sua arena, inundável para a encenação de espetáculos aquáticos e simulações de batalhas navais. Debaixo da arena cômodos, jaulas, rampas, escadas, dispositivos movimentavam máquinas e levantavam alçapões. Numerosas entradas, escadarias, rampas facilitavam o acesso das pessoas. Grande cobertura com toldo para fornecer sombra à multidão podia ser movimentada.

Figura 16. Vista externa do Coliseu (Anfiteatro Flávio). Construção iniciada em 72 d.C. por Vespasiano (Tito Flávio Sabino, 9-79 d.C.) e concluída, em 80, por seu filho Tito (Tito Flávio Vespasiano Augusto, 39-81 d.C.).

Processos de construção permitiam a utilização de materiais disponíveis nos locais, como tijolos cerâmicos no Mercado de Trajano, concreto aparente ou revestido como no Coliseu. Associando o sistema dos gregos com as calotas do Oriente, o arco forneceu os fundamentos para a posterior construção das abóbadas e cúpulas.

Em Roma era comum as termas de luxo e termas públicas, constituídas de ginásio, piscina, jardins, cumpriam função higiênica e social. Famosas eram as de Tito (39-81), de Trajano (53-117). A **Terma de Caracalla** (188-217), em "concreto pozolânico", cúpulas e semicúpulas, comportava de uma só vez 1.600 pessoas (Figura 17). Caracala, filho de Sétimo Severo, governou Roma por seis anos.

O Imperador Diocleciano ao reorganizar, mantinha o Império unido dividido em quatro regiões. Cada região com várias dioceses, divididas em províncias governadas por vigários. Organização imitada pela Igreja Católica, onde territórios sob a jurisdição de um bispo (diocese) tem seus vigários. Entre as realizações de Diocleciano estavam, além das termas, palácios, bibliotecas e museus

Figura 17. Ruínas das Termas de Caracalla.

A **Terma de Diocleciano** (244-311), construída entre 298-305, faustoso complexo com salas para banho, passeio, vida social, biblioteca e salas de leituras, foi, no século XIV, convertida por Michelangelo na Basílica de *Santa Maria degli Angeli dei Martiri* (Figuras 18 e 19). Competia em grandiosidade com as de Caracalla.

Figura 18. Terma de Diocleciano, hoje Basílica de *Santa Maria degli Angeli dei Martiri*.

Figura 19. Interior da Basílica de *Santa Maria degli Angeli dei Martiri*.

A maioria das cidades tinha muros (Figura 20), pontes sobre os rios locais, e algumas impressionavam com seus templos e banhos públicos, além de anfiteatros. Para o suporte das construções, quando o solo era de baixa resistência, executava-se fundação direta na superfície do solo em toda a área da edificação, denominada *radier*. Em terrenos pantanosos empregavam estacas de madeira cravadas por pesos, até atingirem a rigidez necessária. As construções dos portos, estradas e fortificações marcaram o aparecimento da engenharia civil e militar no mundo ocidental.

Posicionados em volta do Fórum Romano, centro de poder político e religioso, ponto de encontro da população, edifícios apresentavam dimensões monumentais. No Centro do Fórum localizava-se o Templo de Vesta, de formato circular com 15 metros de comprimento e vinte colunas coríntias. A qualidade das estradas permitia a ligação da capital às diversas províncias. Os templos, construídos em planos elevados tinham acesso por escadarias nas fachadas.

Figura 20. Muralha Aureliana, em Roma (271-275), com dezenove quilômetros de extensão.

Percorrendo grandes distâncias, aquedutos com seções, cotas e declividades necessárias para escoamento de grandes vazões, atravessando terrenos irregulares, encaminhavam água das fontes para abastecimento das termas e chafarizes de várias cidades. Os mais antigos datam do séc. II a.C. Com vinte e seis metros de altura e vinte metros de largura, a Fontana de Trevi (1762), em Roma, obra de Nicola Salvi (1697-1751), é abastecida por aqueduto construído em 19 a.C.

Com o recurso conhecido como imposta (saliências deixadas nas laterais onde se assentavam as formas curvas que serviam de anteparo para a montagem do arco), permitia levar os escoramentos para a parte superior do arco, e não a partir do solo. Pedras erguidas por roldanas e sarilhos elevavam as construções a uma escala colossal.

Métodos de construção dos aquedutos foram descritos pelo "arquiteto" romano Vitruvius, no tratado "De Architectura". Alguns com percursos em trechos subterrâneos e outros prolongados por ramificações.

Em Cartagena, a Nova Cartago, situava-se uma das obras mais extensas, o aqueduto com cento e quarenta e um quilômetros de extensão. Também na Espanha, o impressionante *Aqueduto de Segóvia*, em fileiras de arcos duplos de trinta metros de altura levava água de uma encosta a outra (Figura 21). Ajustados por 35 mil blocos de pedras de granito branco,128 arcos compõem duas arcadas com 728 metros de comprimento.

Figura 21. Aqueduto de Augusto, do século I, em Segóvia, cidade próxima a Madrid. Permaneceu em uso até o século XX.

Em Nímes, na França (séc. I a.C.), exemplo de engenhosidade, o aqueduto de cinquenta quilômetros de extensão transpunha o Rio Gard em uma ponte de tripla arcada com 270 metros de comprimento e 50 metros de altura (Figura 22).

Figura 22. Ponte do aqueduto sobre o rio Gard, engenhosidade romana.

Em 305, com colunas coríntias, Diocleciano construía o palácio-fortaleza em Spoleto, na atual cidade croata de Sprit. Abrangia área retangular com 200 por 175 metros de lados. Com fachadas para o mar, unindo quatro torres de defesa, as muralhas alcançavam vinte metros de altura. Estátuas de bronze tiradas do Santuário de Delfos encontravam-se no palácio. No interior, sob a cúpula da construção cilíndrica, destacava-se o sarcófago do Imperador Diocleciano, o último a perseguir os cristãos.

Galerias subterrâneas escoavam o esgoto. Pontes de grande simplicidade apresentavam rara beleza. Ocupando seis mil metros quadrados, o imperador Constantino, em 312, concluía a construção da Nova Basílica, o maior edifício do *Fórum Romano*, local de reuniões para assuntos políticos, jurídicos e comerciais. Em Constantinopla ampliava o Grande Hipódromo de 450 metros de comprimento por 120 metros de largura. A arquibancada acolhia até cem mil espectadores.

O *Panteão*, no Campo de Marte, isolado do exterior com espaço interior no estilo puramente romano, foi o templo consagrado aos deuses protetores da família Julia. Reconstruído durante o reinado do Imperador Adriano (76-138), transformou-se nos mais famosos e influentes edifícios da Roma Imperial. Sistema construtivo monolítico com planta circular coberto pela cúpula de 43 metros centralizada no eixo vertical, simboliza a abóbada celeste. Prima pelo domínio dos efeitos da luz. No zênite, pela abertura do óculo de 8,9 metros de diâmetro, nos dias ensolarados os raios do sol penetram e, no piso imaginado como um tabuleiro de pedras, refletem. Durante a noite estrelas preenchem a escuridão. Por mais de mil anos permaneceu como a construção com a maior cúpula do mundo (Figura 23). A base da cúpula com espessura de sete metros afina para sessenta centímetros no óculo. Na fabricação do concreto utilizaram vários tipos de pedra: basalto no anel e pedra-pomes na parte mais elevada. A fundação de concreto tem a forma anelar com 7,5 metros de largura e 4,5 metros de espessura. Paredes com seis metros de espessura. A cúpula, executada com escoramento, tem altura correspondente ao diâmetro de 43 metros. Internamente vinte e oito caixões que diminuem à medida que se aproximam do óculo, aliviam o peso e dão a ilusão de mais altura. A parte inferior é um cilindro coroado pela semiesfera. O pórtico frontal de templo grego tradicional está suportado por três fileiras formadas por dezesseis colunas monolíticas com altura total de 14,2 metros e com diâmetro de 1,51 metros, sendo sete de granito cinzento e nove de granito vermelho trazidas do Egito.

Figura 23. Panteão de Roma, construção de 27 a.C. por Agrippa (63-12 a.C.). Reconstruído (115-125 d.C.) pelo arquiteto Valério de Óstia (alguns autores o creditam a Apolodoro de Damasco), a pedido do Imperador Adriano. No zênite, a abertura com 8,9 metros de diâmetro.

A cúpula (céu físico situado sobre a Terra) do Panteão foi precursora e inspiradora de várias outras, como: a cúpula da Igreja da Sagrada Sabedoria — *Hagia Sophia* (532-537) em Istambul com 33 metros de diâmetro; a cúpula da Catedral de Santa Maria del Fiore (1420-1434) em Florença com 43 metros de diâmetro; a da Basílica de São Pedro (1564), em Roma, com 42 metros de diâmetro; a da Catedral de São Paulo (1675-1710), em Londres, com 34 metros de diâmetro.

Fortificações defensivas e muralhas foram construídas pelos soldados das legiões ao longo das fronteiras. Durante o Império de Adriano ao Norte da Bretania Romana, por volta de 122 d.C. a Muralha de Adriano separava os romanos dos bárbaros. Estendia-se por 117 quilômetros, protegida de ambos os lados por fossos de dez metros de largura por três metros de profundidade. No seu topo percorria a estrada e a cada determinada distância ocorriam as torres de observação.

Com caráter estético, dando continuidade como ornamentos arquitetônicos a eventos históricos ou da mitologia, arcos triunfais, edificações isoladas das cidades, próximas à entrada, eram construídos em homenagem aos generais vitoriosos, simbolizando suas conquistas. O Arco de Tito Flávio (39-81), quinze metros de altura, todo em mármore, por haver tomado Jerusalém. O de Sétimo Severo (146-211), no Fórum Romano, pela vitória sobre inimigos seculares de Roma, os Partos. O **Arco de Constantino** (272-337), junto ao Coliseu, pela vitória sobre Maxêncio (278-312) na Batalha da Ponte Milvia (312) a vinte quilômetros ao norte de Roma, ao substituir oficialmente o paganismo pelo cristianismo simbolizava o fim do mundo pagão (Figura 24).

Figura 24. Arco de Constantino: 21 metros de altura; 25,9 metros de largura e 7,4 metros de profundidade. Passagem central com 11,5 metros de altura e 6,5 metros de largura. Passagens laterais cada uma com 7,4 metros de altura e 3,4 metros de largura.

Marcos simbólicos do poder e da grandeza de Roma, triunfadores erigiam monumentos a si mesmos. A **Coluna de Trajano** (113) (Figura 25), na *Via dei Fori Imperiali,* composta de dezenove blocos cilíndricos de mármore que içados uns sobre os outros envolvem uma escada com 185 degraus em caracol esculpida no centro desses blocos de 3,5 metros de diâmetro. Nos quarenta metros de altura, minuciosos detalhes em espiral em alto-relevo com duzentos metros de comprimento e 2.500 figuras, mostra a crônica ilustrada das conquistas de suas guerras e vitórias na Dácia (101-2 e 105), na moderna Romênia. A base da coluna abrigava a urna com as cinzas. No topo a estátua de bronze do imperador, substituída, em 1588, pela de São Pedro.

Figura 25. Coluna de Trajano, fazia parte do *Mercado de Trajano*, que incluía a Basílica e duas bibliotecas gêmeas, uma em frente à outra, em cujo centro está a coluna representando um rolo de papiro.

Em mármore, elevam-se como menires as altas colunas de Adriano (76-138). A de Marco Aurélio (121-180) com espiral em alto-relevo e escadaria iluminada por pequenas aberturas, como a Coluna de Trajano. A estátua de bronze do imperador foi substituída pela de São Paulo.

Em Éfeso, na Turquia, com fachada de dezessete metros, concluída no ano 135, Trajano Júlio Áquila construía, em homenagem a seu pai, Tibério Júlio Celso (45-120), a luxuosa **Biblioteca de Celso** (Figura 26).

Figura 26. Biblioteca Celso. Fachada reconstruída no século XX. Utilizou partes das pedras remanescentes.

A escravidão em Roma, assim como na Grécia, envolvia grande porcentagem da população. Escravos, caracterizados primeiramente pelo trabalho lado a lado com o proprietário, supriam necessidades domésticas e habitualmente empenhados nos ofícios como professores, médicos, ferreiros, em cargos administrativos e, no campo, como agricultores e pastores. O que particularizava o escravo era a sua obediência ao poder absoluto de outro homem. Escravidão diferente da era moderna em que alguns homens viviam do produto do trabalho de outros, tendo como intuito fazer funcionar uma empresa de agronegócio voltada para a exportação. A escravidão tornava o trabalho indigno.

Igual aos gregos, desestimulando a atividade inventiva, o trabalho manual, no Império Romano, não era valorizado ou visto como ocupação honrosa. Para os romanos o trabalho manual impedia de fazer política ou a guerra. Para os gregos, de estudar Filosofia. Prestigiados eram os nobres e os guerreiros. Os artesãos, por trabalharem com as mãos, durante séculos foram tratados como socialmente inferiores. As atividades que se dedicavam ao comércio eram consideradas desprezíveis, indignas do cidadão, muitas vezes compostas por escravos libertos. Pessoas ignóbeis eram os lavradores livres que possuíam sua própria terra, trabalhavam para si próprios e responsáveis pela matéria-prima, não pela matéria transformada.

As pessoas pertenciam a um grupo social com normas de conduta dadas pela tradição e religião. A direção do trabalho (artes liberais, dignas dos homens livres da necessidade de trabalhar para viver, predominava o esforço intelectual, o livro era o instrumento das suas atividades) era separada da execução (artes mecânicas, *tripalium*, compatíveis com as pessoas de classe inferior e *labor* realizado pelos escravos, em número quase ilimitado, e sempre disponível, advindo das guerras de conquistas e da compra de devedores insolventes). No século II a escravidão era negócio lucrativo, tinha um preço, como as coisas. Podia-se fazer dinheiro com rapidez.

Não havia interesse pela ciência ou pela tecnologia. A economia não incentivava o desenvolvimento tecnológico e não estimulava aprimoramentos que poupassem o trabalho. O aumento da produção dava-se por apresamento de mais escravos. Os equipamentos simples e rudimentares dos escravos predominavam até a Queda do Império Romano, quando no feudalismo a instrução profissional nascia como instrução servil. A minoria dos ricos queria tudo conservar e a multidão dos pobres queriam tudo obter. A iniquidade da escravidão motivava, em troca, a sedição.

Os estrangeiros de origem não eram considerados cidadãos romanos e, portanto, não possuíam terras, mas como plebeus livres organizavam-se em associações constituídas por flautistas, ourives, lenhadores, marceneiros, tintureiros, sapateiros, coureiros, curtidores e paneleiros. A estes se acrescentavam os fundidores de cobre, ferro, prata e outros ofícios.

A expansão da profissão requeria técnicas especializadas e como consequência uma organização do trabalho com tarefas diferenciadas, o que gerava a divisão em classes de natureza trimembre representada pelo livro (*oratores*), espada (*bellatores*) e arado (*laboratores*). A classe dos dirigentes eruditos (sacerdotes), a dos defensores (militares) e a dos trabalhadores da terra. A escravatura permitia, aos grupos que estavam livres de trabalhos pesados, se dedicarem à interpretação dos fenômenos terrestres e celestes.

Os romanos preservavam dos gregos as formulações teóricas e só se interessavam pela ciência quando viam nela um meio de realizar obras práticas. Mas, diversamente do antigo Egito e da Grécia, no Império Romano, a arquitetura foi considerada também apropriada como profissão para pessoas das classes não aristocráticas.

Havia três caminhos para se tornar "arquiteto". Por carreira privada, trabalhando com o mestre, como na Grécia. Por treinamento militar, evoluindo por meio de promoções. Ou por ascensão social através de níveis profissionais, possibilidade única para escravos libertados. Foi um período de grande atividade e prestígio para o "arquiteto". Os matemáticos nessa época, com estilos e objetivos próprios, auxiliavam no estudo dos fenômenos naturais e nas atividades mercantis, pouco na construção.

Marcus Vitruvius Pollio, autor do *De Architetura Libri Decem* (Dez Livros Sobre Arquitetura), único tratado importante de arquitetura da "Antiguidade" que sobreviveu em sua integralidade, teve no tempo do imperador César Augusto (63 a.C.-14 d.C.), a quem dedicou o livro, uma carreira pública.

De Architectura Libri Decem, manuscrito de 27 a.C., redescoberto na Abadia de Monte Cassino em 1420 d.C. e com versão impressa entre 1486 e 1492, descreve os materiais, os tipos construtivos, máquinas, equipamentos, deveres e métodos de trabalho, regras a serem observadas e os perigos a serem evitados. Recomendava o conhecimento da literatura, o estudo do desenho, geometria, música, medicina, direito, astronomia, história e dos sábios gregos. Sua ideia de arquiteto influenciou as concepções estéticas e forneceu valiosas informações aos "arquitetos" do *quattrocento* italiano. Estabelecia três conceitos básicos para uma boa construção que não podiam ser tomados em consideração com independência dos outros: utilidade (adequada para o exercício de determinadas funções), solidez (estrutura espacial com material e técnica) e beleza (cultura plástica conforme o clima da época).

O mosteiro de Monte Cassino teve origem em uma cidade fortificada na colina rochosa rodeada por bosques, quando no templo pagão dedicado a Apolo, o monge Bento de Núrsia (480-547), erguia uma igreja e criava regras regulamentando a comunidade monástica cristã.

Os mosteiros, as cidades e as cortes eram os três centros importantes. Época do cristianismo, a Igreja era a mentora do desenvolvimento.

Da ordem dos beneditinos, a **Abadia de Monte Cassino** (Figura 27), fundada em 529, localiza-se a 130 quilômetros de Roma. Sequestrada pelos lombardos em 589, em 883 foi incendiada pelos muçulmanos. Destruída, em 1030, pelos normandos, foi reconstruída (1081-1151). Arrasada por terremoto em 1349, foi pilhada pelas tropas francesas em 1779. Destruída em maio de 1944 por bombardeios aéreos durante a Segunda Grande Guerra, seus monges tornaram a reconstruí-la.

A partir do século X, em um ambiente de conflito entre a Igreja e o Estado, os mosteiros tiveram seu apogeu com a fundação da Abadia de Cluny (Fig.45), que ao contrário dos beneditinos, tinha irmãos leigos trabalhadores e não a educação como prioridade.

Na Borgonha, em 1098, desmembrada de Cluny e retomando as ordens beneditinas, a ordem cisterciense, na Abadia de Cister isolada da cidade e com arquitetura própria, crescia sob a direção do monge Bernardo de Claraval (1090-1153), canonizado e proclamado Doutor da Igreja.

A escola ganhava forma e organização, firmando a consciência cristã na cultura ocidental. Universidades como a de Paris, Cambridge, Bolonha, Oviedo, Salamanca, Salzburgo nasceram dos colégios beneditinos.

Figura 27. Abadia de Monte Cassino.

Durante o Império a construção era uma atividade organizada. Existiam "firmas", e as várias especialidades de ofícios seguiam vários graus desde a primeira aprendizagem até o domínio completo. Formavam uma associação denominada *collegium*, originada no primeiro século antes da era Cristã, em que ofícios semelhantes cooperavam, colaboravam e se apoiavam mutuamente. Foram antecedentes das "Corporações de Ofício".

O saber técnico era questão de experiência. Os elementos envolvidos com a produção do edifício tinham suas atribuições subordinadas a uma hierarquia. O *mechanicus*, responsável pela concepção e elaboração dos projetos; o *geômetra*, pela locação da obra e encargos similares; ao *architectus*, competia a direção dos trabalhos de construção propriamente ditos.

O geômetra Pappus de Alexandria (talvez 290-350) expressava que a educação dos *mechanicus* da Escola de Heron, na parte teórica, compreendia a geometria, aritmética, astronomia e física; na outra, aplicada, envolvia trabalhos com metais, construção, carpintaria, pintura e a execução prática dessas matérias. Héron de Alexandria (10-75 d.C.) escreveu sobre pneumática, mecânica, ótica e matemática.

O auge do Império ocorreu no período da subida de Trajano ao poder, em 98, até a morte de Marco Aurélio, em 180, quando, devido à grande extensão territorial, crises internas e ritos religiosos, precipitava-se a decadência romana. À medida que a cidade se alargava em um império, a cidadania foi gradualmente estendida. Em 212 o imperador Caracalla decretava que todos os habitantes de diferentes etnias, culturas e religiões podiam dedicar-se aos seus interesses privados em igualdade de condições, sob as leis comuns do Império Romano, mas alheios às deliberações e execuções dessas leis. No século III, o poder político retirava-se de Roma e se transferia para acampamentos militares nas áreas fronteiriças.

Hordas sucessivas de bárbaros da Germânia, Europa central e setentrional e da Ásia ocidental infiltravam-se lentamente, nas organizações romanas, principalmente no seu exército. Os generais ao invés de protegerem as fronteiras se dedicavam a fazer e desfazer imperadores. Durante dois séculos, pouco a pouco, o exército romano se barbarizava e os bárbaros romanizavam-se. Os imperadores eram comandantes militares, soldados profissionais, reinavam por graça das guardas pretorianas cuja função original era de estarem estacionados como guarda-costas perto da barraca (*praetorium*) de um comandante. Nas disputas sucessórias imperadores foram mortos por sua própria tropa. No período compreendido entre os anos de 235 a 285, sucederam-se vinte e seis imperadores dos quais um só morreu de morte natural. Com violência arrasadora, com massacres, pilhagens, devastações e incêndios, hostes de bárbaros conquistadores elevados ao poder irrompiam e atrás de suas legiões ficavam destroços das cidades vencidas. Edifícios públicos caíam em ruínas e seus materiais eram reutilizados para a construção de casas particulares. A unidade econômica, política e militar se despedaçava, irreversivelmente. Na sua fronteira norte, povos de origem germânica foram se apossando de cidades e regiões, instalando seus próprios reinos.

Pelas mudanças econômicas, demográficas, políticas e estratégicas de defesa o equilíbrio do Império foi inteiramente alterado a partir de 330 quando o Imperador Constantino (272-337) escolhia, para capital, a pequena cidade do Bósforo, colônia grega chamada Bizâncio (Constantinopla), que como Roma tinha sete colinas. Localizada no ponto mais oriental do Império, a nova capital constituía uma verdadeira fortaleza, mas deixava o Ocidente aberto às hordas invasoras. Roma não desaparecia como império, mas seu centro político se deslocava para Bizâncio.

No século V o Império era desmembrado. Passava a ter um imperador para a parte oriental e outro para a ocidental, com comandos militares distintos. Desestruturando o Império, os invasores apressavam o colapso de Roma mais de um milênio após sua fundação. Cidades foram fortificadas recebendo muralhas de defesa. Pouco a pouco a escola laica desaparecia e o idioma latino fora da Igreja caía em desuso e se transformava em italiano, francês, espanhol, línguas faladas, mas não escritas. As leis de Roma passavam a ser escritas em caracteres gregos.

A leste, o Império Bizantino expandia-se, as cidades preservavam as atividades comerciais e suas instituições militares permaneciam relativamente intactas. Constantinopla firmava-se como centro artístico e político do Império Bizantino. A glória da Roma pagã encaminhava-se para a Roma Cristã, em Constantinopla. O poder imperial envolvia-se com a nomeação de bispos que se tornavam conselheiros do imperador.

Em 29 de maio de 1453, após um cerco de cinco meses, as grossas **Muralhas Tríplices de Constantinopla** com vinte quilômetros de extensão, cinquenta fortificações com torres de vigia idênticas de vinte metros de altura de cada lado dos portões em arco e um fosso profundo (Figura 28), destinadas à proteção contra os ataques, sucumbiram ante os exércitos de janízaros do arrojado sultão otomano, com vinte anos de idade, Mehmet II (1432-1481), o Conquistador. Ao ordenar que seus navios fossem levados por terra para dentro do estuário Corno de Ouro, acabou com mil anos do Império Bizantino. Dificultando o comércio no Mediterrâneo e isolando a capital da cristandade oriental, Constantinopla, às margens do estreito que divide a Ásia e a Europa, ligando os mares Negro e Mármara, com possibilidade de acesso ao mar Mediterrâneo, teve seu nome substituído por Istambul.

Figura 28. Tríplice Muralha de Constantinopla. Os Otomanos, no cerco a Constantinopla, utilizaram um monstruoso canhão de bronze, conhecido como a Grã-Bombarda, para destruí-la.

O Império Otomano abrangendo territórios na Ásia, Europa, África em várias ocasiões ameaçou de destruição as civilizações europeias. Tomando Anatólia, Grécia e governando o Oriente Médio avançava em direção a Veneza. Estabelecia uma base no porto de Otranto, cidade ponte entre o Ocidente e o Oriente Médio.

Com as construções do Grande Bazar, mercado coberto, iniciativa de Mehmet II e das magníficas mesquitas, características de Istambul, por Solimão, o Magnífico (1494 -1566), o Império Otomano alcançava seu apogeu.

O primeiro evento a enfraquecer o Estado Otomano ocorreu no golfo de Corinto, com a derrota na Batalha de Lepanto, em 1571, para Felipe II da Espanha, com ajuda da armada de Veneza. Da batalha participou e foi ferido Miguel de Cervantes (1547-1616), autor do romance *Don Quixote de La Mancha*. No fim do século XIX as potencias europeias dividiram entre si o vasto território e o Estado Otomano, com origem em 1299, deixaria de existir em 1922, com a deposição de Mehmet VI (1861-1926), seu trigésimo sexto sultão.

6

A IDADE MÉDIA: DOMINAÇÃO SENHORIAL

Na parte ocidental, o imperador Constantino, em 313, de Milão, capital administrativa do Império (286-402), emitia um édito retirando da clandestinidade e legitimando os cristãos, por tanto tempo perseguidos, elevando à igualdade com os cultos pagãos. Por sua ordem foram levantadas as Basílicas sobre o Santo Sepulcro e o Santo Calvário. Em Roma ornamentava a Basílica de Latrão. Construía a primeira Basílica de São Pedro, no Vaticano. Em 325, presidia o conselho ecumênico de Niceia, primeiro da Igreja frequentado pelos bispos do mundo cristão, estabelecendo a ortodoxia da doutrina cristã. Proclamada por Teodósio (346-395) como religião oficial mediante o Édito (ordem judicial) de Tessalônica (380), a Igreja (do grego *ekklesía*, isto é, assembleia) aproximava-se do poder.

Em 401, em Roma, frente à iminência de invasões, circundado de muros e baluartes encrustados na **Muralha Aureliana** (Figura 29), o mausoléu de Adriano foi transformado em fortificação militar.

Figura 29. Castelo de Santo Ângelo convertido em Fortaleza que integra a Muralha Aureliana. A Ponte de Santo Ângelo (134-199) construída por Adriano sobre o rio Tibre é ornada por doze estátuas de anjos esculpidas por Bernini.

O Imperador Honório (384-423), que governou de 395 a 423, em 402 encastelava-se em Ravena, importante base naval fortificada na costa nordeste italiana. Em 410, visigodos comandados por Alarico invadiram Roma, saqueando a cidade que havia conquistado universo. Inspiração para Santo Agostinho (354-430) escrever o livro *Cidade de Deus*. Desaparecia o que restava da máquina governamental. À mercê de salteadores, Roma desabava aniquilando o Império Romano do Ocidente.

O declínio ocidental do Império culminava, em 476, com a deposição, pelos hérulos comandados por Odoacro (434-493), do jovem imperador que não chegara a completar dezesseis anos, Romulo Augusto. Antigo soldado de Átila, Odoacro varria o último vestígio do poder político romano do Ocidente. Sem imperador em Roma, Odoacro, em Ravena, tornava-se rei da Itália e passava a governar por dezessete anos, com o título *Patrizio dei Romani*, dado pelo imperador do Oriente, até ser eliminado, em 493, pelo ostrogodo Teodorico (454-526), que governou por trinta e três anos. Para alguns historiadores, o eclipse do Império Romano do Ocidente cravava o fim da Idade Antiga e o marco inicial da Idade Média.

Disputas entre nobres e guerras religiosas agitavam o Mediterrâneo. Rotas comerciais permaneceram, mas em uma escala menor. Abandonados ao contato com outras civilizações, as movimentações comerciais e mercantis marítimas sofriam colapso. As cidades perdiam a população para o campo onde a agricultura, baseada em técnicas que havia séculos não conheciam nenhum progresso, era praticada no nível de subsistência. Atividades urbanas declinavam progressivamente. As cidades estagnavam, encolhiam, esvaziavam-se. Alguns centros urbanos subsistiam em pontos isolados, em cidades episcopais ou castelos. Localizadas em colinas e penhascos, protegidas de ataques e invasões por muralhas, trincheiras e portões, as cidades (Figura 30) tinham ruelas sinuosas, becos sem saída, caminhos toscos, escadas íngremes e falta de espaços abertos. O acesso era por animais, cavalos, burros, mulas com ou sem carroça. A configuração do centro do povoado dava-se pela posição da igreja, espaço religioso, templo cristão, lugar sagrado, a casa de Deus, com atividades religiosas, ou do mosteiro como biblioteca e centro de estudo onde se cultivava o saber e onde eram guardados inúmeros e valiosíssimos documentos. Com poucos habitantes, a vida era reduzida à escola e ao mercado destinado às necessidades do cotidiano. Igreja e mosteiro (reza, estudo e trabalho manual) eram as instituições mantenedoras da cultura e da ordem social.

Figura 30. Castellabate, província de Salerno. Cidade Medieval.

Com a destruição das grandes cidades, dos aquedutos, das estradas transformadas em trilhas e por apresentarem maior possibilidade de sobrevivência aos invasores, que transformavam a Europa em um mosaico de povos saqueadores, tornava-se marcante a vida rural. As propriedades rurais passavam a representar o centro das atividades. Em redor das fortalezas, em torno de um chefe religioso, militar ou administrativo, a população rural, em uma Europa violenta e convulsionada, formava cidades com labirinto de ruas tortuosas, escuras e enlameadas.

No caminho dos lavradores, tropeiros, soldados, mercadores de diversas origens e nacionalidades, dos sacerdotes e peregrinos, das caravanas de comerciantes, dos exploradores, dos embaixadores e dos artistas, surgiam hospedarias e templos.

Mulçumanos, conhecidos como Mouros pelos cristãos, atravessavam os quinze quilômetros de águas turbulentas que separam a Espanha do norte da África, no estreito de Gibraltar. Em 711 a conquista estava completa e da Península Ibérica avançavam sobre os Pirineus indo para a França. Tentaram avançar pelo centro da França. Em outubro de 732 chegaram a Tours, e Carlos Martel desbaratava o exército muçulmano, em Poitiers, e confiscava possessões. Em 756, Pepino, o Breve (714-768), filho de Carlos Martel, em cerimônia solene, recebia o título como "Rei de Todos os Franceses", e doava ao papa Estevão II (715-757) terras recém-conquistadas. Estabeleciam-se os futuros Estados Pontifícios. Dava ao bispo de Roma o papel de interlocutor de reis e imperadores. O bispo de Roma absorvia gradualmente papéis atribuídos ao imperador, tornando a Igreja aliada do Império. Iniciavam-se 1.100 anos de poder temporal do papado governando seus domínios, a partir dos bispos e monastérios. O papa exercia seu domínio como qualquer outro monarca. A cristandade foi fortalecida pelo avanço do monasticismo e a constituição da monarquia papal.

No Natal de 800, em Roma, aclamado pela congregação composta por povos da Europa, Carlos Augusto Magno foi coroado imperador. Unindo os povos germânicos e latinos, nascia nova comunidade cultural, diferente do Império Romano. Carlos Magno, filho de Pepino, o Breve, era o senhor da Europa ocidental. Assumia a missão de proteger e renovar a Igreja como Delegado de Deus na Terra. Na **Catedral Aix-la-Chapelle** (Figura 31), nascia a Escola do Palácio — a Academia Palatina.

Centro de reuniões de sábios, literatos e teólogos, na sua biblioteca os escribas copiavam textos em um novo estilo chamado minúscula carolíngia, escrita com forma redonda e regular.

O uso da escrita cursiva, mais rápida e mais legível, permitia multiplicar os manuscritos. Ao substituir a pesada escrita uncial, estima-se que mais de 850 autores tiveram obras copiadas. Carlos Magno, o pai da Europa, com obras ao mesmo tempo militar e política, intelectual e cultural legou conquistas que unificaram a França, Alemanha, Bélgica, Luxemburgo e Norte da Itália.

Figura 31. Catedral *Aix-la-Chapelle*, a maior do seu tempo. Em 882, o exército vikings tomou o palácio e a capela como estábulos.

O monge Alcuíno de York (735-804) era figura central na reorganização dos conhecimentos medievais e o organizador do sistema educacional das escolas do Império, dividindo o ensino em trivium (estudo da linguagem) e quadrivium (examinar a realidade das coisas).

A Europa ocidental estava dividida em dois mundos distintos. Na Península Ibérica, Sicília e sul da Itália, dominavam e mandavam os árabes. Sevilha, Granada, Toledo, Córdoba e Salerno tornavam-se centros marcados pelo desenvolvimento científico árabe. Ao Norte era o mundo sob a autoridade de Carlos Magno e seus sucessores (séc. VIII e IX) divididos em três reinos pelo Tratado de Verdun (843).

No decorrer do Império Carolíngio (800 até 924), a unidade europeia, construída pelo Império Romano, fragmentava-se em feudos, ou seja, em porções de território. O Sacro Império ia se afirmando politicamente. Nos reinos bárbaros, criados a partir de tratados, os reis passavam, em troca de serviços militares, a distribuir cargos, vantagens e privilégios à antiga aristocracia romana e aos membros da nova classe dominante constituída por seus chefes guerreiros. Terras foram doadas, investidas de poderes políticos e jurídicos ligados por laços mútuos de obrigações. Leis elaboradas para a produção de bens necessários à subsistência dos habitantes mantinham correntes recíprocas de fidelidade (Figura 32).

Figura 32. A Tapeçaria de Bayeux no Sul da Inglaterra do século XI conta a cena, em formato de quadrinho bordado, do vassalo jurando fidelidade ao suserano.

A governança e o direito eram partilhados com uma pluralidade de poderes concorrentes. A preservação do poder sob um comando central único favoreceu a cavalaria e a hierarquização dada por barões, viscondes, condes, marqueses e duques que como juiz, chefe militar e cobrador de impostos dominavam zonas territoriais protegendo seus campos, suas igrejas, suas aldeias, intitulados de senhor como concessionários do rei, o senhor entre outros senhores, o verdadeiro dono da maior parte das terras. A posse da terra, única forma de riqueza, dava liberdade e poder. Era vitalícia e hereditária. A sucessão era pelo direito de primogenitura. A maioria dos habitantes, formada por servos ou súditos, pessoas nem livres nem escravos, considerados parte da terra que lavravam, não podia adquirir ou vender, nem sair das fronteiras do feudo sem permissão, mas possuía certos direitos. A vida cotidiana limitava-se a rezar, lutar, caçar e cultivar a terra. A sociedade era composta pela nobreza e clero com privilégios hereditários e pelo povo, que não se confundia com os servos.

Senhores ocupavam as terras com técnicas antigas de agricultura baseadas no arado manual e dispositivos simples para animais de tração. As casas eram construídas para sustentar ataques, não para oferecer conforto. Nos castelos, somente se penetrava por pontes levadiças sobre valas preenchidas com água.

Nas localidades altas, em terrenos acidentados, torres com formato quadrado, circular, baluartes e muralhas concêntricas eram elementos de proteção (Figura 33). Contudo o uso civil (mineração) e militar da pólvora as tornavam vulneráveis.

Figura 33. Baluartes e muralhas de proteção.

Nas cidades, como proteção contra os invasores foram construídas segundo a arte e a ciência militar da época, destacando-se dos demais edifícios, as fortificações. Enquanto o "arquiteto" continuava a construir templos e palácios, o engenheiro militar projetava as fortificações (Figura 34) para resistirem aos disparos dos canhões atendendo às novas características da artilharia atacante.

Figura 34. Fortaleza medieval.

A Europa da dominação senhorial, centralizada nas figuras da autoridade de Deus, do Papa e do Rei, marcava o caráter da identidade humana no monumento pétreo da catedral, no poder de pensar, de querer, de calcular, de transformar, de trabalhar. A vida era sagrada, a fé cristã era a principal guia da existência humana, bastava conhecer o trecho bíblico adequado. As pessoas acreditavam que Deus estava no comando do mundo. Sentiam-se impotentes, mas conviviam bem diante da natureza porque sua igreja ou sua corporação lhes diziam o que fazer e lhes davam o trabalho que lhes agradavam. Jovens que não gostassem de lutas, mas que tinham inclinações livrescas entravam para a Igreja.

No final do Império Carolíngio houve, com o movimento reformista originário dos monastérios da Ordem de Cluny, a reforma religiosa pela ação do papa Gregório VII (1073-1085). Enfrentando a chamada luta das investiduras, proibindo que reis laicos interferissem nas eleições eclesiásticas, culminando na excomunhão do rei Henrique IV e alcançando seu fastígio com o papa Inocêncio III (1198-1218).

A partir do século XI, as Cruzadas, a reconquista dos territórios que desde o século VIII eram ocupados pelos invasores sarracenos, a retomada da navegação marítima por Veneza (cidade do século V situada sobre um conjunto de 117 ilhotas muito próximas umas das outras), no extremo norte do mar Adriático, e por Gênova, Pisa e Amalfi, no mar Tirreno, expandindo o comércio local e à distância, proporcionavam uma significativa recuperação econômica. Apoiados por comerciantes, ressurgiam novos centros urbanos emancipados da atmosfera que reinava nos feudos. Com a função de dar segurança, as cidades ganhavam muralhas periféricas (Figura 35). O aumento da população vizinha às muralhas (subúrbio) acarretava a construção de uma segunda muralha. Arcos triunfais foram incorporados aos paredões como portal de entrada semelhantes aos trílitos de Stonehenge.

Figura 35. Carcassonne, França. Cidade protegida por muralhas.

Casas construídas no seu interior ostentavam seu poderio simbolizado pela altura das torres (Figura 36).

Figura 36. Torres como símbolo de poder e riqueza. Cidade de San Gimignano, com destaque para a Torre Grossa.

Surgiram as nacionalidades e, aos poucos, os reis se desvencilhavam da prerrogativa dos papas em assuntos espirituais e terrenos. A expansão francesa com Felipe Augusto (1180-1223) estendia e avançava seus domínios e caminhava sob pressão de Felipe IV, o Belo, da França (1268-1314) para o Estado Monárquico sob a forma absolutista.

No século XII, as Cruzadas eram financiadas pelos Templários, elite dos cavaleiros. Trajavam túnica branca destacando a cruz vermelha. No início do século XIV, insuflado pelo rei Felipe IV, culminou com a sua proscrição, sequestro de todos os bens e assassinato dos seus membros.

Com o encarceramento do papa Bonifácio VIII por propor a superioridade da autoridade espiritual em relação à autoridade civil, em setembro de 1313, por Felipe IV, e a mudança da corte papal para a cidade de Avinhão, no sul da França, fortalecidas e liberadas do poder de Roma, as monarquias medievais caminhavam para a centralização absoluta do poder, somente interrompida no Renascimento. Dante na *Divina Comédia*, retratou Bonifácio VIII no Inferno.

Se opondo às pretensões do papa, os reis da França e Inglaterra defendiam que o governo era divino e atingia o seu apogeu com Luiz XIV (1638-1715). Bossuet (1627-1704) recorrendo à Epístola aos Romanos no trecho do capítulo 13 pregava que "como não há poder público sem a vontade de Deus, todo governo, seja qual for sua origem, justo ou injusto, pacífico ou violento, é legítimo; todo depositário de autoridade, seja qual for, é sagrado; revoltar-se contra ele é cometer um sacrilégio".

A ideia do poder real acontecia com o período de paz no campo, contrastando com a desordem e anarquia do período feudal. Reis impunham e exerciam os direitos que lhes cabiam como ungidos do Senhor. O poder vinha de Deus e se concentrava na pessoa sagrada do soberano. Voltando a ser contestada somente em fins do século XVII na Inglaterra.

O domínio do islamismo sobre o Oriente. A peste negra (de 1347-1351) se alastrando como um incêndio pela Europa ocidental, dizimando entre um terço e metade da população, levava ao pânico e à revolta, mas não destruía seus campos de trigo. A devastação da zona rural, com pessoas sem assistência morrendo como animais, privava os proprietários da mão de obra e provocava abandono de terras produtivas em busca de uma vida melhor. A escassez de trabalhadores agrícolas aumentava o poder de barganha dos servos forçando o aumento dos salários para impedir sua migração das zonas rurais para as cidades. A peste, transportada para a Itália, interrompia a propagação das ideias científicas e filosóficas do mundo muçulmano na corte de Frederico II e dificultava a divulgação da inovadora pintura de Giotto de Bondone. No livro *Decamerão* (1348-1353), Giovanni Boccaccio descrevia o flagelo que dizimava a Europa.

A partir do século XIII, com a perda de força da dominação senhorial, em lugar dos consagrados estamentos (órgãos do Estado) nascia a moderna sociedade de classes com as pessoas podendo subir ou descer na hierarquia social conforme seus talentos, méritos educacionais e variações dos haveres patrimoniais. Foram criadas várias corporações. As comunidades saíam do isolamento e começavam a negociar com outras. O poder estava na cidade e nenhuma instância exterior podia sobrepor sua força aos seus interesses próprios. Mercadores compravam e vendiam produtos por lucro e banqueiros faziam operações com o dinheiro. Surgia uma nova categoria social: o mercador-banqueiro, dois ofícios então indissociáveis. Castelos e grandes catedrais dominavam as cidades e a sociedade já não era composta apenas pelos que rezavam, plantavam e lutavam.

Depois que a peste se abrandou, no fim do século XV, a população europeia começava a se recuperar. Os senhores de terras saíram perdendo e os trabalhadores tiveram a esperança de ganharem. Os sobreviventes herdaram fortunas, os artesãos prosperavam e ocorria incentivo no trabalho das construções.

Atividades artesanais realizadas por mestres e aprendizes, patrocinados por mecenas, foram se multiplicando formando centros produtores e comerciais. O clero e a nobreza passavam a depender financeiramente dos mercadores. Nas cidades independentes, habitadas por nobres e poderosos, havia a presença de importantes centros manufatureiros.

A pólvora, invento do desenvolvimento da tecnologia chinesa, ocorrido entre o século II a.C. e o século II d.C., sem ciência, mas por melhoramento contínuo, causou a decadência da cavalaria de espada, lança e escudo como força combatente mais importante da tropa. O consequente desenvolvimento da arte militar ocorrida em 27 de agosto de 1346, na guerra dos Cem Anos pelos ingleses em Crécy, na Picardia, norte da França, quando na maior batalha travada na Europa ocidental até aquela época, a artilharia de campo formada por canhões feitos de tiras de madeira com cintas de metal, arruinava tanto os muros das cidades quanto as fileiras de soldados nos campos de batalhas. A artilharia deixava cada vez mais ultrapassadas as defesas dos castelos baroniais. A guerra entre as monarquias francesa e inglesa (1337-1453) teve, nas operações militares britânicas em território francês, financiamento de comerciantes italianos. A ordem dos cavaleiros, escola de boas maneiras e cortesia, foi extinta com o emprego de soldados mercenários.

Na Batalha de Formigny (1450) o canhão surgia, para permanecer. A pólvora ao destruir muralhas guarnecidas de torres, fortificações e castelos construídos como centros administrativos ou de defesa ajudava a pôr fim à estrutura da sociedade feudal. Os feudos gerariam futuramente verdadeiros microestados autônomos.

A prata e o ouro usados como dinheiro eram guardados nos cofres dos ourives contra recibo fornecido validando determinada quantidade. Desse modo, o recibo transformava-se em valor, ou seja, em dinheiro. O dinheiro facilitava o comércio e substituía os sistemas primitivos de escambo, troca de bens sem moeda intermediária. A economia mercantil e monetária integrava regiões cada vez mais distantes acirrando a competição entre potências.

Nos séculos X-XI, a despeito da cunhagem de moeda existir no reino da Líbia, durante a Antiguidade Clássica, e Roma adotar essa prática em escala gigantesca com Júlio César impondo sua efígie, a moeda não era configurada como expressão principal de riqueza ou poder, mas a terra. No século XI ocorria a remonetização com moedas cunhadas e estampadas com brasões. O primeiro a cunhar moedas de ouro foi o reino da Sicília, em 1231, com Frederico II; a segunda foi Florença, em 1252; Gênova a terceira, em 1284.

Com a queda de Constantinopla, o italiano foi o idioma comercial no Mediterrâneo durante a Idade Média e o Renascimento. Desenvolviam-se os seguros marítimos e os instrumentos de comércio como auxílio à atividade mercantil. Emergiram as casas de custódia, com certificados conhecidos como letras de câmbio, viabilizando a criação da moeda fiduciária ou papel moeda.

Além de banqueiros, a influência da poderosa família Médici foi marcante no comércio internacional e na promoção industrial. Como membros da *Arte di Cambio*, acumularam riqueza e poder político. Américo Vespúcio (1451-1512) atuava como um dos seus agentes na Espanha.

Poderosas esquadras navais com barcos a vela e a remo com paradas obrigatórias em diversos portos e cidades formavam, ao longo do trajeto, redes de entrepostos e bases marítimas, às vezes de modo exclusivo. Nas cidades, número crescente de mercadores, banqueiros, comerciantes lutava para se impor. A Europa dividida em dezenas de reinos, cidades-Estados, principados e ducados belicosos passava a ser campo de conflitos econômicos, políticos, religiosos, científicos e artísticos.

Nos séculos XI, XII, XIII a economia agrária passava para a economia industrial. Da economia orgânica para os combustíveis fósseis. Lançavam-se os alicerces das modernas instituições bancárias. A Idade Média recebia e assimilava a herança grega, romana, árabe, bíblica, transmitindo-as ao patrimônio cultural europeu. Legava invenções e importantes instituições, entre elas as Corporações de Ofício, a Arquitetura Românica, a Arquitetura Gótica e as Universidades. Foram criadas tecnologias em que a Revolução Industrial do século XVIII se apoiaria para ganhar impulso.

Em processo gradual os primeiros tremores foram sentidos e uma nova cultura e sistema político começavam a ser forjados. Autores greco-romanos começaram a ser traduzidos e difundidos. Obras de Dante Alighieri (1265-1321), nome de vanguarda na literatura. Giotto di Bondone (1267-1337), primeiro grande pintor. Giovanni Boccaccio (1313-1375), poeta e crítico literário. Fra Angelico (1395-1455) e outros artistas dos mais importantes, como Francesco Petrarca (1304-1374), renomado poeta e líder do movimento com foco na humanidade, e não nos deuses, corrente filosófica que propunha o retorno às virtudes da Antiguidade, a partir do que já existia, e estabelecia um novo modo de interpretar associando os problemas do Homem em seu cotidiano, antecipavam o Renascimento. Período marcado por acontecimentos políticos, culturais, sociais e artísticos ao longo de vários séculos com demonstrações como a Última Ceia de Leonardo da Vinci onde cada apóstolo ocupa na tela o mesmo espaço de Cristo.

Após a Idade Média, marcada pela irreversibilidade, a humanidade atravessou portais como o renascimento, o iluminismo, a revolução industrial, a eclosão dos meios de comunicação em massa e a era digital.

7

GUILDAS

Nos locais onde os monastérios se instalavam havia avanços com a criação de novas técnicas. Os mosteiros, refúgios rurais, representavam a sobrevivência da cultura. Vanguardas na busca de textos antigos, tornavam-se centros de educação, artes e administração. Lugar em que as atividades diárias racionalmente divididas eram anunciadas nos campanários por toques de sinos.

Após o reinado de Carlos Magno passavam a concentrar nas suas bibliotecas, oficinas, gabinetes de copistas e encadernadores o centro cultural (Figura 37). Os livros eram manuscritos em pergaminho, ligados em madeira ou em couro com fechos de metal. Monges copistas salvavam as obras literárias da Antiguidade, e parte dos manuscritos da Grécia e Roma foram preservados. Um livro de 150 páginas, escritas em pergaminho, sacrificava dez a doze animais. Privilégio de nobres e ordens religiosas.

Figura 37. Representação artística — Scriptorium, espaço para confeccionar os livros manuscritos.

Além das devoções, de trabalhar e estudar, os monges desempenhavam significativo papel na difusão de novas técnicas de melhor aproveitamento dos recursos materiais. Nos mosteiros ocorriam o comércio de cereais, a criação de gado, de cavalos e abelhas, o artesanato com a tecelagem, a tapeçaria, a fabricação do vidro, a fundição de bronze, e para a produção do ferro fundido fábricas com diversas máquinas montavam altos-fornos.

O desenvolvimento da metalúrgica artesanal exigia equipamentos dispendiosos. As minas para extração do minério de ferro se multiplicavam assim como a procura do carvão mineral destinado a alimentar as forjas. Floresta significava carvão. Nesse período, também tiveram destaque as oficinas de trabalho com a pedra, madeira, fornos de pão, fornos de cerâmica, cervejarias e vidrarias.

As cidades constituíam centros de referência e informação. Certas ocupações mais refinadas e mais rentáveis formavam uma elite. As mais prestigiadas eram os comerciantes, empreendedores e fornecedores de capital. Nelas surgiam profissões do comércio e das manufaturas organizadas nas fileiras de guildas de artesãos. As corporações dos ourives, tecelões, pedreiros, ferreiros, alfaiates, vendedores de peixe e sal, comerciantes de peles, sedas e vinhos exerciam poderes sobre setores específicos da economia, e também poder político.

Não era possível dedicar-se a certas profissões sem pertencer a uma corporação, e a aprendizagem do ofício restringia-se à execução com segredos técnicos compartilhados. A arte era uma profissão aprendida progressivamente no trabalho. Nem todos criavam. O artesão se especializava e algumas obras eram reproduzidas. A função do artesão era a de bem executar o que o artista criava. Dominava as etapas do processo desde a obtenção da matéria-prima até a comercialização do produto final. Ourives eram considerados os príncipes dos artesãos. Alguns dos mais notáveis artistas e artesãos foram aprendizes nas suas oficinas.

Surgidas como herança romana do *collegium*, a partir do séc. XII apontavam, com propósitos precisos e técnicos, as guildas, corporações de operários, artesãos, artistas e outros ofícios como instituições econômicas para fazer frente à concorrência do trabalho escravo.

Organização de profissionais para a formação da mão de obra e divisão do trabalho, acompanhando os novos modos de produção em que o observar e o imitar já não se revelavam suficientes. Com acesso limitado e profissões fechadas, reinava hierarquia entre mestre, oficial e aprendiz. O artesão fazia as obras por encomenda e o padrão era o da organização da guilda a que pertencia e a quem pagava suas taxas. A experimentação de novas técnicas ocorria para responder aos desejos da clientela. Cada ofício tinha a sua guilda certa com seu santo protetor. Dirigida por colegiado constituído por várias oficinas onde cada uma pertencia a um mestre, dono das ferramentas e da matéria-prima. As corporações tinham como moto: "o conhecimento mora na cabeça, mas entra pelas mãos". As corporações tinham o monopólio sobre a produção de seus associados.

Artesãos, especializados de acordo com as profissões do mesmo ramo, agrupavam-se em uma localidade com estatuto, métodos e normas disciplinando as relações de trabalho. Havia três categorias, os mestres, os companheiros e os aprendizes. Os mestres, proprietários de oficinas, chegavam a essa condição depois de aprovados na confecção de uma obra mestra. Os companheiros, trabalhadores livres, ganhavam salários dos mestres. Os aprendizes estudavam seis, sete anos sob a supervisão de um mestre reconhecido, recebendo os ensinamentos metódicos de um ofício ou profissão. O trabalho artístico era trabalho de equipe e o mestre sob muitos aspectos não passava de um artesão, um trabalhador que se destacava. Associados em corporações, os artesãos retinham os meios de produção, tinham preservada a liberdade de trabalho, concebiam objetos com finalidade social estabelecendo elo entre a obra e sua utilidade. Em Florença dos Médici, se a criança mostrava vocação artística era confiada a um mestre de oficina que a mantinha em casa, até a maioridade, para transmitir-lhe o "estilo, a técnica, o caráter". Eram poucos mestres para poucos aprendizes. As guildas tiveram seu auge do século XII ao século XIV.

Defendiam os interesses dos seus membros. Em Paris, no final do século XV, a guilda dos escribas por quase vinte anos barrava a entrada da primeira imprensa na cidade. Em 1589, a rainha Elizabeth I (1533-1603), para não prejudicar a guilda das tricotadeiras manuais, recusava-se a conceder licença a William Lee para a sua máquina de tricô. A guilda dos tecelões protestava contra Joseph-Marie Jacquard (1752-1834), inventor do tear que operava com base em cartões perfurados.

Na cidade de Florença havia vinte e uma guildas. Pela importância política e econômica destacavam-se: "*Arte dei Giudici, Notai*" — juízes e advogados, fundada em 1197; "*Arte de La Lana*" — comerciantes e produtores de lã; "*Arte de Porta Santa Maria*" — comerciantes de seda; "*Arte di Cambio*" — dos banqueiros; "*Arte di Calimalia*" — fabricantes e comerciantes de tecidos; "*Arte dei Vaccai e Pelliciai*" — de pele e animais; "*Arte dei Medici, Specialie e Mercai*" — médicos, pequenos comerciantes e mercadores e pessoas que realizavam estudos filosóficos. A ela pertenceu Dante. Fazer parte dessas guildas era privilégio de parte da elite da cidade. Somente seus integrantes eram elegíveis para cargos no governo.

Cidades nasciam independentes dos poderes civil e eclesiástico. A vida ativa começava a ofuscar a vida contemplativa. O Homem livre vivia para o ócio, o negócio era para a classe inferior.

Com o desenvolvimento comercial as corporações dos mercadores progressivamente ultrapassavam as dos artesões. Os mercadores (vendedores) transformando parte das suas habitações em oficinas passavam a vender sua própria produção. Fornecendo matéria-prima e exportando a produção, tornavam-se mais poderosos do que as corporações dos produtores, aos quais impunham condições. Empreendedores e poderosos deram origem ao capitalismo comercial e à classe social da burguesia. Ao trabalhar para um patrão como empregado, o artesão perdia a posse da matéria-prima, da produção final e do lucro. O capitalismo comercial encaminhava ao capitalismo industrial manufatureiro. Dando origem à produção mecânica, à segmentação do trabalho e à linha de montagem, gerava a classe de operários. A migração para as cidades em busca de trabalho resultaria na sociedade urbana, industrial e capitalista.

8

A ARQUITETURA DAS CATEDRAIS

Nos primeiros séculos da Idade Média, as moradias, tanto dos nobres quanto dos camponeses, eram construídas com madeira. Palácios e igrejas, nem todas, com pedras ou tijolos. Com a liberdade religiosa, a partir do imperador Constantino, surge a arte cristã, e a reunião e o culto religioso passavam das casas privadas para habitações destinadas ao uso exclusivo da Igreja.

No Ocidente, prevaleciam as basílicas com nave central ladeada por naves laterais. Sala coberta com planta retangular, teto e forro sustentados por filas de colunas (Figura 38). Imitação dos edifícios públicos romanos destinados a operações comerciais e atos do judiciário, no estilo helenístico.

Figura 38. Milão. Basílica de Santo Ambrósio, 387, reconstruída no século XI.

Em Pasárgada, Persépolis e Susa desenvolviam-se escolas de artesãos originando um processo de sincretismo, uma variedade de estilos. Igrejas erguidas em linhas próprias afastadas da tradição greco-romana tinham influência da arquitetura persa, onde a cúpula circular ou octogonal era assente sobre uma base quadrada. Internamente, exibiam azulejos com padrões geométricos complexos e simetrias engenhosas.

As raízes do estilo bizantino advinham dos séculos IV e V das cidades gregas de Pérgamo, Éfeso, Mileto com a construção de abóbadas e cúpulas. Caracterizava-se por apresentar planta simétrica e cúpula arredondada sobre base quadrada. Estilo, talvez, inspirado no desejo de diferenciar os povos dos territórios conquistados do dos conquistadores árabes.

Na Igreja da Sagrada Sabedoria — **Hagia Sophia** (Figuras 39 e 40), em Istambul, a cúpula, com 33 metros de diâmetro, 54 metros de altura, internamente revestida por mosaicos, contém 40 nervuras. É um tambor sobre triângulos curvilíneos formados nos intervalos entre os quatro arcos de cada lado do quadrado. Repousa sobre quatro pilares de mármore da construção parcialmente destruída por incêndio, em 404, na Revolta de Nika. Dando a ilusão de que a cúpula paira no ar, 40 janelas decoradas com mosaicos multicoloridos simbolizam os 40 dias que Cristo permaneceu no deserto. Nas grandes celebrações, à noite, ficava iluminada por seis mil candelabros. Referência da Arte Bizantina, marcou o advento do novo estilo introduzindo inovações nas proporções.

Por ocasião da Revolta de Nika, Teodora (500-548), Imperatriz de Bizâncio, casada com o Imperador Justiniano, sendo contra abandonar o palácio e lutar pelo trono, tornou-se fascinante personagem, ao salvar Bizâncio de uma derrota. Pleiteando a melhoria dos direitos das mulheres, participou sob a liderança do jurista Tiboniano (500-542), das reformas jurídicas - Código de Justiniano.

Figura 39. Vista da Basílica de Santa Sofia (532-537). Construída por Antémio de Trales (474-534) e Isidoro de Mileto (442-537), convidados pelo imperador romano oriental Justiniano I (482-565).

Figura 40. Interior da Basílica de Santa Sofia. Altar iluminado pela luz do sol. 107 colunas rendilhadas, 40 no nível do térreo e as demais na galeria superior. Mármore das pedreiras da Ilha de Mármara.

Realizada por Otão de Metz (742-814), na capela Palatina de Aquisgrán (792-805), na cidade de Aix-la-Chapelle (Aachen, em alemão), na atual Alemanha, próximo à fronteira com a Bélgica, no estilo românico, com planta circular e arcos arredondados, sagrada em 805, localizava-se no palácio preferido de Carlos Magno (747-814). Carlos Magno foi sepultado na Catedral Aix-la-Chapelle, a maior do seu tempo, justaposição de formas romanas e bizantinas inspirada na **Igreja Bizantina Imperial de San Vitale** (Figura 41), em Ravena, de forma octogonal com pilares unidos por arcos e, no alto, o domo.

Figura 41. Vista da Igreja Bizantina Imperial de San Vitale (527-548), em Ravena.

Após a Batalha de Lechfeld em 10 de agosto de 955 com o triunfo da cavalaria com armadura e lança sobre os arqueiros montados dos Nórdicos, o papa João XII (955-964), em 2 de fevereiro de 962, coroava Otão I, o Grande, como Imperador do Império Romano Germânico, que se limitava à Alemanha e à Itália. Restaurava os privilégios concedidos no império de Carlos Magno e revigorava as escolas monásticas e episcopais. O Santo Império Romano teve seu final com a invasão da Prússia por Napoleão, em 1806.

A igreja tornava-se o orgulho arquitetônico da cidade onde o bispo residia. Na Alemanha, a igreja de São Ciríaco (959-965) foi modelo para as catedrais do Império Otoniano. A *Igreja de São Pantaleão* (Figura 42), com duas torres laterais, localizada na cidade alemã de Colônia, é de arquitetura otoniana.

Figura 42. Vista da fachada da *Igreja de São Pantaleão*.

O estilo bizantino da Basílica de Santa Sofia influenciou o da **Basílica de São Marcos** (Figuras 43 e 44), em Veneza, consagrada em 1094, construída com a ajuda de artesãos bizantinos e adornada com os quatro cavalos de bronze e despojos da Conquista de Constantinopla por Veneza durante a Quarta Cruzada, instalando um governo próprio, chamado Império Latino do Oriente, que perdurou mais de meio século. A jazida de mármore explorada para a construção foi, posteriormente, estatizada pelo governo italiano para sua conservação e restauração.

Figura 43. Veneza. Basílica de São Marcos. Vista da Praça.

Figura 44. Veneza. Basílica de São Marcos. Cúpula no estilo bizantino.

Construídas para representar o reino dos céus na terra, a igreja era a imitação, por mão humana, das montanhas e montes que no nomadismo eram consideradas moradas dos deuses. A arquitetura considerada arte sacra estava voltada para a construção de igrejas, monastérios, abadias, mosteiros que precederam as catedrais dos bispos.

No século XII, mais de trezentos mosteiros dependiam da orientação da mais importante ordem monástica, a ordem de Cluny, fundada em 910, na Borgonha. Com altura de trinta metros, a nave de mais de cento e sessenta metros de comprimento era rodeada por sete campanários. A abadia (1088) agregava a maior igreja do cristianismo ocidental. Seu altar foi consagrado em 1095 pelo Papa Urbano II (1042-1099). Nobres pagavam por orações perpétuas para sua alma. A **Abadia de Cluny** foi uma obra prima de um estilo arquitetônico que viria a ser conhecido como românico. Destruída pela prática antirreligiosa cristã conduzida durante a Revolução Francesa teve, em 1793, os livros da biblioteca queimados. Foi parcialmente reconstruída no século XX (Figura 45).

Figura 45. Abadia da ordem de Cluny. Ornamentação opulenta. Maior construção da Europa. Altar consagrado pelo Papa Urbano II apoiador da Primeira Cruzada (1096-1099).

Até o arco ogival se impor, o estilo românico era um estilo de pesquisa dividido em escolas. Com planta em cruz latina, onde o braço mais longo é a nave central, nas laterais as capelas e na cabeça da cruz o altar. Expressão estética da dominação senhorial, estilo essencialmente clerical, verdadeiras Fortalezas Sagradas (Figura 46).

Figura 46. Igreja no estilo românico apresentada no ambiente rural.

A Arquitetura Românica, termo dado, em 1818, por Charles de Gerville (1769 -1853), surgiu da aliança entre os senhores feudais e o clero. Exemplares são:

em Florença, a Basílica de San Miniato al Monte (1013)
em Vézelay, na França, a Basílica Santa Maria Madalena (1050)
ainda, na França, a Catedral de Saint-Front (1210)
em Hildesheim, Alemanha, a Igreja de São Miguel (1033)
e ainda, na Alemanha, a Abadia de Santa Maria Laach (1093).

Curvadas, concentradas em si mesmas, eram representadas em gigantescas e sólidas edificações de pedra com blocos irregulares de formas simples, pilares maciços, teto semicilíndrico ou com pesadas abóbadas de berço (semicírculo), ou abóbadas de arestas (intersecção de duas de berço). Obrigando as paredes a serem espessas, dificultava a iluminação pelas raras aberturas e pelas poucas janelas, como na **Catedral de Módena** (Figura 47).

Figura 47. Fachada da Catedral de Modena (séculos XI-XII).

E na *Abadia de Jumièges* (1037-1066), na França (Figura 48), desmantelada pela violenta descristianização provocada durante a Revolução Francesa.

Figura 48. Ruínas da Abadia de Jumièges.

Construída para celebrar a vitória da armada de Pisa sobre os sarracenos, a **Catedral de Pisa** (1063-1119), revestida em mármore por faixas brancas e verde-escuro, teto em cofre, aberturas em arco pleno e arcadas com sessenta e oito colunas, expressa a época feudal (Figura 49). Separados da catedral estão o batistério com a cúpula (1153), o campanário (1174) e a torre inclinada de 56 metros de altura, com as famosas arcadas (1174).

Pisa, na região da Toscana, alcançava seu esplendor, com seus navios controlando o Mediterrâneo. Com Gênova e aliados expulsavam os sarracenos. Pisa passava a controlar o mar Tirreno.

Figura 49. Catedral de Pisa e sua destacada torre inclinada.

Nas igrejas tornou-se popular e formou-se o hábito de fazer soar os sinos três vezes por dia para lembrar os fiéis de rezar a Ave Maria. Passou-se a chamá-la de Senhora das Flores, e muitas igrejas foram construídas em sua honra com a função de tornar a adoração divina tão gloriosa quanto possível. Protegida no recinto interno dos edifícios eclesiásticos, a imagem maternal da Virgem Maria era recriada pela representação de seu ventre.

Com a economia fundamentada no comércio, a vida social se deslocava do campo para a cidade. A mudança do gosto despertava novas formas de edifícios. As artes floresciam. Com conceito totalmente novo, a arquitetura passava a ser a expressão artística máxima. Os construtores não produziam grandes obras de engenharia pública como os romanos, mas construções civis e militares que exigiam alta habilidade e engenhosidade levada à máxima expressão. Além da audácia das soluções técnicas, há as grandiosas construções com características próprias, nunca iguais a outra. Representavam grande investimento de recursos econômicos e humanos. Para o trabalho compareciam pessoas da própria cidade e arredores ocorrendo, progressivamente, um desenvolvimento tecnológico. Os mosteiros e suas escolas desempenhavam papel fundamental no atendimento médico, hospedagem e na formação dos mestres de obras, trabalhador livre dos vínculos feudais, que deu origem ao trabalho assalariado.

O material pesado, a pedra, explorada tanto do ponto de vista estético como estrutural desde a Antiguidade, com os arcos ogivais (arcos cruzados em diagonal) e abóbadas nervuradas cobrindo o espaço compreendido entre paredes ou colunas, em um movimento vertical, eleva-se a alturas impressionantes, em oposição ao seu peso. A prospecção, a extração, o corte, a construção de estradas para as pedreiras, a organização do trabalho no local, a supervisão do transporte, a construção de máquinas para carregar, descarregar e levar as pedras para junto da obra eram atividades da maior relevância no decorrer dos séculos XI, XII e XIII. O "arquiteto" tinha o domínio de todas as tarefas que ocorriam na organização, na proporção das paredes, no desafio das fórmulas para o cálculo, no simbolismo e na execução do edifício. O emprego da estereotomia para desenhar, dividir e cortar com precisão as pedras, prescindindo as paredes do uso do material aglomerante, foi um avanço técnico. Assim como a evolução do emprego do arcobotante, visível externamente à construção, não só como adorno, mas concebido para transmitir o esforço da abóbada para os contrafortes maciços das naves laterais, dando a sensação de leveza e impedindo o afastamento das paredes.

De antigas zonas feudais surgiram as cidades onde se encontram belas catedrais góticas que iniciadas na França difundiram-se com características distintas por toda a Europa. O "arquiteto" alcançava sua independência e a cultura deixava de ser patrimônio exclusivo da igreja, da universidade e das escolas seculares.

Privilegiada pelos reis da França e Inglaterra, a grandeza do "arquiteto" medieval foi dada pela Arquitetura Gótica, genuinamente ocidental, onde forma e estrutura, idealizadas por raciocínios teóricos de acordo com fórmulas geométricas, adquiridas com os árabes, formavam uma unidade. Mesmo estilo das casas e castelos, as catedrais tornavam-se as maiores expressões da devoção e da arte. Marcavam uma ruptura ao criar maior espaço e a máxima luminosidade reduzindo ao mínimo o material resistente, diminuindo o peso próprio.

Na raiz da realização do gótico encontra-se a invenção técnica do arco ogival, desenhados em "X" e solidários entre si, "que se fecha como mãos que se juntam". A cobertura tem seu peso convergindo sobre quatro pilares. A cobertura leve atinge maiores alturas e as paredes deixam de ser estruturais possibilitando aberturas de vãos. Pilares escorados por arcobotantes com os esforços transmitidos para pilares mais sólidos, os contrafortes, executados pelo lado externo, permitem a estabilidade. Obedecendo à lei da estética: "é belo todo o objeto adaptado ao seu desígnio", a catedral gótica é "um desenho arquitetônico revestido de beleza", provocando sensações físicas e emoções espirituais.

A Biblioteca Nacional da França guarda trinta e três folhas de pergaminho do século XIII, onde Villard de Honnecourt (1175-1240), mestre de obras que trabalhou em várias catedrais, apresenta regras intuitivas, quantitativas e métodos construtivos, desenhos, chaves simbólicas e geométricas, esquemas de máquinas usadas nas construções. Abrangendo sete temas mostra que nada foi feito por acaso.

Opondo às paredes grossas, com poucas janelas, arcadas externas cegas como decoração, aberturas estreitas, pesados pilares, abóbadas baixas da Arquitetura Românica, que encontrava o despertar da fé na penumbra, a preocupação primordial no gótico era alcançar o florescimento da fé na luz com vitrais e esculturas, cenas e rostos com relatos e histórias contidas transmitindo mensagens das Sagradas Escrituras.

Substituídas as paredes por rosáceas e vitrais, com sofisticados sistemas de composição cromática, filtram a luz vinda do exterior propiciando a diafaneidade com luminosidade inigualável.

A **Catedral de Saint-Denis** na região de Ile-de-France, hoje Paris (Figuras 50, 51 e 52). Iniciada em 749 por Pepino, o Breve, reconstruída (1132-1144) pelo abade Abbot Suger (1081-1151), considerado o primeiro "arquiteto" do estilo gótico, marca a transição do estilo românico, do século XI até meados do século XII, para o gótico. No interior da Catedral estão os restos mortais dos reis, rainhas, príncipes e princesas da França.

Figura 50. Catedral de Saint-Denis. Fachada principal com a rosácea sobre o portal.

Figura 51. Catedral de Saint-Denis. Vitrais policromados.
História das escrituras nos vitrais.

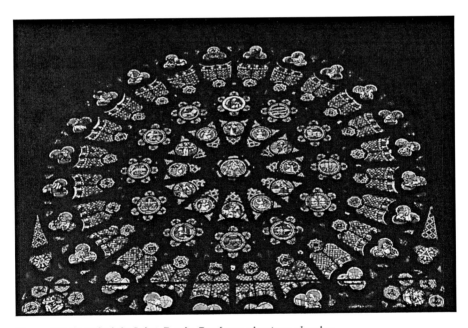

Figura 52. Catedral de Saint-Denis. Rosácea: abertura circular
com desenhos de pétalas de rosa em pedra preenchida
com vidro colorido relatando uma história da Bíblia.

A construção da *Catedral de Lyon* (Figuras 53 e 54) durou três séculos (1175-1480), período da mudança do estilo românico para o gótico. Foi danificada por guerras religiosas e pela Revolução Francesa.

Figura 53. Catedral de Lyon. Fachada enquadrada por duas torres, *o tríplice pórtico* e **a rosácea**.

Figura 54. Catedral de Lyon. Esplendor do espaço interior.

A *Catedral Saint-Chapelle* (1243-1248), obra deslumbrante construída no antigo palácio real em Paris por Pierre Montreuil (1200-1267) a pedido do Rei Luís IX (1214-1270). Colunas alongadas escoradas por arcobotantes decorados abriga a relíquia do fragmento da Cruz de Cristo. Decoradas por vitrais resplandecentes e imagens religiosas, "conferindo a doçura de uma pele". Som e luz emanados de partes diversas da catedral livremente fluem, sem impedimentos (Figura 55).

Figura 55. Catedral Saint-Chapelle. Imensos vitrais proporcionam diafaneidade.

A *Catedral de Notre-Dame* (1163-1345), com duas torres truncadas de 69 metros de altura, rodeada pelas águas do rio Sena, foi construída a pedido do bispo de Paris, Maurice Sully (1120-1196), (Figuras 56 e 57). Na Catedral aconteceram a coroação de Napoleão Bonaparte (1769-1821) e a beatificação de Joana D´Arc (1412-1431).

A Catedral de Notre Dame, no período da Revolução Francesa, tornou-se o templo da Deusa Razão. Foi restaurada, em 1844, pelo arquiteto Eugène Viollet-le-Duc (1814-1879), teórico da preservação do patrimônio histórico.

Figura 56. Vista exterior da Catedral de Notre-Dame em Paris.
No centro a Torre de 96 metros, em forma de agulha

Foi a primeira catedral com arcobotante, onde empuxos se anulam e paredes deixam de ter a função sustentadora. Pedra fundamental colocada pelo rei Luís VII (1120-1180), contemporâneo do abade Abbot Suger.

Figura 57. Aspecto dos arcobotantes e das gárgulas da Catedral de Notre--Dame em Paris.

Em Paris, a *Catedral de Chartres* (1194-1220), consagrada em 1260 na presença do Rei Luís IX, com 137 metros de comprimento, 37 metros de altura da nave, 46 metros de largura, altura das torres 113 metros, um vitral representando a vida de Cristo cobre 23 metros quadrados, tem 176 vitrais de cintilações mágicas totalizando 2.600 metros quadrados. Modelo para o desenvolvimento, marcou o apogeu do estilo gótico (Figuras 58 e 59). Para saldar a dívida com Deus, carros com materiais para a sua construção eram puxados por homens pecadores.

Figura 58. Catedral de Chartres, na França. Vista da imponente construção.

Figura 59. Catedral de Chartres, na França.
Nave de trinta e sete metros de altura.

No reinado de Luís IX, a França concluiu a construção das grandes catedrais góticas, e a Universidade de Paris teve projeção, com a presença, em seus quadros, de Santo Tomás de Aquino. Luís IX liderou a Sétima e a Oitava Cruzadas. Pelo zelo em defesa da fé católica foi canonizado, em 1297, pelo papa Bonifácio VIII, como São Luís.

Na região agrícola produtora de lã, no norte da França, distante sessenta quilômetros de Paris, situa-se a cidade de Beauvais, assolada durante a Segunda Guerra Mundial. Na **Catedral de Saint-Pierre** (1247-1272) (Figura 60), de vitrais belamente coloridos e arcobotantes de grande beleza, pelo espírito de competição e com desejo de ultrapassar as das cidades rivais, o arrojo vertical alcançou a maior altura no estilo gótico, com quarenta e oito metros na nave central, e sessenta e oito metros na cumeeira. A audácia levou a um desmoronamento parcial na abóbada do coro, em 1284, doze anos após seu término. Sem torres, sem naves central e laterais, não teve a construção concluída. Em 1564-1569, uma torre de cento e cinquenta e três metros de altura foi anexada, tornando-a, temporariamente, a estrutura mais alta do mundo. A torre desabou em 1573. Trezentos anos mais tarde sua altura foi ultrapassada pela Torre Eiffel.

Figura 60. Catedral de Beauvais. Aspecto externo com os arcobotantes dando forma à estrutura.

Na **Catedral de Siena** (1284-1380), a fachada inferior de Giovanni Pisano (1250-1315) no estilo românico recebeu, em 1288, a fachada superior de Camaino di Crescentino (1260-1337) no estilo gótico inspirada na Catedral de Orvieto com a rosácea no limite de um quadrado. O revestimento associando mármore branco, verde-escuro e rosa marca seu interior e sua magnífica fachada (Figuras 61 e 62). A decoração interior refinada foi enriquecida, entre outras, pelas obras dos artistas renascentistas Lorenzo Ghiberti, Donatello, Michelangelo.

Projeto iniciado por Arnolfo di Cambio, sucedido por Andrea Pisano (1290 – 1348) e Antonio da Sangallo, com a grande Rosácea (1354-1380) tendo a cabeça de Cristo no centro, a Catedral de Orvieto, no decurso dos três séculos da sua construção, lançada em 1290, assinala a evolução do estilo românico para o estilo gótico.

Figura 61. Catedral de Siena. Vista externa onde se distinguem a fachada inferior e a superior.

Figura 62. Catedral de Siena. Requintada ornamentação interna.

As construções de torres, excetuando as de defesa, eram desconhecidas na Antiguidade e nas igrejas paleocristãs, quando o modelo era a basílica que passou a ser o estilo arquitetônico praticado no início do cristianismo e que levou à arquitetura românica. Originários do Islã os minaretes elevados (Figura 63) eram uma espécie de torre cilíndrica ou octogonal situada no exterior da mesquita em posição privilegiada para que a voz convidando à oração pudesse ser ouvida por todos os fiéis.

Figura 63. Minarete islâmico.

Com a autorização do papa Adriano I (700-795), Carlos Magno transportava de Roma e Ravena mármores e colunas utilizadas na primeira torre de uma Catedral (Figura 64).

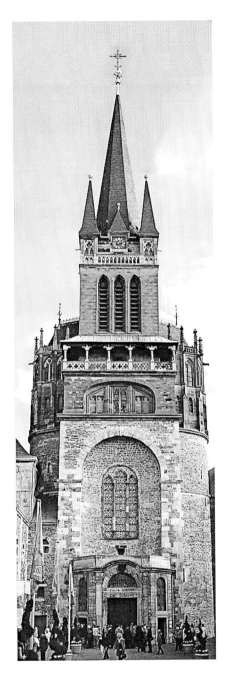

A torre, símbolo de poder de cidade fortificada e, portanto, de vigilância, passava a ser construída no centro das igrejas românicas. No gótico, localizava-se na fachada. Em algumas igrejas, foram erguidas posteriormente à sua finalização. Davam mais altura e majestade à Catedral. Nas igrejas francesas e inglesas eram truncadas (sem pontas) e nas alemãs eram altas e pontiagudas.

A **Catedral de Lincoln**, na Inglaterra, fruto da vontade de Guilherme (1028-1087), o Conquistador, foi o edifício mais alto do mundo medieval (Figura 65). A ponta da torre central de 160 metros foi destruída durante uma tempestade, em 1589. Um dos vitrais foi dedicado a George Boole, inventor da lógica Booleana.

Figura 64. Torre da Catedral Palatina de Aquisgrán (792-805), com mármores de Roma e Ravena.

Figura 65. Catedral de Lincoln (1072-1092). Estilo gótico inglês.

Nas propriedades particulares, sem preocupação com a defesa, não era incomum que torres erguidas para a ostentação social, desabassem durante ou mesmo pouco depois de concluídas. Em Florença cerca de cento e cinquenta torres foram arrasadas nas lutas entre guelfos brancos e guelfos pretos.

San Gimignano, cidade situada a sudoeste de Florença, rodeada por muralhas do século XIII, ficou conhecida como a cidade das mil torres. Suas torres altaneiras ficaram célebres. O *Palazzo del Populo*, iniciado em 1288, possui a Torre Grossa, a mais alta da região.

Bolonha, de origem etrusca, é chamada de "douta" por causa da sua universidade. Das torres de defesa que protegiam famílias nobres da cidade, pouco mais de trinta ainda permanecem. A **Torre de Asinelli**, do ano de 1100, tem noventa e sete metros de altura, base quadrada de nove metros de lado. Está assentada sobre um bloco de 10,5 por 10,5 metros com cinco metros de altura. A onze metros e com 3,5 metros fora de prumo, localiza-se a **Torre Gerisenda**, com cerca de cinquenta metros de altura (Figura 66).

Figura 66. Vista das Torres Asinelli e Gerisenda, em Bolonha.

Foi nas Torres de Asinelli e Gerisenda que Dante, absorto, percebeu o efeito da nuvem que passava na direção contrária à inclinação das torres, dando a sensação de que caía. Inspiração para descrever o gigante se inclinando no Canto XXXI, do Inferno.

Na Idade Média o saber confinado nos mosteiros tinha a arte a serviço da Igreja. As decorações contavam a história da religião na forma de pintura. A pintura, criada por Giotto, apresentava cenas da terra e magnificências do céu. A Catedral em forma de agulha apontada para o alto simbolizava uma visão sobrenatural. Atulhada de estátuas, gárgulas, arcos e cenas do Antigo Testamento, ensinava a Bíblia aos fiéis que não sabiam ler. A Catedral Gótica é uma Bíblia de pedra.

9

O SURGIMENTO DAS UNIVERSIDADES

Na Antiguidade, as academias dedicavam-se ao ensino da filosofia, voltadas mais para o conhecimento (*Theoria*) do que para a ação (*Praxis*). *Theoria*, como ato de ver, contemplar, compreender algo transcendente. Sem ela a *Vida Ativa* perdia o sentido, tornando-se desordenada.

Pitágoras chegou à Itália durante o reinado de Tarquínio, o Soberbo, e na cidade de Crotona, colonizada por gregos, fundou, em 522 a.C., sua escola filosófica.

A Academia de Platão, dirigida por ele durante quarenta anos, situava-se nos jardins consagrados ao herói ateniense Academo. Dava suas aulas em um assento alto, a *kathédra*, para as elites governantes das cidades gregas.

Em Atenas, a Escola Jardim dos epicuristas foi missionária para aquele que iria a outros lugares semear as suas ideias: "aquele a quem não basta o pouco, a este não basta nada".

Zenão (333-263 a.C.), na Escola Pórtico de Zenão de Cítio, também em Atenas, começava a ensinar, em 321 a.C., o estoicismo como ajuda às pessoas consideradas filhas de Zeus para tornarem-se sábias e para que as levasse à felicidade.

O Liceu de Aristóteles, em um bosque com jardins e alamedas adequadas ao passeio, a noroeste de Atenas, junto ao templo de Apolo Lício, era um ginásio com biblioteca e museus de zoologia e botânica, centro de pesquisa científica e reunião de informações. Seu curriculum foi a base para as universidades até o século XIX.

No período de Carlos Magno, além dos mosteiros, estabeleceram-se as escolas palacianas, mantidas pelo imperador. A expansão do comércio e da manufatura aumentava a demanda por ensino. No século XI alcançavam importância as escolas catedráticas. Os centros intelectuais, escolas das ordens religiosas ligadas aos tradicionais mosteiros, passavam às escolas episcopais.

O nome universidade era usado no sentido de corporação e não se deve ao fato de cultivar todos os ramos do conhecimento. Passavam a ser centros de cultura dedicados à busca do conhecimento, definir e moldar a ciência, acarretando entre os professores uma divisão de trabalho. Os estudantes deixavam de ter cursos apenas com um professor. Sob os auspícios da Igreja evoluíam, tornavam-se centros onde se reuniam estudantes de todos os pontos da Europa para assistirem a palestras públicas e discussões entre os mestres.

As universidades europeias no século XII foram a segunda revolução na cultura mundial. Surgiam como frutos das reformas hildebrandinas promovidas pelo monge da célebre abadia de Cluny, Hildebrando de Soana (1020-1085), futuro papa Gregório VII.

Autoridades religiosas e políticas locais obtinham do rei e do papa o direito de formar suas próprias comunidades. O papa (de fato) e o imperador (em teoria) possuíam autoridade sobre toda a cristandade, e a eles as universidades recorriam para obter o direito de emitir diplomas. Os diplomas escritos em pergaminho eram a forma de conhecimento reconhecido e individualmente portátil. Os diplomas, conferidos apenas com a aprovação dos monarcas, eram válidos apenas no seu reino.

Diferentemente de uma universidade (associação de pessoas), a faculdade era uma construção física, residência dos estudantes e de seus mestres, emprestando espaços das organizações religiosas urbanas.

Sem um campus, nem edifícios e identificadas pelo nome das cidades onde se aglutinaram:

A Escola de Medicina de Salerno surgia, em 1010, como a mais vetusta do mundo ocidental (Figura 67), onde um número de excelentes médicos atraía os desejosos de aprender medicina. A tradição da prática médica no início dos anos 900 assumia o caráter de uma escola teórica, que funcionou até 1817. Sem ser uma universidade, vários tratados indicavam como praticar o estudo da anatomia.

Figura 67. Cidade de Salerno, situada no golfo da Costa Amalfitana.

A Universidade de Bolonha, no norte da Itália, em 1088, patrocinada por Matilde de Canossa, instituída na estrutura das corporações de ofício, tinha como centro a Faculdade de Direito Romano e Canônico, vindo depois a de Teologia e Medicina. Era governada por reitores eleitos dentre os professores. Os estudantes se dividiam em cismontano e ultramontano, ou seja, italianos e estrangeiros.

Matilde de Canossa (1046-1115), condessa de várias cidades florentinas, marquesa da Toscana, aliada de Gregório VII, papa entre 1073 e 1085, herdeira única de uma família feudal, possuía vastíssima extensão de terras. No seu castelo (Figura 68), poderosa fortaleza situada em um penhasco rochoso, ocorreu de 25 a 28 de janeiro de 1077 o pedido de perdão do soberano do Sagrado Império Romano, Henrique IV (1050-1106) ao papa Gregório VII, por ter-se recusado a reconhecer os direitos da Igreja no tocante à nomeação dos bispos. Henrique IV (que tomara partido dos bispos excomungados, organizara atentado contra o papa e, excomungado por este, nomeara um antipapa), vestido de penitente, empreendeu longa viagem com a rainha e o filho menor, atravessou os Alpes no inverno. Esperou, no frio e no gelo, por três dias às portas do castelo implorando misericórdia. A partir desse episódio a "Igreja" passava a exercer inteira soberania e libertava-se do poder do Estado. A expressão "ir a Canossa" passou a ter o significado de humilhar-se, retratar-se. Esse episódio, impedindo a ingerência do poder político nos assuntos eclesiásticos, a chamada querela das investiduras, reforçando o poder dos papas, transformava a Igreja de uma federação de bispados em uma instituição monárquica. Em 1085 e 1086, Roma foi perdida para a corte imperial, e o imperador Henrique IV instalou um novo papa. Gregório VII morreu no exílio e foi sepultado na Catedral de *San Matteo*, em Salerno. Matilde está sepultada na Catedral de São Pedro e aparece no Canto XXVIII no livro *Purgatório* de Dante.

Figura 68. Castelo de Canossa, local da penitência do rei Henrique IV pedindo a revogação da sua excomunhão.

A Universidade de Paris, em 1170, fundada por Robert Sorbon (1201-1274), centrada na Faculdade de Teologia e Artes Liberais, nascia de forma espontânea da Escola Episcopal de Notre-Dame. O reconhecimento formal deu-se em 1200 pelo rei Felipe Augusto (1165-1223), e a bula de Gregório IX (1170-1241), em 1231. Bula é uma forma de decreto emitida pelo papa. O nome é devido ao selo especial de chumbo em forma de bola usado para estabelecer sua autenticidade. A punição por violar uma proclamação papal era a excomunhão.

A Universidade de Oxford, em 1163, vinda de uma escola monacal e oficialmente concedida a emitir diploma em 1254, pelo papa Inocêncio IV (1195-1254), centrada na teologia, artes e direito civil. O ensino distribuía-se por muitos conventos e igrejas.

Formada por alunos e mestres de Oxford, em 1209, a Universidade de Cambridge.

A Universidade de Salamanca, em 1218, fundada pelo rei Afonso IX (1171-1230) e reconhecida em 1255, pelo papa Alexandre IV (1199-1261), é a mais antiga da Espanha.

Derivada de Bolonha, a Universidade de Pádua, em 1222, distinguia-se pela ciência. Pádua (1185 a.C.) é uma das mais antigas aglomerações urbanas da Península Italiana (Figura 69). Pela Universidade passaram Cristóvão Colombo (1451-1506), Nicolau Copérnico (1473-1543), em filosofia e medicina, após estudar direito canônico, em 1496, em Bolonha, em 1499 foi nomeado para a cadeira de astronomia da Universidade de Roma, e Galileu Galilei (1564-1642).

Figura 69. Pádua. Vista aérea da cidade com destaque para a Basílica de Santo Antonio de Pádua.

Um percurso da construção civil pela história

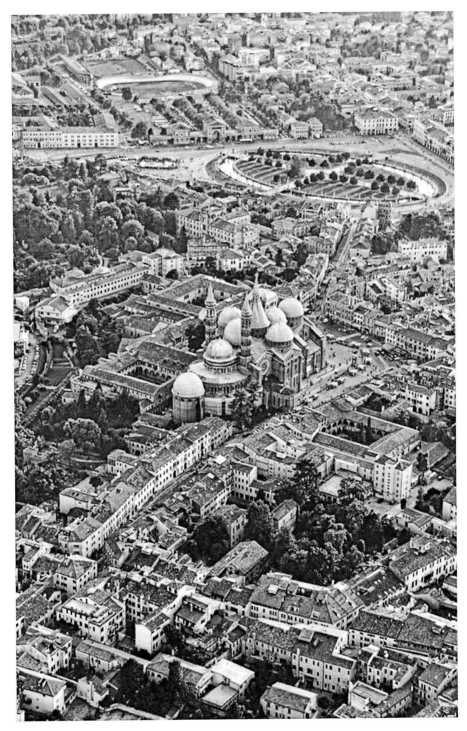

Em 1224, Frederico II de Hohenstaufen (herdeiro do Sacro Império Romano Germânico por parte de pai e por parte da mãe, do reino normando das Duas Sicílias) criava, por decreto, a Universidade Real de Nápoles, caracterizada pela Filosofia. Foi a primeira universidade de Estado. Frederico II (1194-1250), considerado o mais culto soberano da era feudal, imperador do Sacro Império Romano a partir de 1220, foi o responsável pelo florescimento da escola cultural e científica da Sicília, centro de tradução do árabe para o latim. À sua corte se dirigiam músicos, trovadores, sábios, artistas. Decretou em 1221 que não poderia ser praticada a medicina sem a aprovação dos mestres da Escola de Salerno. Em 1240, separou a farmácia da medicina e obrigou o ensino da anatomia na Escola de Medicina de Nápoles. Nápoles (Figura 70) tem vinte e cinco séculos de história com participações de gregos, romanos, normandos, bizantinos, franceses, espanhóis.

Figura 70. Nápoles. Arco do triunfo di Castel Nuovo, iniciado em 1279. Incorporado à entrada do castelo, por Afonso V de Aragão em 1443, se tornava a Porta Capuana.

Conhecida pela Medicina e Direito, a Universidade de Siena, em 1240, na cidade de Siena (Figura 71).

Figura 71. Cidade de Siena. Ao fundo a sua famosa catedral.

A Universidade de Coimbra, em 1290, instalada em Lisboa pelo rei de Portugal Dom Dinis (1261-1325), com bula do papa Nicolau IV (1227-1292), transferida para Coimbra, em 1308, volta a Lisboa em 1338 e de novo para Coimbra em 1354, indo de novo para Lisboa em 1377. Em 1537 foi definitivamente para Coimbra, no reinado de Dom João III (1502-1557).

A Universidade Sapienza (Figura 72), Roma, em 1303, por bula do papa Bonifácio VIII (1235-1303), papa de 1294 até 1303, com o nome de *Studium Urbis*, tendo como lema "o futuro passou por aqui".

Figura 72. Igreja de Santo Ivo. Obra de Borromini para a Universidade Sapienza.

Na Alemanha, em 1385, a Universidade de Heidelberg, e a Universidade de Colônia, em 1388.

No ano 1368, o rei francês Carlos V (1338-1380), da dinastia Valois, reunindo mil e duzentos volumes, instituiu no Palácio do Louvre a primeira biblioteca real da França. O livro, até então, constituía um bem mais econômico do que espiritual.

As universidades tornavam-se centros de conhecimentos científicos e filosóficos, com estudos realizados ainda por padres, mas também por leigos convidados. O nome *"universidade"* teve origem no século XIV, de *universitas studi*, relativo a uma sociedade formada por associação juramentada de indivíduos. Surgia como o microcosmo do saber universal e a seus graduados era conferido o poder de praticarem a arte da instrução por toda a cristandade. A *Universitas Magistrorum et Scholarium*, a universidade dos mestres e estudantes, cuidara da transmissão do conhecimento, e não da sua descoberta. Centro de instrução para todos e aberto a todo tipo de saber. O conhecimento era repassado por análise de textos. A universidade ainda hoje preserva de sua origem a pedagogia, a concessão de títulos, a estrutura administrativa, o auxílio (bolsas) aos membros necessitados. Qualquer mestre podia organizar a sua em qualquer lugar, desde que autorizado pela *facultas ubique docendi*, expedida pelo chanceler do bispado que respondia pelos negócios da educação na área da jurisdição diocesana. Daí o nome faculdade. A obrigação da jurisdição deveu-se ao imperador Frederico, o Barba-Ruiva (1123-1190), avô de Frederico II e tio-avô de Santo Tomás de Aquino (1224-1274), frade dominicano que empenhou seus estudos na harmonia entre a razão e a revelação. A *Summa* (1266-1273) foi "uma das etapas finais do caminho percorrido pela mente medieval em direção à plena independência intelectual".

Os estudos eram organizados em faculdades de artes e letras, medicina, direito, filosofia e teologia. Entre as disciplinas e as suas metodologias, a matemática estava hierarquicamente subordinada à filosofia e à teologia. Compreendiam as artes liberais, ou as também chamadas sete artes. Advindas da Grécia clássica durante os séculos V e IV a.C., tomavam forma na escola carolíngia em *Aix-la-Chapelle*, por volta dos anos 800, época em que o imperador Carlos Magno tentava reorganizar o Império Romano. As sete artes, entendidas como grupo de disciplinas relacionadas, eram consideradas a base de uma educação adequada ensinada ao Homem livre em oposição às não liberais. As não liberais eram as sete artes mecânicas ou servis associadas e controladas por corporações de ofícios. Profissões de ordem artesanal dependentes do corpo e da mão e definidas como lanifício, armadura, navegação, agricultura, caça, teatro, medicina.

A Universidade de Paris desenvolveu o pensamento filosófico-especulativo. O conhecimento é produto da razão. O racionalismo, que procura o conhecimento pela dedução e análise reflexiva extraída pela capacidade de introspecção. Deu ênfase ao *trivium*, filosofia racional, que incluía aspectos das artes, da palavra e da linguagem. Três artes liberais denominadas três caminhos que levavam ao saber. Pertence ao mundo da mente constituída pela lógica (arte do pensamento), gramática (inventar e combinar símbolos) e retórica (arte da comunicação).

A Universidade de Oxford, por sua vez, desenvolveu o pensamento científico-experimental, provendo um conhecimento da natureza e do homem (conhecimento do mundo físico) como produto da sensibilidade. O empirismo, que procura o conhecimento pela experiência extraída do exterior, enfatizando que não há conhecimento sem o concurso dos sentidos. Deu ênfase ao *quadrivium*, filosofia natural, ou as quatro artes tidas como complementares que incluíam aspectos das artes da quantidade. Pertinente ao mundo das coisas, da matéria constituída pela aritmética (teoria do número), música (aplicação da teoria do número), geometria (teoria do espaço) e astronomia (aplicação da teoria do espaço).

O surgimento de novas disciplinas, o desaparecimento das antigas, os reagrupamentos, as tentativas para melhor sistematização foram produtos da evolução dos conhecimentos. Pesquisadores, professores e alunos se sucedem de geração a geração. Saberes técnicos, como da arquitetura, estavam excluídos dos estudos universitários, só podiam ser apreendidos nas guildas, que agrupavam pessoas do mesmo ofício.

Até o século XIX o latim continuava a ser a língua da educação universitária. A Europa das universidades deixava de ser expressão geográfica ao se tornar conceito cultural. Carlos V (1500-1558), em 1551, ordenou a fundação da Universidade do México, com reconhecimento pontifício. No Peru a Universidade de São Marcos, também em 1551. Na Argentina a Universidade Nacional de Córdoba, em 1613.

O *Harvard College* teve sua fundação em 1636, e em 1861 o *Massachusetts Institute of Tecnology*. Instituições privadas, ambas em Cambridge no estado de Massachusetts.

A Idade Média, período de quase mil anos de história, em meio a uma sociedade complexa de povos variados e em constante transformação, fundamentava as origens da cultura ocidental. Herdeira do *Mouseion* de Alexandria e da Casa da Sabedoria de Bagdá, a universidade moderna é uma das heranças culturais mais significativas.

10
O RENASCIMENTO: RAÍZES DA MODERNIDADE

O Renascimento, com origem na Itália, na região da Perúgia e, logo depois, além dos Alpes, difundia-se desigualmente pela Europa. Ocorriam mudanças no modo de encarar o mundo, como revisão cultural. Descendo das colinas, tornando as muralhas obsoletas, as cidades passavam a não mais viver sob a tutela dos grandes impérios. As cidades eram entidades autônomas. Os poderes do domínio senhorial transferiam-se às cidades, pontos de trocas de mercadorias e de ideias. Mercadores, banqueiros, manufatureiros e juristas, com a substituição da terra pelo dinheiro como símbolo da riqueza, ao tomar o poder, forneciam as condições para o surgimento do capitalismo. As inovações se sucediam e as descobertas se multiplicavam. Valorizavam a razão na capacidade de pensar sem influência dominadora de forças externas.

No século XIII, com o conflito entre os partidários do papa (o poder vem de Deus) e os seguidores do imperador (o poder vem dos Homens), ocorria uma divisão das cidades italianas e de suas mais importantes famílias, os guelfos e os gibelinos. Disputa levada da Alemanha para a Itália e pouco tinha a ver com a discórdia que deu origem às duas facções. Quando um partido assumia o poder, determinava a destruição das propriedades dos vencidos e condenava à morte seus líderes.

Com a associação entre oligarcas e militares mercenários, cidadãos e padres, artesãos e mercadores, a cidade como território autônomo, com a administração da justiça e governo independente dos senhores, se transformava em Estado, como Veneza, Milão. No topo da lista, Florença tornava-se o centro humanístico do Renascimento, a banqueira da Europa e sua moeda, a moeda internacional.

Florença, fundada no século I a.C. por Júlio César como colônia militar, conhecida pelo comércio da lã, tecidos, linho, veludo, couro, pele, foi declarada, em 1982, como patrimônio da humanidade. O **Batistério de São João** (1296), com a forma octogonal, considerado o mais belo exemplo da "Arquitetura Românica" florentina, representa simbolicamente oito dias: os seis durante os quais Deus criou o céu e a terra e tudo que os habita, o sétimo quando Ele descansou, e o oitavo, o eterno dia que nunca termina. Projeto de Arnolfo di Cambio (1240-1302), com o teto decorado por mosaicos (Figura 73). Nessa Florença no sopé dos montes Apeninos, a **Catedral de Santa Maria del Fiore** (1296-1434) era uma curiosidade inacabada, nascida, mas ainda não crescida quando, no projeto da cúpula, Filippo Brunelleschi (1377-1466) aliava técnica, ciência e poesia.

Figura 73. Florença. Vista do Batistério na frente da imponente fachada da catedral, concluída no século XIX, e do campanário (1334) de Giotto di Bondone, com 85 metros de altura. Portões de bronze com desenhos em relevo. Vitrais de Lorenzo Ghiberti (1378-1455), Donatello (1386-1466), Paulo Uccello (1397-1475). Superfície interna da cúpula pintada por Vasari (1511-1574).

A família Médici, uma dinastia quase real, por dois séculos e meio, dominou a vida política e cultural, transformando Florença na capital do Renascimento. Recebia visitas dos artistas que deram à corte dos Médici brilho e requinte incomparáveis. Rodeada por artistas patrocinados que tiveram a oportunidade de criar numerosas obras que se tornaram importantes na História das Artes, Florença fez-se parte de um dos quatro períodos da história da humanidade, ao lado da Atenas de Péricles, da Roma de César e Augusto, e da França no reinado de Luís XIV. Quatro papas pertenceram à família: cardeal Giovanni di Médici (1475-1521), reorganizador da Università Sapienza de Roma, filho de Lourenzo, o Magnífico (1449-1492), como Leão X (papa de 1513-1521); o cardeal Giulio di Médici (1478-1534), como Clemente VII (papa de 1523-1534), primo de Leão X; Giovanni Angelo di Médici (1499-1565), como Pio IV (papa de 1559-1565), protetor de Michelangelo; e Alessandro Octaviano di Médici (1535-1605), como Leão XI (papa de 1605-1605), sobrinho de Leão X, favorecido pelo rei Henrique IV da França (1553-1610), casado com Maria di Médici (1575-1642), avó do rei Luís XIV, o Rei Sol (1638-1715).

Com planta de formato quadrado, arcadas sustentadas por colunas e mísulas, salões de pé-direito alto, o **Palácio dos Médici** (1444-1460), projeto elaborado pelo discípulo de Brunelleschi, Michelozzo di Bartolomeo Michelozzi (1396-1472), com três andares e altura diminuindo progressivamente de baixo para cima, com muitas janelas, foi construído a pedido de Cósimo (1389-1464), o Velho (Figuras 74, 75 e 76).

Figura 74. Fachada do Palácio dos Médici em Florença.

No pátio central com a função de chegar a luz às janelas internas, estava a estátua de David esculpida por Donatello.

Figura 75. Pátio interno naturalmente ventilado e iluminado.

Palácio adornado com esculturas e outras obras de arte, preciosas tapeçarias, tapetes e móveis belamente esculpidos definia a identidade familiar e demonstrava riqueza e autoridade.

Figura 76. Suntuoso salão do Palácio dos Médici.

No intervalo entre a Antiguidade e o Renascimento, com os conhecimentos estratégicos mantidos dentro do exército sem a preocupação da sua divulgação nos territórios ocupados, as técnicas romanas de construção foram esquecidas.

"Arquitetos" e artistas reconhecidos apresentavam duas linhas distintas de pensamento. Uma era reviver, buscar, recuperar conhecimentos dos antigos gregos e romanos como modelo que aventavam recriar. A outra era restaurar, reimplantar os conceitos do mundo antigo em uma ordem que já fora estabelecida; não era ser como eles, mas aprender com eles, de modo que mais tarde alguém possa se "inspirar em nós como nós nos inspiramos neles", impulsionando o interesse pela ciência.

Movimentos culturais marcavam o caráter da modernidade. A arquitetura renascentista primava pela forma da beleza fundamentada na harmonia. Planta simétrica em relação a um elemento central, circular ou quadrado. Principiava, rompendo com o estilo gótico, na cúpula da Igreja Santa Maria del Fiore, em Florença, e finalizava na primeira cúpula barroca da Basílica de São Pedro, em Roma.

Nas capelas, hospitais, palácios (construção intermediária entre a fortaleza e a casa senhorial), e na *villa* (adaptação da *domus* romana), com galerias, terraços, arcos, pórticos, arcadas simples, abóbada na forma de semicírculo com teto liso ou em quadrados, as janelas eram amplas, quadradas, com vidros transparentes, incolores. A Arquitetura transformava as paisagens urbanas.

Devido a novos padrões formais, o "arquiteto" passava a contar com colaboradores para solucionar problemas técnicos. A profissão consolidava-se como arte liberal.

Paolo del Pozzo Toscanelli (1397-1482), respeitado médico, um dos maiores matemáticos e astrônomos do século, como cosmógrafo florentino mantinha correspondência com Cristóvão Colombo, e como matemático foi consultado por Brunelleschi sobre a estabilidade da incomparável cúpula ogival da Catedral de Santa Maria del Fiore, com quarenta e três metros de diâmetro e sessenta metros de altura. A altura total de cento e dez metros exigia de Brunelleschi a invenção de artefatos e equipamentos mecânicos para assentar com precisão as pesadas pedras e o emprego de grampos de ferro revestidos com chumbo para unir os blocos. A construção da cúpula, patrocinada desde 1330 pela mais rica e mais poderosa das corporações, a guilda da lã, a *Arte de la Lana*, teve a *Opera del Duomo* como a organização operacional responsável pela construção. Em maio de 1471, Andrea del Verrocchio e sua equipe erguiam a esfera de cobre de duas toneladas até o topo da lanterna, coroando toda a composição da cúpula (Figura 77).

Figura 77. Catedral de Florença. No topo a esfera de bronze com 2,4 metros de diâmetro.

No período renascentista conviviam três classes de "arquitetos". O "arquiteto" artista, como Bramante (1444-1514) e Rafael de Sanzio (1483-1520), que, após Bramante, foi nomeado "arquiteto" da Basílica de São Pedro (1506-1626). Cargo que após sua morte passou a Michelangelo Buonarroti (1475-1564), autor da cúpula de concha dupla com quarenta e dois metros de diâmetro e quarenta e seis metros de altura. Cúpula concluída por Giacomo della Porta (1532-1602). Michelangelo, rompido com as ordens clássicas, desenvolvia seu trabalho em Florença e em Roma, tendo como mecenas a família Médici e nada menos que oito papas, entre eles Leão X e Clemente VII. A Basílica de São Pedro foi consagrada em 1626 pelo papa Urbano VIII.

O "arquiteto" amador, como Leon Battista Alberti (1404-1472), responsável pela primeira análise científica da perspectiva. Autor de célebres tratados de caráter técnico e científico sobre pintura, escultura e arquitetura. Tomava o círculo como forma ideal. Em Florença a *Igreja de Santa Maria Novella*, o Mosteiro Verde, construída em 1246 e reformada em 1456-1470, foi patrocinada por Rucellai. Durante anos foi sede da Academia de Florença, cuja finalidade era o estudo e a propagação da história e da cultura florentinas. Primeira academia criada (1542) e patrocinada por Cósimo I (1519-1574). Alberti, protótipo do homem renascentista, de conhecimento amplo, projetava e dirigia a construção de igrejas e palácios (Figuras 78, 79, 80 e 81)

Figura 78. Rimini. Templo Malatestiano (1446-1455). Formas simples e avantajadas com base no arco romano.

Eduardo R G Ciccarelli

Figura 79. Florença. Palácio Rucellai (1446-1451), do banqueiro Bernardo Rucellai (1448-1514), casado com a filha mais velha de Lorenzo di Médici. Harmonia, articulação matematicamente construída. Ordens sobrepostas: dórico no térreo, jônico no primeiro andar, coríntia acima, separados por entablamentos.

Figura 80. Igreja de Santa Maria Novella. Interior gótico.
Fachada de mármore verde e branco. Jogo de arco e quadrado.
A janela circular é o olho de Deus.

Figura 81. Igreja de Sant'Andrea, 1472, construída a pedido de Ludovico Gonzaga, Marquês de Mântua. Geometrização da fachada.

Ocorria, também, o "arquiteto" especialista, profissional especializado em uma determinada área de atuação. Com regras matemáticas realizava projetos detalhados para o dimensionamento e execução, tomando o homem como centro.

Já com processo mecanizado, o papel, invento que por quinhentos anos foi propriedade exclusiva dos chineses (105 d.C.), inicialmente fabricado com fibras têxteis como seda, rami e cânhamo, mais sólido que o papiro e mais abundante e econômico do que o pergaminho feito de pele de bezerro, carneiro ou bode, simplificou a feitura dos manuscritos. A facilitação dos usos gráficos da impressão, pelas primeiras experiências de 1436, devidas a Johannes Gutenberg (1400-1468), lapidador de pedras preciosas, idealizador dos tipos móveis feitos de uma liga de chumbo e antimônio, teve como consequência a mudança do manuscrito para o meio impresso. Com desenhos e ilustrações tornava acessível a posse privada de volumes. Até a invenção da imprensa os livros eram artesanais, únicos; manuscritos um por um, eram extremamente caros. Um luxo com acesso restrito ao clero ou à elite rica letrada.

O aperfeiçoamento da qualidade da tinta, acelerando a produção de cópias, propiciava a edição impressa em escala industrial sobre variedade de assuntos. A diminuição do custo possibilitava a obtenção e sua popularização. Facilitava a difusão de informações e cultura por meio de livros e jornais. A leitura deixava de ser privilégio de alguns.

No ano 1509, o monge franciscano Luca Pacioli (1445-1517), professor de matemática no *Gimnasium* em Milão, escrevia o tratado *De Divina Proportione*. Com sessenta desenhos feitos por Leonardo da Vinci, dissertava sobre os poliedros e tratava a seção áurea como número de ouro, a proporcionalidade perfeita. Inspirado nas proporções humanas ideais, correlacionadas aos estudos da geometria descrita por Vitruvius, mostrava na figura de um círculo e um quadrado, as proporções do corpo humano, com o Homem no centro do universo em duas posições sobrepostas diferentes. (Figura 82). Com base em Vitruvius, indicava regras sobre as proporções na arquitetura.

Eduardo R G Ciccarelli

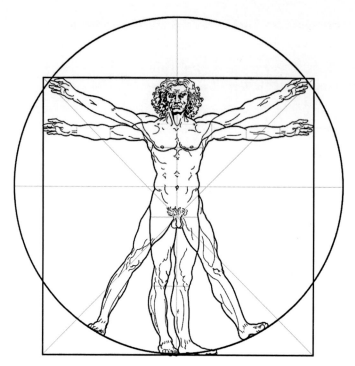

Figura 82. Homem Vitruviano.

Em 1543, o matemático e assessor militar do exército veneziano Niccolò Tartaglia (1500-1557), em 1543, publicava a tradução italiana da Geometria de Euclides, denominada *Elementos*, compêndio das descobertas matemáticas anteriores à Escola Pitagórica e à Academia de Platão, dividida em treze volumes publicados originalmente nos anos de 330 a 320 a.C. A primeira publicação em latim data de 1260. Editou a Mecânica de Arquimedes denominada *Elementos de Mecânica*, republicada em 1565. Tartaglia discorreu sobre vários tópicos da matemática. Publicou em 1546 livro sobre tática militar, munição e balística. Participava de debates públicos e concursos matemáticos. Foi professor de Ostilio Ricci (1540-1603), orientador de Galileu.

Sebastiano Serlio (1475-1554), com centenas de desenhos, apresentava, entre 1537 e 1551, os *Sette libri dell'architettura*, difundindo o estilo do Renascimento.

O arquiteto de Catarina di Médici (1519-1589), regente da França no período de 1547 a 1559, Philibert de L'Orme (1510-1570), divulgava em 1561 *Invenções para a boa construção e a baixo custo*. Primeiro livro em francês sobre técnicas construtivas e sobre fundações fluviais e marítimas.

A publicação de iivros e tratados caracterizava a arquitetura como categoria definida e diferenciada. Mantido por reis, papas e nobres, o "arquiteto" passava de artesão a intelectual, tendo gosto e autoridade pessoais. A individualidade de suas obras levava a ser respeitado e admirado. Favorecido por condições sociais, econômicas, religiosas e políticas, emergia do universo dos letrados e da erudição e alguns poucos ainda dos ateliês das artes, mas não somente da oficina ou do canteiro. Pela ocorrência das diferenças no *status* social, passava a existir uma diferenciação entre artistas e artesãos. Os artistas ocupados com a arte procuravam tornar-se independentes e livres das limitações impostas pelas corporações de ofício e disputavam, com a filosofia e a ciência, as atividades do conhecimento. A pintura e a arquitetura migravam das artes mecânicas para as artes plásticas. Protegidos dos mecenas, tão importantes quanto os autores, artistas famosos passavam a ser venerados.

Testemunha-se a presença de polímatas, pessoas com capacidade de conhecer em profundidade vários saberes. Dedicavam-se à pesquisa científica e à arte, reforçando a ideia da atividade artística inseparável da ciência. Era, ao mesmo tempo arquiteto, escultor e pintor.

Leonardo da Vinci (1452-1519) destacava-se como artista, arquiteto, músico, matemático, cientista, escultor, engenheiro, inventor, anatomista, escritor, geólogo e botânico. Apontado como o paradigma do homem universal da Renascença, o que tudo sabia e tudo fazia. Conseguia entrelaçar as ciências, arte, tecnologia, humanidades e imaginação. Executar vários experimentos com materiais estruturais. Projetar máquinas para o futuro e durante trinta anos perseguia a ideia de "algo parecido a um helicóptero". Esboçava projeto para desviar o curso do rio Arno de Florença a Pisa. Ao mesmo tempo em que usava sua capacidade de artista para representar as descobertas científicas, aplicava seu conhecimento científico no aperfeiçoamento da sua arte. Enveredando pelas mais diversas ciências, ajudou a formatar o método científico. Seus escritos descrevendo experiências e descobertas ficaram desconhecidos, "exceto a um pequeno grupo de nobres e de colecionadores de arte que nada sabiam de ciência e engenharia". As fantásticas criações de máquinas visionárias, com elevado grau de imaginação, vistos como "sonhos tecnológicos", foram reveladas ao público somente no século XIX. Jamais publicou suas ideias e ninguém, exceto ele, leu seus códices durante sua vida. Seu aprendizado foi na oficina do famoso mestre Andrea del Verrocchio (1435-1488), onde aprendeu a pintar, esculpir e projetar armas de guerra. Verrocchio também orientou Domenico Ghirlandaio (1448-1494), que por sua vez, foi o orientador de Michelangelo.

O artista não procurava meramente reproduzir ou descobrir as formas, mas criá-las. A realidade não devia ser copiada, mas inventada. Com Leonardo, Rafael e Michelangelo considerados o "divino trio" e com uma galáxia de artistas, a arte atingia uma perfeição insuperável legando um valor inestimável.

Arnolfo di Cambio, Giotto di Bondone (1267-1337), primeiro artista italiano a tornar-se célebre, e Andrea Pisano (1290-1348) foram pintores.

Filippo Brunelleschi, nascido em Florença, ourives e escultor, lançou os fundamentos da moderna arquitetura e da engenharia estrutural. Fundamentado em cálculos matemáticos, descobria, em 1420, as leis geométricas da perspectiva, possibilitando a representação do espaço, propiciando reduzir ou ampliar os objetos reproduzindo-os. Responsável pelo projeto da grandiosa cúpula octogonal de concha dupla intertravadas, onde a externa, com nervuras convergindo para um mesmo ponto, protege a concha interna contra a umidade. A interna, formada por escadaria e por quatro tribunas, que eram depósitos de materiais, hoje serve de descanso para quem sobe até a lanterna octogonal. Executada sem escoramento, apoiada em um tambor com 4,27 metros de espessura e 9,14 metros de altura e a 42,67 metros do chão, Brunelleschi resolvia problemas de engenharia estrutural que julgavam insolúveis. "A cúpula é tão ampla, que é capaz de abraçar toda Toscana, pois sua sombra, com o girar do sol, cobre toda a cidade". A construção da Catedral teve início em 1296 sem planos para a cúpula. Cúpulas conhecidas na época eram as do Panteão e a de Santa Sofia, sem fórmulas ou dados de referência.

Na execução da cúpula, até então concebida como calota, Brunelleschi se diferenciava do artesão e do pedreiro medieval, passando a ser remunerado pelo seu talento e a ter direito sobre a sua obra. A partir dele, ocorreu a diferença entre o empenho intelectual com a solução de problemas, por meio de modelos e desenhos (projeto), e a arte aplicada do artesão (construção). Na cúpula da Catedral de Florença, idealizada como projeto completo, se firmou uma relação nova entre concepção e realização, resultando uma distinção entre arquitetura e engenharia. Superava as imposições das corporações de ofício e da obra coletiva em favor da figura individual que projeta e desenha. A arquitetura passava a situar-se no âmbito das artes liberais, arte do pensamento, não mais das operações mecânicas. Cabia ao construtor a execução da obra, obedecendo as instruções descritas no projeto.

Leon Battista Alberti considerava a Arquitetura como arte das artes. Nascido em Gênova, mestre de todos os ofícios, foi matemático, pintor, escultor e também músico. Procurava unificar todas as áreas do conhecimento. Estudou direito canônico em Bolonha. A partir da arqueologia de Roma realizava a renovação da arquitetura. O seu tratado *De Re Ædificatoria*, publicado em Florença em 1485, dedicou ao mecenas Lorenzo di Médici (1449-1492), neto de Cósimo (1389-1464). Inspirado em Vitruvius e na cultura antiga, entendia a arquitetura como ordenação de princípios matemáticos baseados na geometria e nas proporções ideais. Conceituava as regras racionais que propiciavam criação harmoniosa elevando a atividade ao nível das artes liberais. No tratado sobre pintura, dedicado a Brunelleschi, definia teoricamente as normas da perspectiva exata.

Os papas, ao transformar o anseio de poder para um império espiritual, restauravam o grandioso estilo da antiga Roma. O **Pequeno Templo de São Pedro** (1502), de Bramante, composição geométrica modular ritmada com simetria radial construída durante o papado de Júlio II (1443-1513), e dos reis católicos, foi realizado para comemorar a tomada de Granada em 1492 (Figura 83). Modelo que inspirou a Basílica de São Pedro; a Catedral de São Paulo; o Panteão de Paris e o Capitólio em Washington, local escolhido (1790) por Peter Charles L' Enfant (1754-1825), que pretendia relembrar para a capital americana uma Roma neoclássica.

Figura 83. Bramante: Pequeno Templo de São Pedro no Montório (Roma, 1502). Ordem toscana, sem decoração supérflua.

Donato Bramante (1444-1514), primeiro a projetar a **Basílica de São Pedro** (1506-1626), executada com pedra, marfim e ouro, com 183 metros de comprimento por 137 metros de largura, é considerado por muitos teóricos o verdadeiro pai da arquitetura renascentista (Figura 84), foi pintor.

Figura 84. Cúpula da Basílica de São Pedro, sobre um anel a 60 metros do solo, desenhada por Della Porta, após a morte de Michelangelo. Altura total de 110 metros. Nervuras da cúpula se ligam às colunas que sustentam o tambor em volta da lanterna.

Entre 1519 e 1534, sucedendo o forte medieval construído no século XI, o arquiteto Antonio da Sangallo (1453-1534) erguia o baluarte Condessa Matilde, na grande **Fortaleza de Livorno,** construção de 1377 (Figura 85). A Fortaleza foi quase que totalmente destruída por bombardeios, durante a Segunda Guerra Mundial.

Figura 85. Grande fortaleza de Livorno, no porto dos Medici, na Toscana.

A meio caminho entre o Renascimento e o Iluminismo, influenciado pela contrarreforma católica, com apelo à maravilha e à fantasia nascia o Estilo Barroco, para promover o poder teocrático da Igreja e as monarquias absolutas. Profusão ornamental, exuberância decorativa, ausência total de superfícies planas, formas arredondadas substituindo as formas angulosas em uma sucessão de curvas côncavas e convexas. Inicialmente na Itália, prosperou durante os pontificados de Sisto V (1521-1590) e Paulo V (1550-1621), difundindo-se pelos países católicos da Europa e suas colônias na América Latina. No Brasil, o Estilo Barroco revelou-se principalmente nos estados da Bahia e de Minas Gerais.

Na *Biblioteca Laurenziana* (Figura 86), em Florença (1524), Michelangelo renunciou ao equilíbrio e harmonia do estilo clássico propagado na Renascença. Escadas são enormes em relação ao espaço disponível. A fachada da rua é tomada para o interior.

Figura 86. Biblioteca Laurenziana: janelas são pesadas e não revelam nenhuma vista.

Andrea di Pietro della Gondola (1508-1580), conhecido como Andrea Palladio, foi o último dos mais importantes arquitetos e tratadistas do Renascimento italiano. Publicava, em 1570, *I quattro libri dell´architectura*, quatro livros que descrevem tecnologia, edificações residenciais, edifícios públicos e templos antigos. Suas obras, importantes e originais, foram referências para a arquitetura inglesa e francesa.

Na República de Veneza, a "La Retonda" (1566), na *Villa Capra*, no alto de uma colina, com planta quadrada e uma rotunda central de dois pavimentos, quatro fachadas idênticas com seis colunas jônicas ornadas por estátuas representando deuses da Antiguidade sustentam os frontões da cobertura do pórtico.

Projetou a **Basílica di San Giorgo Maggiore** (1566-1610) em frente à Praça São Marco (Figura 87) e a **Chiesa del Santíssimo Redentore** (1577-1592) (Figura 88), umas das maiores obras de Veneza.

Eduardo R G Ciccarelli

Figura 87. Basílica di San Giorgo Maggiore, com estilo renascentista, situada em uma ilha em frente à praça de São Marcos, abriga um mosteiro beneditino.

Figura 88. Chiesa del Santissimo Redentore. Fachada inspirada no Panteão de Roma com a cúpula a 76 metros de altura. Duas torres sineiras lembram uma mesquita.

Gian Lorenzo Bernini (1598-1680), formado na corte de Maffeo Barberini, era escultor. Em 1670, na Igreja de Santo André do Quirinal (Figuras 89 e 90) associou a arquitetura à escultura e à pintura para dramatizar o martírio e a apoteose de Santo André.

Igreja, na forma elíptica, foi construída por encomenda da família Pamphili. Recuada em relação a rua, a fachada clássica, com o frontão e duas colunas jônicas ostenta sobre a cobertura do pórtico, o brasão do cardeal Camillo Pamphili (1622-1666). O muro côncavo opõe-se a convexidade da escadaria.

Figura 89. Bernini. Fachada da Igreja de Santo Andre do Quirinal. Concavidade das paredes da fachada em oposição à convexidade da escadaria.

Figura 90. Bernini. Vista interna da Igreja de Santo Andre do Quirinal.

Uma das obras famosas de Bernini é a **Praça de São Pedro em Roma** (1657-1667), construção cuja elipse alongada, ladeada por trezentas colunas dóricas de vinte e oito metros de altura, abarca a praça proporcionando o acesso à Basílica (Figura 91).

Figura 91. Bernini. A cabeça (a grande cúpula) e dois largos braços abraçando os fiéis na Praça de São Pedro. Construída no pontificado de Alexandre VII.

A pedido do papa Urbano VIII, Bernini concebeu o **Baldaquino** (1624-1633), cobertura de bronze sustentada por quatro colunas salomônicas de vinte e nove metros de altura, sobre o Túmulo de São Pedro e sob a cúpula de Michelangelo, na Basílica de São Pedro (Figura 92), inspiradas nas colunas de mármore do século IV, relíquias da Basílica de Constantino.

Figura 92. Bernini. Baldaquino: cobertura com a função de proteger e destacar, sustentada por quatro colunas salomônicas de bronze que simbolizam a ascensão do campo terreno para o campo celestial.

Francesco Borromini (1599-1667), escultor, autor de notáveis igrejas em Roma encomendadas como meio para propagar a fé. A cúpula barroca da **Igreja de Santo Ivo** (1642-1662), na Universidade Sapienza, tem seu espaço interno esculpido (Figura 93). **A Igreja de San Carlos alle Quattro Fontane** (Figura 94), colunas, arcos e recortes acrescidos de linhas curvas dão movimento, sinuosidade e dramaticidade.

Figura 93. Borromini. Espaço esculpido no interior da cúpula da arquitetura barroca da Igreja de Santo Ivo (1642-1662), na Universidade Sapienza.

Figura 94. Borromini. Igreja de San Carlos alle Quattro Fontane.

Suntuosa e monumental, a arquitetura Rococó do **Palácio de Versalhes** (1664), convertido em palácio de verão, é uma repetição de colunas e janelas estendidas em várias alas (Figuras 95 e 96). Estilo em oposição ao Barroco, simboliza o poder absoluto, palaciano, profano em busca pelo prazer. Cultura marcada por ordens hierárquicas e rituais de deferência social. Local onde eram conhecidas a ordem exata de importância de todas as pessoas presentes.

Figura 95. Palácio de Versalhes, com a fachada formada por repetição de elementos, nada acrescenta à questão estrutural, que permaneceu estagnada até meados do século XVIII.

Figura 96. Palácio de Versalhes, vista interna de um dos salões.

Destacam-se igrejas, como a do *Santuário di Santa Maria dei Miracoli* (Figura 97), em Sarcnno, na Lombardia, com a adição da fachada de um estilo posterior que mal se assemelha com a construção mais antiga situada atrás dela.

Figura 97. Vista do Santuário di Santa Maria dei Miracoli.

Sir Chistopher Wren (1632-1723), "arquiteto" inglês, projetava a *Catedral de São Paulo* (Figura 98) e o Observatório Real Astronômico de Greenwich, fundado em 1676 por Carlos II (1630-1685) para associar-se ao Observatório de Paris de 1667, de Claude Perrault (1613-1688) no reinado de Luís XIV. O Observatório Astronômico de Greenwich, para dar apoio técnico-científico às navegações mercantis e militares da marinha inglesa, localiza-se nas cercanias de Londres. O seu meridiano, por acordo internacional de 1884, passava a ser o centro divisor vertical do planeta. Chistopher Wren e Robert Hooke (1635-1703), que projetou a cúpula de concha tripla da Catedral de São Paulo e primeiro encarregado da preparação de experimentos na Royal Society, foram cientistas.

Figura 98. Londres: Vista da cúpula com 34 metros de diâmetro da Catedral de São Paulo, projeto de Robert Hooke.

Na Áustria, a **Abadia Beneditina de Admont** (1074) no estilo românico tem a sua biblioteca monástica (Figura 99) no estilo barroco e a igreja no estilo gótico (Figura 100).

Figura 99. Vista interna da Biblioteca da Abadia de Admont (1776).

Figura 100. Vista da Igreja da Abadia de Admont.

Em 6 de maio de 1527, Roma foi saqueada pelo exército do imperador Carlos V. Marco final da Renascença Italiana.

No século XVI estabelecia-se a distinção entre o fazer e o pensar. Configurou-se uma distância entre as várias categorias profissionais até então interligadas. O artista passava a não ser o executor, mas o idealizador da obra. Seu trabalho era o projeto. Selecionava, antes da execução, as alternativas possíveis, elegendo a que lhe parecia a melhor. Ocorria o interesse pelo conhecimento da natureza e a percepção de que o que os mestres ensinavam por meio do trabalho aos seus aprendizes poderia ser realizado pelo estudo de teorias científicas mediante experimentações idealizadas e desenvolvidas pela matemática, e não só mediante observação direta. Do olhar, do percorrer com os olhos, passava a enxergar e a buscar o conhecimento e a cultura. Do ouvir passava a escutar, isto é, a estudar, contemplar, refletir sobre os ensinamentos. O papel e a perspectiva permitiam que artistas pensassem e trabalhassem de formas diferentes com relação a um mesmo objeto.

Sistema estrutural em pedras, tijolos, cerâmicas e vidros imitando árvores, compondo colunas inclinadas e com ramificações foi, entre 1908 e 1915, executado por Antonio Gaudí (1852-1926), na cripta da *Igreja da Colônia Güell* (Figura 101).

Figura 101. Sistema estrutural com ramificações compõe a cripta da Igreja da Colônia Güell.

O *Templo da Sagrada Família*, em Barcelona, inicialmente no estilo gótico, foi inspirado na natureza, reformulado por Antoni Gaudí para o estilo orgânico, concebido como uma estrutura complexa inspirada em floresta e cavernas (Figura 102).

Figura 102. Barcelona. Templo da Sagrada Família iniciada em 1882 apresenta inovações e genialidade.

A partir do Renascimento, a visão de um universo conduzido em uma racionalidade metafísica-espiritual foi substituída por uma nova concepção baseada na racionalidade matemática. O Homem de mero espectador da natureza passava a influenciar como protagonista.

A pirâmide, símbolo geométrico da nobreza, inspirou em 1989, em Paris, a **Pirâmide de Vidro** (Figura 103), projeto do arquiteto sino-americano Ieoh Ming Pei (1917-2019). Com sofisticação no cálculo estrutural, precisão construtiva na altura de 21,5 metros e lados da base de 35 metros, contrastando com o barroco da antiga residência real transformada em museu, dá acesso aos espaços abaixo do Pátio Napoleão no Louvre, obra de Pierre Lescot (1510-1578), território de arqueólogos, pintores, escultores, historiadores.

Figura 103. Pirâmide de Vidro. Contraste com a Arquitetura Barroca do Palácio do Louvre.

No passado os povos, na arte, usavam a mente para alcançar objetivos mais nobres. No modernismo nasce a expressão de racionalidade absoluta. Com o alvorecer da produção em série, a expressão da beleza obtida pelo primor artesanal possibilitada pela mão, desaparecia.

PARTE 2

11

AS ACADEMIAS

As Academias reuniam os que se dedicavam a um campo da arte ou da ciência para estudo, não necessariamente para a transmissão sistemática do conhecimento. Não eram escolas. Foram núcleos de caráter rígido nos princípios estéticos e nas regras pedagógicas. Com as Academias, cada atividade ligada às belas-artes institucionalizava-se, dando origem ao ensino de arquitetura e engenharia.

A Itália foi o centro das Academias. Sob a direção de Michelozzo, a Biblioteca de São Marcos (1437-1444), em Florença, foi a primeira biblioteca moderna e pública do continente europeu. Patrocinada por Cósimo de Médici, foi acrescida e enriquecida por Lorenzo de Médici, personalidade emblemática do seu tempo, com uma das mais requintadas coleções de arte da Roma Antiga.

A Academia Neoplatônica de Florença (1439), principal círculo filosófico do humanismo, criada na Corte de Cósimo, na casa de campo em Careggi, foi o centro de florescimento do renascimento, da cultura e da arte. Introduziu o gosto pela geometria e pelo número. Irradiava os ideais greco-romanos com manuscritos traduzidos pelo padre e filósofo Marsílio Ficino (1433-1499). Lorenzo de Médici, o Magnífico (1449-1492), Giovanni Pico della Mirandola (1463-1494) e Sandro Botticelli (1445-1510) foram seus membros.

O artista, escritor e criador da historiografia da arte, Giorgio Vasari, em 1563, foi o inspirador da primeira academia de arte — a *Accademia del Disegno*, em Florença. O lema era:

"quem não sabe aprenda, e quem sabe, movido por honrada e louvável competição, adquira ainda mais". Cósimo I e Michelangelo foram seus fundadores. Vasari ampliou o *Palazzo Vechio* de Florença, iniciado em 1299 por Arnolfo di Cambio como *Palazzo della Signoria*.

As Academias se multiplicavam. Cidades como Pádua, Mântua, Siena, Veneza, Bolonha possuíam as suas. Em Florença concentravam-se inúmeras bibliotecas.

Artistas e técnicos, que até o século XV eram considerados artesãos, passavam à categoria das artes liberais, separando-se das guildas. A inteligência da mão deixava de ser fundamental. Ocorrendo mudanças no reconhecimento social, passavam a ser contratados por patronos. De grande importância para financiar suas pesquisas e publicações, textos eram dedicados a reis, príncipes, membros da nobreza em busca de apoio político e institucional.

No início do Império, Caio Cílio Mecenas (70 - 8 a.C.), usava a própria riqueza para estimular e apoiar sábios, escritores e artistas, em Roma. Na Renascença ficaramcélebres os mecenatos do cardeal Maffeo Barberini (1568-1644), depois papa Urbano VIII (1623-1644), amigo de Galileu e mentor de Bernini, e o do cardeal Fabio Chigi (1599-1667), depois papa Alexandre VII (1655-1667), *"papa di grande edificazione"*.

A técnica se direcionava para o individual, a arte criava efeitos individuais, não totalmente racional em seus procedimentos, nem totalmente transmissíveis.

Em 1672, a palavra artista aparecia no dicionário da Academia Francesa. Príncipes, burgueses ricos transformavam-se em mecenas. A imprensa permitia a circulação do conhecimento.

Inaugurado em 1759, em Londres, o Museu Britânico foi o primeiro grande museu público como local de exibições de objetos e coleções. Localizado no antigo Palácio do Louvre, em Paris, foi inaugurado, em 1793, o maior museu de arte do mundo, o Museu do Louvre.

12

AS PRIMEIRAS SOCIEDADES CIENTÍFICAS

Frequentemente o ensino de uma disciplina é dogmático, não ilustra seu nascimento. Segundo ensinamento de Auguste Comte (1798-1857), "não se conhece bem uma ciência enquanto não se conhece sua história". Em 1849, propunha como alternativa ao calendário dos Santos, o Calendário positivista com "grandes homens" de todos os países e épocas históricas. No dizer de Cícero (106-43 a.C.), "não saber o que aconteceu antes de termos nascido é permanecer eternamente uma criança". O ser humano busca, por natureza, o conhecimento. A obtenção do conhecimento pelos quais o Homem foi paulatinamente dominando a natureza tem uma história enleada com a da Humanidade. Precursores do conhecimento empírico foram os sacerdotes das tribos e das primeiras religiões. A imaginação era rica, sem o contraponto da razão.

Preocupados em diferenciar a ciência da opinião, o pensamento científico adquiriu forma a partir da Grécia Antiga com tentativas de explicar o mundo natural e reconstruir simbolicamente seu funcionamento.

Por volta de 585 a.C. em Mileto, cidade portuária, capital da Jônia, mãe de uma centena de colônias, situada na junção entre o Oriente e Ocidente, atual Turquia, então colonizada pelos Gregos e destruída em 494 a.C. pelos Persas, iniciava, com Tales, o pensamento metódico no sentido científico contrapondo-se ao pensamento místico. Pela razão, em termos de leis e regras, foi dos primeiros a propor a questão do princípio das coisas — a água é a origem das coisas e o relâmpago é fruto do movimento rápido do ar, não da cólera dos deuses. A partir dele, filósofos apresentavam teorias em relação à natureza.

Tales (624-546 a.C.) teve vários discípulos. Anaximandro (610-546 a.C.), de quem Pitágoras (570-495 a.C.) foi discípulo, destacava com rigor que o princípio era indeterminado, não se confundia com água, terra, ar, fogo, mas combinados de maneiras diferentes em diferentes substâncias. Anaxímenes (588-524 a.C.) afirmava que o ar era o princípio. Heráclito (500- 450 a.C.) declarava ser o fogo a substância mais pura a partir da qual a realidade foi feita. Empédocles (495-430 a.C.) ao afirmar que o universo era formado por quatro elementos: terra, ar, água e fogo sugeria que talvez todos estivessem certos, teoria que perdurou por dois mil anos. Demócrito (460-370 a. C.) acreditava que tudo era feito de pedaços microscópicos indivisíveis. Só no século XVIII, John Dalton (1766-1844) começou a referir a essas partículas como átomos.

Os sofistas pregavam que o conhecimento autêntico era inatingível, enquanto Sócrates (470-399 a.C.) propagava que o conhecimento legítimo ainda não havia sido alcançado. Platão, na *Alegoria da Caverna*, distinguia duas formas de saber: o saber sensível, que é o da opinião, e o saber da ciência, que é o verdadeiro saber.

O imperador Justiniano (482-565) - colocado na segunda esfera do *Paraíso* por Dante, como romano arquetípico, em 529, abolia, após quase mil anos de atuação ininterrupta, o último grande reduto da filosofia pagã, a Escola de Atenas, que sobrevivia desde a época do seu fundador, Platão.

Em 1510, Rafael glorificava os grandes filósofos na pintura da *Alegoria da Filosofia — Escola de Atenas*: com Platão segurando o *Timeu* e apontando o alto, indicava o mundo inteligível (ideal), Aristóteles segurando a Ética e com a mão para fora e para baixo representava o terrestre (mundo sensível), quatro jovens com mantos nas cores azul, verde, vermelho e marrom representavam os quatro elementos: ar, água, fogo e terra (Figura 104).

Figura 104. O afresco reúne pensadores da Antiguidade transmitindo continuidade na procura do conhecimento.

    Antes das revoluções modernas "a natureza ou o cosmo era uma entidade que devia ser estudada a fim de se compreender melhor a criação de Deus. Porém, nesta nobre tarefa, o guia era a filosofia e não a Bíblia. Deus só seria invocado como causa explicativa quando as causas naturais fossem insuficientes" (Grant, 2009, p. 25), e o Homem extraía, sem questionamento, os conhecimentos sobre a natureza da poderosa obra de Aristóteles (384-321 a.C.).

    Aristóteles, um dos principais filósofos que influenciou o pensamento ocidental, discípulo de Platão e professor de Alexandre, o Grande, que utilizava seus estudos matemáticos e filosóficos para fortalecimento militar da Macedônia, escreveu sobre todos os ramos do saber. Ensinava um conjunto de preceitos sobre causas e ações no planeta, na natureza e no universo com poucos cálculos, sem medições ou experimentos. Explicava que o universo de dimensões finitas constava de duas partes: corpos celestes e corpos sublunares formados por (pesados) terra, água e (leves) ar, fogo, com movimentos retilíneos para baixo e para cima, sendo o fim dos movimentos o seu "lugar natural", que quando atingido cessa. Corpos celestes formados pelo quinto elemento, impossível de testar, — "éter" — dotados de um movimento circular, estabelecia o princípio de que uma teoria só era válida se derivasse logicamente da observação do mundo real. Seu método era por analogia ou comparação com o já conhecido. Baseando-se apenas em conjecturas, confiando mais na opinião do que nos dados, graças a Aristóteles, que depois da Bíblia era o único digno de fé para os cristãos, as respostas através da experimentação paralisaram.

No início da Idade Média princípios científicos eram conhecidos. O conhecimento passava de mestre a aprendiz e problemas técnicos eram solucionados muitas vezes sem bases racionais. O grande salto foi dado quando a razão abstrata possibilitou o surto do conhecimento constituído por leis gerais advindas do trabalho mental de analisar — decompor, romper, dissolver para resolver e separar — fenômenos ou propriedades, deixando à parte as particularidades individuais e contingentes que estão na realidade reunidas e integradas nos objetos.

A ciência, pela pesquisa realizada de forma organizada, passava a servir o Homem e transformar o mundo. O mundo do pensamento — a *vita contemplativa* — cedia lugar ao mundo da ação — a *vita activa*. O Homem procurava colocar-se fora da natureza e passava a atribuir a si próprio um valor especial.

Para difundir o conhecimento sobre a essência das coisas a fim de lhe determinar as causas, as primeiras sociedades científicas foram constituídas no século XVII. A *Accademia dei Lincei* (Olho de Lince, capaz de ver através de uma tábua de carvalho), em Roma (1610-1630), foi a ancestral de todas as academias científicas europeias. Fundada pelo príncipe Federico Cesi (1585-1630), Galileu foi, em 1611, seu integrante. Com a morte de Cesi, em 1630, Galileu perdeu um dos amigos mais importantes, e a Academia, sem seu presidente, morreu também.

Durante a Idade Média a magia, a crença e a feitiçaria ocultamente circulavam, expandiam-se.

O Renascimento mudou a cosmovisão, mas por influência do hermetismo, práticas mágicas transmitidas pelo deus egípcio Thoth, com os manuscritos traduzidos por Marsílio Ficino da Academia Neoplatônica de Florença, não teve uma inspiração científica.

Criticado pelo clérigo dominicano Girolamo Savanarola (1452-1498), as práticas e crenças mágicas só começaram a ser superadas a partir dos estudos e experimentos propagados por Galileu.

Inspirada na influência de Bacon, a *Accademia del Cimento* (Experimento) foi fundada em Florença (1657-1667), pelo futuro cardeal Leopoldo di Médici (1617-1675) e seu irmão, o grão-duque Ferdinando II (1610-1670), de Toscana, filhos de Cósimo II. Os membros dessa instituição, discípulos de Galileu — Bonaventura Cavalieri (1598-1647), Evangelista Torricelli (1608-1647), Giovanni Alfonso Borelli (1608-1679), Vincenzo Viviani (1622-1703) —, tendo como interesse a astronomia e a física experimental, prestigiavam o trabalho coletivo e desenvolviam pesquisas novas. A coleção de equipamentos científicos propiciava a criação de laboratórios de pesquisas.

13

A REVOLUÇÃO CIENTÍFICA

No Renascimento o espírito crítico em relação aos conhecimentos tradicionais produzia com Copérnico, Tycho Brahe (1546-1601), Francis Bacon, Galileu, Descartes e Issac Newton a Revolução Científica. Período de quase um século e meio de profunda mudança, de renovação completa e sem precedentes em que a ciência herdada da tradição antiga passava por transformações teóricas e metodológicas.

O astrônomo Nicolau Copérnico, sacerdote polonês, em 1543, escrevia o livro dedicado ao papa Júlio III (1487-1555) demonstrando os planetas, inclusive a Terra, em movimento cíclico orbitando em torno do Sol. Desde essa época, nenhuma pessoa instruída acreditava que a Terra fosse plana.

A Revolução Científica gerou o Iluminismo, movimento filosófico com início no Renascimento, que revolucionou o mundo das ideias na Inglaterra no final do século XVII atingindo seu auge na França do século XVIII. Manifestava o otimismo sem precedentes em relação à capacidade humana, não só na ciência, mas no progresso tecnológico. Acima da revelação, valorizavam a razão e se dedicavam aos avanços científicos e à promoção do progresso. Conhecer o Universo e dominar a natureza eram inseparáveis.

Cabia aos cientistas (termo cunhado na década de 1830), em suas experiências, idealizar, descrever e conceituar, por meio de fórmulas simples, a realidade, sem ter compromisso ideológico. Desse ponto de vista, as teorias científicas eram construções intelectuais limitadas e provisórias acerca dos fenômenos observados. Instrumentos que predizem certo número de coisas e jamais incontestáveis. Diversos modelos teóricos de uma mesma realidade poderiam ser concebidos. Seriam verdadeiros apenas durante o tempo em que os fatos não os desmentissem. Revistos no caso de falharem.

A partir da Revolução Científica o novo conhecimento fez parte de um processo histórico, não sendo possível aprendê-lo completamente sem conhecer cada uma das etapas anteriores, bem como o pensamento que predominava na época dessas etapas.

Então, quando tudo parecia estar em ordem: "a Terra no centro do Universo, o Homem no centro da Terra, a alma no centro do Homem e Deus no centro da alma", a Humanidade veio a sofrer, segundo o psicanalista austríaco Sigmund Freud (1856-1939), três humilhações na era moderna: com Galileu, ao aniquilar a cosmovisão geocêntrica, substituída pela heliocêntrica, a Terra saía do centro da criação, tornava-se mais um planeta — o Homem não estava localizado no centro do Universo; Darwin, ao dizer que o ser humano seria produto de uma evolução natural, um animal sem nenhum objetivo sublime, tirou o ato criador de Deus; a psicanálise, ao mostrar que o ser humano age impulsivamente por instintos, prisioneiro de forças ocultas e de desejos que escapam ao seu controle, faz o Homem não ser senhor de sua própria casa. Assim como a Terra não era o centro do Universo, o Homem não era o centro privilegiado da criação. Não bastava mais ter fé e acreditar em palavras antigas.

Em choque com a visão medieval da natureza, a sociedade voltava as costas à tradição tornando-se laica. A nova norma, a razão, excluía o mágico e a religião.

Com a metodologia científica, a tradição sofria uma interrupção na transmissão do conhecimento do passado, por intermédio de pilares do raciocínio: abdução, que estuda os fatos e projeta uma teoria para explicá-los; dedução, raciocínio matemático advindo de uma hipótese; indução, verificação experimental de uma teoria, parte de uma teoria e avalia o grau de concordância dessa teoria com o fato. As ciências e a organização político-social se submetiam a seu crivo.

Pode-se dizer que o que sabemos do mundo é o que nos dizem a consciência e a ciência, que nasce daquela, e o que sabemos da consciência e da ciência é o que nos diz o que sabemos do mundo e da consciência como parte dele (Miranda, 1937). A Revolução Científica foi uma das contribuições ocorridas no Renascimento para a moderna visão de mundo.

A ciência moderna eliminou do universo todas as propriedades humanas e espirituais, não necessitando de iniciação, tipo religiosa. Não se assemelha a uma revelação. Demonstra ser impossível o diálogo com a natureza por magia ou misticismo. Instrumentais como astrologia, alquimia, hermetismo foram descartados. A figura do cientista-artesão que se servia dos próprios meios para investigar o que queria desapareceu por completo. Coloca no método sua capacidade de se afastar da opinião pessoal. Procura universalizar respostas. Cada ciência com seu método próprio representa conhecimento sistematizado, testado, organizado.

Seus métodos são acessíveis, não são secretos. Avança naquilo que já é conhecido. É o exercício da incerteza. Progride à medida que contesta o já sabido. Depende do raciocínio com o objetivo de pesquisar a descoberta das verdades ocultas. É um longo caminho que nunca se conclui. "A verdade não começa a existir quando começou a conhecê-la" e é "sempre mais antiga do que todas as opiniões que dela se tiveram". O cientista é impelido pela livre imaginação, pela curiosidade, e interesse por problemas relativos à ordem do universo. Bernard Shaw afirmava que "a ciência nunca resolve um problema sem criar dez outros".

Crença científica significa conhecer apenas os resultados, e sua aceitação é baseada na confiança na autoridade do professor ou do cientista. Enquanto conhecimento científico passou a ter o significado de conhecer os resultados científicos. Aceitar conhecendo de fato como é justificado e fundamentado. Não saber apenas o que é certo, mas entender por que é certo. A ciência avança quando prova que uma hipótese está errada.

A nova ciência é a ciência moderna e as tecnociências contemporâneas, sua continuação. A ciência gera conhecimento, opinião gera ignorância e obscurantismo. Uma ideia pode ser debatida, mas um número não.

BACON

Francis Bacon (1561-1626), influente pensador da modernidade, reconhecido como precursor do moderno método (conjunto de regras e procedimentos) científico e da ciência experimental, pretendia transformar experiências em algo sistemático e organizado. Propunha que, para conhecer metodicamente a natureza, era fundamental não apenas a reunião de dados, mas observar, classificar e, pela análise da informação produzida por experimentos, determinar suas causas. "A natureza é dominada obedecendo-se a ela". O conhecimento pelas causas ou o conhecimento demonstrado caracterizava o conhecimento científico.

Teorizou sobre a ciência — a natureza obedece a leis causais — e explicou o método experimental que influenciaria Galileu. Apenas à razão compete explicar todos os fenômenos e somente ela dá acesso à verdade. Cunhou a frase "o Homem é o ministro e o interprete da natureza", concluindo com a fórmula "*scientia et potentia humana in idem coincidunt*" (ciência e poder se correspondem), substituindo o inapelável "*Roma locuta, causa finita*" (Roma falou, caso encerrado). Poder como poder fazer, produzir, modificar. Dois princípios foram adotados: primeiro, a ciência deve servir à técnica; segundo, o saber tecnológico é um instrumento de poder social.

Com o lançamento da *Nova Atlântida* (1626), país imaginário, no Colégio dos Trabalhos dos Seis Dias da ilha de Bensalem dedicado ao avanço das artes técnicas, Bacon, expondo o seu método experimental, dava um passo à frente na ânsia pela inovação.

No Templo Tecnológico, chamado Casa de Salomão ou Colégio dos Trabalhos dos Seis Dias descrevia o colégio dos sábios como sociedade científica semelhante a uma faculdade, onde o conhecimento científico era responsável pela felicidade dos cidadãos. Nela havia duas paredes. Uma a honrar os inovadores com estátuas esculpidas em madeira, mármore, prata ou ouro de acordo com a importância. Na outra parede, os desenhos e amostras das invenções. Com a industrialização no século XIX, pela quantidade de livros publicados sobre suas vidas e obras, esses inventores tornaram-se heróis culturais.

GALILEU

Nascido na cidade de Pisa, pertencente ao Grão-Ducado de Toscana, com a capital em Florença, Galileu Galilei (1564-1642) matriculava-se, em 1580, na Universidade de Pisa para estudar medicina. Em 1588, em Florença, foi instrutor na *Accademia delle Arti del Disegno*. De 1589 a 1592, lecionava matemática na Universidade de Pisa. De 1592 a 1610, consagrando-se à física, matemática, geometria e astronomia, lecionava na célebre Universidade de Pádua, administrada pela República de Veneza, considerada a melhor da Europa.

Espírito típico da Renascença, trabalhava em distintas áreas do conhecimento. Figura central no período de transição entre a ciência antiga, medieval e a moderna, foi expoente máximo na introdução dos métodos experimental e matemático nos domínios da física. Ponte de ligação no propósito de restabelecer o novo pelo antigo, revisou a metodologia dos Aristotelistas e apresentava novos métodos de investigações.

Antes da Revolução Científica, a ciência era constituída pela linguagem e visão intelectual. Marcante era a retórica supervalorizando as letras e as artes. Erasmo de Rotterdam (1467-1536), no livro *Elogio da Loucura* (1509), em tom jocoso dizia sobre os filósofos: "ao ouvi-los falar com tanta convicção, qualquer um os julgaria membros do grande conselho dos deuses... com a estranha diversidade dos seus sistemas se gabam de saber tudo, e não estão de acordo em nada... nem mesmo se conhecem".

Afirmando que "nossas discussões devem tratar do mundo sensível, não do mundo de papel", queria dizer que Aristóteles não representava para ele a fonte exclusiva do saber. O mundo é calculável, mas indescritível, as letras deveriam ser deixadas de lado. Os argumentos deveriam ser em torno do mundo sensível, e não com textos e autoridade de homens bem-acreditados, reconhecendo que algo é verdadeiro só porque alguém disse. A ciência não deveria restringir-se apenas ao discurso, mas em razões e experiências certíssimas. O caminho seguro estava em distinguir três momentos: observação, hipótese e experimentação, que é a verificação da hipótese e se confirmada transformava-se em lei.

Até então as questões da física eram estudadas pela definição da essência e qualidades dos corpos. Galileu buscava as quantidades, pôs de lado as qualidades sensíveis, isto é, a subjetividade. Aliava a teoria à prática e deu início à construção de instrumentos como auxilio às pesquisas. O Homem se relacionava com o real auxiliado de meios técnicos, e não só com cinco sentidos e a competência linguística.

Herdeiro da tradição alexandrina, inspirado em Euclides e Arquimedes, propunha nova mentalidade ao tomar a matemática como invenção humana aplicada a ela mesma e as "verdades matemáticas como incriadas, eternas e transcendentes como Deus". Com Galileu nascia o método científico baseado na observação e na relação entre os fatos, obtendo um padrão de comportamento — experimentação e matematização. Idealizava experiências passíveis de repetição, desenvolvidas pela matemática, que mudando o caráter das operações mentais habituais realiza a economia de pensamento, reduzindo o excessivo esforço da linguagem verbal, permitindo que novas deduções sejam feitas, e não somente observações diretas e espontâneas. Para Galileu *nihil sine experiencis*. O experimento servia para "pôr à prova um teste para ver como certo procedimento funcionava".

O método (*meta-odos*), olhar lançado sobre o caminho, de Galileu parte de conjunturas imaginadas cuja dedução matemática possa ser comparada com observações experimentais. Os fenômenos físicos obedecem às leis matemáticas. Na demonstração em que a queda dos objetos se dá sempre à mesma velocidade, não importando suas massas, "realizava o mais consagrado experimento mental".

Publicava, em 13 de março de 1610, em Veneza, a edição, esgotada em uma semana, de 550 exemplares com sessenta páginas em latim, do livro intitulado *Sidereus Nuncius: Mensageiro das Estrelas*, contradizendo a cosmologia aristotélica dominante. Primeiro texto científico com base em observações realizadas com telescópio. Dedicando a Cósimo II abria as portas para o mecenato dos Médici alavancando sua carreira científica. Em homenagem a Cósimo II e a seus irmãos, os satélites de Júpiter, que ele descobriu em Pádua em 1609, foram batizados como *Sidera Medicea* — astros dos Médici.

Como matemático Galileu não podia tornar-se filósofo na universidade, mas poderia ser na corte dos Médici, em Florença. Não como filósofo ao modo grego, mas como físico fabricante de instrumentos, como teórico matemático, ou teórico experimentalista. Em julho de 1610 foi contratado por Cristina de Lorena (1565-1637), esposa do grão-duque Ferdinando I da Toscana para se dedicar exclusivamente à pesquisa como matemático e filósofo particular do seu filho, o futuro grão-duque de Toscana, Cósimo II di Médici.

Galileu dedicava-se à ciência em duas frentes distintas: a experimentação terrestre e a observação celeste. No *Il Saggiatore* (O Experimentador), livro publicado pela *Accademia dei Lincei*, em 1623, com dedicatória ao então novo papa Urbano VIII, explicitava que a natureza só estaria disposta a revelar seus segredos na linguagem matemática. Seus caracteres eram triângulos, círculos e outras figuras geométricas, sem as quais é humanamente impossível compreender uma única palavra do seu texto. *O Experimentador*, significando a balança de precisão usada pelos ourives, foi escrito como resposta confrontando *Libra* — balança normal, livro de Rothario Sarsi, pseudônimo do jesuíta Orazio Grassi (1583-1654).

Antes de Copérnico, Aristarco de Samos (250 a.C.) propunha o sistema heliocêntrico. Martinho Lutero (1483-1546) ridicularizava "aquele tolo que deseja virar toda a astronomia de cabeça para baixo. Mesmo nas coisas lançadas em desordem, creia nas Sagradas Escrituras, pois Josué ordenou que o Sol ficasse parado, e não a Terra".

Em Florença, em 1632, na obra polêmica, escrita em italiano, *Diálogo sobre os dois mais importantes sistemas do mundo, o Ptolemaico e o Copernicano*, saudada como a primeira declaração cabal de uma Revolução Científica, Galileu mudava a história da ciência apresentando o sistema copernicano como realidade, e não como hipótese. Na forma de diálogo dividido em jornadas, escrita que mais se aproxima da palavra viva, apresentava na conversação entre Salviati (o porta-voz de Galileu), Segredo (o homem comum inteligente) e Simplício (representante da filosofia aristotélica) um embate entre a física aristotélica e a preconizada por Copérnico.

Considerada como a primeira publicação no campo da Resistência dos Materiais, em Leiden (Holanda), 1638, Galileu publicava, também na forma de diálogo, o livro *Discursos e demonstrações matemáticas sobre as duas novas ciências*. Saudado como a origem da mecânica moderna e do estudo matemático do movimento e das forças que o produzem. Entre outros tópicos, referia-se à Estática e à Dinâmica, com capítulos dedicados às propriedades mecânicas dos materiais e ao paralelogramo de forças.

No tratado de Mecânica: *Della Scienza Mecanica*, de 1594, trouxe para a arte construtiva a ciência do século XVI. À procura de explicação mais exata, problemas técnicos das edificações passavam a ser interpretados e traduzidos matematicamente. Nos experimentos, conhecido como Problema de Galileu, de resistência, a flexão da viga em balanço de seção retangular engastada em um muro e suportando carga concentrada na extremidade livre marcava o começo da teoria moderna das relações força-deformação. Primeiras tentativas de encontrar, analiticamente, dimensões seguras para as peças estruturais (Figura 105).

Figura 105. Representação artística do Problema de Galileu — ensaio de flexão de uma barra.

Contrastando com o mundo medieval rico para ser contemplado, com a natureza considerada um organismo vivo à garantia de um Deus, Borelli, discípulo de Galileu, comparava o corpo humano a uma máquina bem-ajustada com alavancas (ossos), bomba (coração), e fole (pulmões).

Tomando a natureza como máquina, reduzida a um mundo árido (sem cor, cheiro, gosto, som), a Ciência passava a ser saber acumulativo transmitindo e recebendo contribuições das gerações que se sucedem. Com treinamento, método e aprendizado a Ciência separava-se da Filosofia e passava a referir-se a uma área específica do conhecimento.

DESCARTES

No *Discurso do método para bem conduzir sua razão e procurar a verdade nas ciências*, publicado em 1637, enunciando que a certeza poderia ser encontrada nas demonstrações da matemática e da geometria, um novo método foi fundamentado por René Descartes (1596-1650), o "administrador filosófico da obra científica de Galileu".

Para Descartes só se conhece com certeza aquilo que possa ser medido e calculado. Em outras palavras, possa ser traduzido em linguagem matemática que prescinde da qualidade das coisas, tomando em consideração apenas suas quantidades. Primado da razão, baseado em processos dedutivos, em detrimento dos sentidos. Existe o que pode ser provado, sendo o ato de duvidar irrefutável.

O método, para atingir determinado objetivo científico, parte de uma série de passos codificados de forma esquemática. Quatro regras fixam os procedimentos das investigações científicas:

- evidência – só é verdadeiro aquilo que é claro e evidente;
- divisão – o claro deve ser dividido, separado para poder ser analisado;
- ordem gradual – pensamento sobre relações, começando do mais simples e fácil para o mais complexo. Isto é, uma dedução de modo que uns possam ser concluídos a partir de outros;
- enumeração completa – restabelecer a continuidade do pensamento, tendo a certeza de que nada escapou à lógica empregada. Etapa de revisão.

Descartes, como herdeiro de Pitágoras, constituiu o "programa de pesquisa" que teve grande influência no desenvolvimento da ciência. As equações não eram as únicas formas de relacionar termos matemáticos. Desenvolvia, na década de 1630, coordenada para representar pares de números relacionados. Aplicando a álgebra à geometria, idealizou, com Pierre de Fermat (1601-1665), a Geometria Analítica, anexada ao final do *Discurso do método*, permitindo expressar os teoremas geométricos e prová-los aritmeticamente por sistema de coordenadas. O plano cartesiano propiciava representar uma equação em um gráfico, isto é, transformar uma fórmula em uma curva. Até então, a geometria e a álgebra apresentavam-se como ramos completamente separados na matemática. Ao desenvolver a ideia de compor vetores em projeções paralelas aos eixos coordenados, complementava a lei do paralelogramo de Galileu.

Com Descartes consumava-se a revolução filosófica. O Homem passava a ser a origem do pensar e do saber, e não mais da fé, dogma, revelação, intuição, ou análise interpretativa de textos sagrados. As leis matemáticas passavam a ser modelos e fórmulas que a Razão criava.

A esse mesmo propósito considera Barbosa:

"As construções cerebrais e o modo racional de encadeá-las, visando deslindar as leis científicas que regem o mundo e suas incessantes transformações, instituem os métodos científicos. O primeiro método é o indutivo de consulta direta ao mundo e às realidades objetivas que devem ser observadas e experimentadas até que revelem os seus princípios fundamentais, os quais, evidentemente, não podem ser inventados arbitrariamente. Em seguida, intervém o segundo método: o dedutivo, mediante o qual a razão extrai, dos princípios indutivos básicos, todas as consequências que neles se contêm implicitamente, as quais ora nos parecem espontânea dada a sua simplicidade, ora, pelo contrário, dependentes de longas pesquisas e de complexos laboratórios experimentais" (Barbosa, 1963, p. 4).

As coisas são como devem ser, independentemente da observação e da experiência. Apenas o saber-fazer não era mais suficiente, exigiam-se conhecimentos teóricos e matemáticos. Com a análise científica moderna baseada nos princípios da observação, experimentação, comparação, padronização e divulgação, a razão passava a ser a fonte do conhecimento.

Deve-se a Descartes, na resolução de equações e funções, o uso das letras x, y, z para indicar as incógnitas e das letras a, b, c para indicar termos conhecidos.

Galileu e Descartes abriram o caminho nos estudos da mecânica dos sólidos, do pêndulo composto, do choque elástico, da força centrífuga, do princípio da conservação da energia e na introdução do conceito do momento de inércia. Segundo Rossi: "Se Galileu pode ser considerado, sem sombra de dúvida, o pai da ciência moderna, Descartes há de ser, com toda a razão, proclamado o promotor de uma nova metodologia filosófica e o fundador do pensamento filosófico moderno" (Rossi, 1996, p. 116).

Como oponente a Descartes, Blaise Pascal (1623-1662) opôs à razão cartesiana o valor do sentimento: "o coração tem razões que a razão não conhece". Para o adversário de Descartes, John Locke (1632-1704), um dos fundadores do empirismo moderno, a descoberta é a partir da experiência no mundo, e não no interior da razão.

Theodor Adorno (1903 – 1969) ao fazer crítica da cultura moderna dizia da tendência alienante de promover o pensamento abstrato em detrimento das emoções e instintos e valorizar o sentido da visão como principal meio de estabelecer a subjetividade e o autoconhecimento, em detrimento de outros sentidos.

A estética ocupa-se com efeitos subliminares entre as realidades objetivas e subjetivas elucidadas como símbolos. A percepção imaginativa poderá levar a considerar ideias que não são imediatas e racionalmente discerníveis na forma material.

Shakespeare (1564-1616), por meio de Hamlet ensinava que nós não somos porque pensamos, mas porque fazemos. Ser ou não ser traduz-se em fazer ou não fazer. Questão não intelectual, mas sim ética.

14

ROYAL SOCIETY

Alimentadas por querelas religiosas, a Inglaterra foi agitada por rebeliões e guerra civil durante todo o século XVII.

Em 1645, em Londres, acatando os princípios de Bacon, um círculo de clérigos, políticos, matemáticos, filósofos e outros intelectuais se reuniam ou enviavam comunicações semanalmente para discutirem problemas científicos e novas experiências. Nas reuniões eram proibidas discussões religiosas e políticas, assuntos que poderiam causar rixas. Desses encontros com trabalhos em cooperação com as universidades de Oxford e Cambridge resultou o Colégio Invisível.

Dois anos após sua fundação no Gresham College o Colégio Invisível foi, em 15 de julho de 1662, convertido oficialmente, pela carta régia do Rei Carlos II (1630-1685), cinco meses após seu retorno ao trono da Inglaterra, na Royal Society, ou *Royal Society of London for the Improvement of Natural Knowledge* (Real Sociedade para o Aprimoramento do Conhecimento Natural). Quase uma realização da Casa de Salomão.

O Gresham College foi estabelecido em 1579, por determinação do testamento de Sir Thomas Gresham (1519-1579). Construtor da primeira fábrica de papel da Inglaterra. Sob sua direção, quando era agente financeiro da rainha Elizabeth I, foi constituída a Bolsa de Valores Real.

Presidido pelo Visconde William Brouncker (1620-1684), o estatuto da Royal Society apresentava a divisão dos modos de conhecimento enfatizando as leis da natureza. Redigido por Robert Hooke, dizia do objetivo de "melhorar o conhecimento das coisas naturais e de todas as coisas úteis, manufaturas e práticas mecânicas, engenhos e invenções por experimentação". "Sem mexer com a Divindade, a Metafísica, a Moralidade, a Política, a Gramática, a Retórica e a Lógica".

Em lados opostos na Guerra Civil Inglesa, noventa e oito membros fundadores pagavam cotas para apoiar as atividades da sociedade. Eram os maiores nomes da história da ciência, entre eles estavam:

- o físico e químico Robert Boyle (1627-1691), o maior experimentador científico da Inglaterra do século XVII;
- o biólogo e físico Robert Hooke, descrito como o Leonardo de Londres, seu curador de experiências, construía e colocava máquinas em operação;
- os astrônomos John Wilkins (1617-1672), seu primeiro secretário, e Seth Ward (1617-1689);
- os matemáticos Issac Barrow (1630- 1677), William Neile (1637-1670), John Pell (1611-1685) e John Wallis (1616-1703), autor do primeiro livro de álgebra, *A treatise of Algebra*, lançando as regras básicas da anotação algébrica;
- o arquiteto e matemático Sir Chistopher Wren, professor de astronomia de Oxford e arquiteto da Coroa, reconstrutor de Londres após o devastador incêndio de 1666, que se alastrou durante seis dias, quando cem mil pessoas ficaram sem abrigo e casas de madeira foram substituídas por casas de tijolos e o planejamento urbano melhorado. Foi seu presidente de 1680 a 1682;
- o médico, químico, estatístico e músico William Petty (1622-1687), pai da estatística moderna;
- o matemático e astrônomo Christiaan Huygens (1629-1695).

Adotaram o lema: *"nullius addictus in verba magister"* (comprometo-me a não jurar pelas palavras de nenhum mestre), distinguindo o conhecimento científico, justificado e fundamentado, da crença científica baseada nos resultados e aceitação da autoridade do professor.

NEWTON

Isaac Newton (1642-1727), formulador da investigação científica e primeiro a realizar trabalhos com teoria científica, valorizado pelas realizações técnicas, foi o associado mais notável da Royal Society e seu presidente de 1703 a 1727, após a morte de Hooke. Seus biógrafos dizem que era um grande alquimista e que a física foi um trabalho na juventude.

Na obra monumental, com mais de quinhentas páginas em latim, *Princípios matemáticos da filosofia natural* (1687), publicada pela Royal Society, livro financiado e prefaciado por Edmond Halley (1656-1742), enunciava, com base em verdades simples, os Princípios da Mecânica, demonstrando que o movimento sempre era produto de uma força em que as leis matemáticas não só regiam movimentos celestes como também operariam na Terra. Ao lançar os fundamentos da óptica e a essência da Teoria da Gravitação Universal, inspira uma reorientação das ideias sobre religião e natureza, assinalando o ponto alto da Revolução Científica.

Sabendo que a representação gráfica poderia mostrar o mesmo fato descrito pela álgebra, operando adequadamente as equações, obtinha informações sobre as curvas que tais equações espelhavam. Essas operações desenvolvidas nas últimas décadas do século XVII (1666), juntamente com a descoberta de uma série infinita correspondente a uma exponenciação fracionária, levaram ao Cálculo Infinitesimal.

No livro *The method of fluxions*, concluído em 1671, publicado em 1736, apresentava, pelo conceito de infinitésimos, a ideia moderna de limites, originando o que se conhece hoje como derivadas. Coração do cálculo diferencial e integral com aplicações poderosas para matemáticos e cientistas. Fundamental para o equacionamento da Teoria Matemática da Elasticidade.

Separando o conceito de massa e peso, introduzia o conceito de massa e o sistema M.L.T. (massa, comprimento, tempo).

Para Newton a matemática era uma linguagem utilizada para descrever fenômenos naturais e o "*como*" era mais importante do que o "*porquê*". Quatro regras de raciocínio estabeleciam uma nova maneira de proceder ao conhecimento científico:

- o universo é simples e explicações complexas não devem ser adotadas;
- para efeitos similares devem-se considerar causas idênticas;
- proposições comuns aos corpos conhecidos devem ser aplicadas a todos os corpos;
- as considerações e hipóteses baseadas em experimentações devem prevalecer sobre as que nelas não se basearem.

Newton foi o primeiro cientista a ser sepultado na **Abadia de Westminster** (Figura 106), panteão dos monarcas e heróis britânicos. Seu corpo foi velado durante quatro dias e seu féretro foi levado em ombros pelos duques de Montrose e de Roxburghe e pelos condes de Pembroke, Sussex e Macclesfield e pelo lorde chanceler do reino. O epitáfio que Alexander Pope (1688-1744), o mais importante poeta inglês do século XVIII, compôs quase equivalia à deificação: "A natureza e as leis da natureza escondem-se à noite; Deus disse 'Faça-se Newton!' e tudo foi luz".

Entre os newtonianos, François Arouet, conhecido como Voltaire (1694-1778), personalidade literária do Iluminismo e um dos principais ideólogos da Revolução Francesa, foi seu divulgador. Na publicação *Elementos de filosofia de Newton*, em 1738, explicava o mundo pelos princípios da mecânica. O mundo comparado a uma máquina obedecia a leis que garantiam sua ordem e harmonia. Para Voltaire, Newton era o maior homem de todos os tempos.

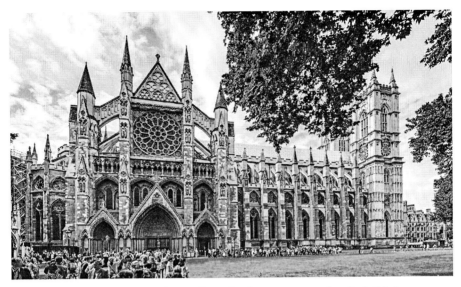

Figura 106. Abadia de Westminster. Panteão dos monarcas e heróis britânicos.

Em 1784, sobre Newton havia quarenta livros em inglês, dezessete em francês, três em alemão, onze em latim, um em italiano e um em português. "Toda a evolução de nossas ideias sobre os processos da natureza, com que nós temos ocupado até agora, poderia ser vista como um desenvolvimento orgânico das ideias de Newton" (Einstein, 1954, p. 261).

A Astrologia — explicação pelos astros — era um meio de manifestar as tendências e aptidões atinentes a uma pessoa. No século XV, o destino de uma pessoa vaticinado pelo alinhamento dos planetas na hora do seu nascimento era profecia realizável. A pessoa se esforçava por viver a vida para ela prevista. Elizabete I (1533-1603), governante da Inglaterra de 1558 até sua morte, empregava o mago John Dee (1527-1608) como astrólogo. A Astronomia de Newton — explicação dos astros — mostra que o movimento planetário é sustentado pela inércia e definido pela gravidade.

15

O CONHECIMENTO CIENTÍFICO

O conhecimento científico é dado pela razão teórica que organiza na consciência aquilo que observa e colhe a essência, não pela experiência subordinada à razão que faz conhecer fatos individuais. É conhecimento adquirido mediante método. A tecnologia, inserida no contexto de desenvolvimento histórico, é um conhecimento científico que se transforma em um conjunto de técnicas de um domínio particular, que por sua vez possibilitará elaborar novos conhecimentos científicos. É aplicação da ciência com objetivo utilitário. É acumulável.

Fornecendo meios para distintas áreas do conhecimento a ciência beneficia a técnica, mas não foi criada para a técnica. É uma forma de pensar que não apenas explica eventos já observados, mas também prediz fatos com os quais nunca se sonhou. Capacita a saber coisas e a fazer coisas. Um segmento do saber proporciona luz a outro segmento. Decisões sobre usos da ciência devem levar em conta fatores políticos e sociais. Segundo Einstein, "o grande objetivo de toda ciência é cobrir o maior número de fatos empíricos por dedução lógica a partir do menor número possível de hipóteses e axiomas".

Técnica indica habilidade mediante a qual se faz e se cria o instrumental adequado. São procedimentos mais no fazer do que no saber. Provêm de tempos imemoriais, não localizados historicamente. Enquanto os conhecimentos pré-científicos correspondem a técnicas elementares, manuais ou artesanais, a técnica moderna, embora derivada da experiência, distingue-se dela, porque, diferentemente da experiência, a técnica está inscrita como saber científico. Os empíricos conhecem o puro dado, não o porquê deles. O saber e o entender próprios da ciência conhecem o porquê e a causa.

Técnica é um conjunto dos procedimentos bem definidos e transmissíveis, destinados a produzir certos resultados considerados úteis (Lalande, 1999). É um conjunto de procedimentos ligados a uma arte ou ciência. A técnica associada à ciência resultou na tecnologia.

A tecnologia é definida como a teoria de uma técnica, abrange conhecimento científico e técnico, processos e materiais operados e/ou criados a partir de tal conhecimento. Suas raízes se encontram no passado, domina o presente, e tendem ao futuro, representando sua época.

O invento técnico — saber-fazer sem necessariamente ter conhecimento pelas causas — é um interesse de ordem prática: saber o que é e como é. A tecnologia fundamenta-se no conhecimento da ciência moderna — a razão do saber-fazer, e não só no conhecimento dos meios e instrumentos disponíveis, mas algo que se modifica. A descoberta científica (ciência) é um interesse teórico — a busca do saber pelo saber. É conhecer para explicar o que é. É mais do que supor. É saber o porquê. Distingue o que é do que parece ser, averigua a essência.

Técnica pode ser definida também como conjunto de procedimentos deduzidos de um conhecimento científico e que permite operar suas aplicações e a tecnologia como a abordagem teórica de uma técnica particular e a ciência é qualquer conhecimento racional elaborado a partir da observação, do raciocínio ou da experiência (Durozoi e Roussel, 1996). A ciência nos diz que a coisa conhecida não só é assim, como nos parece, mas tem de ser necessariamente assim (Padovani e Catagnola, 1958).

A ciência pressupõe conhecimentos ordenados metodicamente e acompanhados de provas racionais. É o refinamento da razão com o objetivo de entender o mundo, descobre leis. O filósofo José Ortega y Gasset (1883-1955), ao longo do livro *Meditação da técnica* (1993), afirma que atos técnicos "são aqueles em que dedicamos o esforço, primeiro para inventar e, depois, para executar um plano de atividades que nos permita:

1º — assegurar a satisfação das necessidades, evidentemente elementares;

2º — conseguir essa satisfação com o mínimo de esforço;

3º — criar-nos possibilidades complementares novas produzindo objetos que não existem na natureza do homem".

A partir da segunda metade do século XVII foi dominante a ideia de progresso como sinônimo de aperfeiçoamento cultural. No século XVIII com a Revolução Industrial acelerando sua marcha, conceitos relacionados a questões tecnológicas foram aplicados e as construções começaram a ser realizadas servindo-se dos conhecimentos científicos. A habilidade dos artesãos principiava a ser esquecida, desprezada e substituída pelo treino para lidar com as máquinas. Dispositivos capazes de poupar o esforço e o tempo gastos com trabalhos rotineiros. A máquina converteu o artesão a um simples acessório.

Por sua vez, o engenheiro que se dedicava ao invento de engenhos de guerra e às máquinas, no século XVIII, em princípios científicos, começava a aplicar técnicas na construção, no trabalho de eletricidade, nas máquinas e produtos químicos. Principiava a ter o domínio na invenção e de novas formulações para as práticas já existentes, marcando o saber-fazer orientado pela ciência e descobrindo leis no conhecimento necessário ao realizar.

No seu percurso, entre a metade do século XVIII ao século XIX, a Primeira Revolução Industrial, arremessada das chaminés escurecidas de fuligem com a força dos motores a vapor, liberou uma profusão de energia utilizável extraída do carvão, do petróleo e da água. Criou uma cultura técnica e provocou impacto nas mudanças da produção até então artesanal e manufatureira, vindas do século XIII, impregnada da contribuição pessoal dos artesãos, para a produção industrializada padronizada e em série, realizada pela máquina de custo elevado. Mudou, no seu todo, o padrão do modo de vida vigente. A máquina, fabricada a partir de teorias científicas, apresentada como o invento que diminuiria o trabalho do homem, desqualificou a virtualidade técnica artesanal e isolou o trabalhador do produto final, uma vez que a produção é contínua e o trabalho parcelado. Com isso perdia-se o sentido da produção humana. Cada trabalhador realizava somente parte do processo produtivo completo da sua arte. O serviço do operário passava a ser a sua especialização à altura das exigências de suas máquinas. Perdia aquele treinamento teórico prático que o levava ao domínio de todas as suas capacidades produtivas. O saber foi substituído pelos empreendedores, homens de negócios, que não precisavam saber como construir o que vendiam. Muita gente migrou para as cidades e nas fábricas o tempo de trabalho era controlado no relógio, ou melhor, no cronômetro por vigilantes.

Métodos industriais possibilitavam a produção de objetos que o artesanato não poderia fornecer em quantidade e em perfeição. Artesanatos produzidos individualmente por mãos humanas diminuíam. Com a genialidade e talentos esmagados, os trabalhadores foram considerados partes das máquinas. Com a mente do trabalhador sendo consultada o menos possível, oficinas manuais prosperavam mais. O produtor passava a não conhecer o consumidor, a não ser como público-alvo. O consumidor, manipulado pela publicidade, perdia o contato direto com o produtor.

Na entrada da era industrial as fábricas, pela fumaça das chaminés, tornavam o mundo urbano feio e cinzento. A brutalidade com que dividia a história das sociedades e do meio ambiente jogava pessoas na miséria. Ocorria, como consequência, a tomada de consciência de intelectuais, artistas e escritores como a do romancista vitoriano Charles Dickens (1812-1870) em suas obras.

Contudo, a Revolução Industrial foi a era do progresso. Foi um abrupto choque que fez saltar para a fase moderna. Invenções e o aumento na taxa de inovação no período merecem um lugar de honra nos anais da tecnologia. A ciência avançava e a educação teve impacto profundo.

Prevalecendo sobre as igrejas, palácios e catedrais, as fábricas, hospitais, estações, armazéns ferroviários e oficinas passavam a ser as novas necessidades. A instrução técnica profissional para atender às novas características da produção fazia-se tema dominante da pedagogia. Ao lado das universidades surgiam as escolas de engenharia. O cientista e o inventor tornavam-se heróis da sociedade ocidental. Eram os "novos religiosos" a dirigirem o progresso da ciência e da educação e o "o centro deste reino artificial e complicado é o engenheiro — o padre da máquina".

Projetos e análises estruturais para as construções passavam a ter como base as Leis da Mecânica. Novas possibilidades estruturais, diferentes métodos de execução aliados às condições de transporte reduziam a importância que se dava aos materiais locais. A troca das ferramentas pelas máquinas substituía o artesão pelo operário sem o poder de criação.

A Revolução Industrial, no campo econômico e social, foi a maior expressão do Iluminismo. Paradoxalmente, o Iluminismo, termo proposto em 1785 por Kant, findava-se com o mundo industrial. A evolução das ideias científicas junto com as da técnica dava o sentido para a crença de que o progredir era um valor essencial da sociedade. Com a modernidade passava-se a não mais depender de Deus, mas dos cientistas. Nas construções a aplicação do conhecimento científico começava a absorver o *know-how*, o saber como, derivado do *know-why*, o saber por quê, próprio da ciência. A eficiência passava a ser a palavra da moda. A técnica assumia o lugar do braço automático da produção. O que vale é o não ócio (negócio).

Pode-se sintetizar que na Antiguidade o conhecimento foi fixado no caráter filosófico; na Idade Média, no teológico — "acreditar procurando compreender"; na Idade Moderna, no saber técnico-científico, em que o conhecimento é o domínio consolidado em um conjunto de representações formal-operacionais com métodos próprios, em que cada passo será superado por outro posterior.

16

O ENSINO COMO INSTITUIÇÃO NA FRANÇA

Enquanto o território conhecido como Península Itálica atingia o fastígio, a França mal pronunciava as primeiras letras renascentistas. No entanto, a Itália, pela sortida poliarquia onde ducados, reinos, principados, repúblicas mesmo reconhecendo a cultura e herança comuns, aliando-se a diferentes potências como Espanha, França e Áustria, lutavam entre si, e pela marginalização dos antigos mecenas perdia sua independência e superioridade comercial, passava temporariamente a não desenvolver papel tão importante na atividade científica.

A revolução científica italiana, na busca do conhecimento a ser descoberto, e não só de apreender o que se encontrava no passado, migrava para a França absolutista, onde, com a centralização administrativa das instituições supervisionadas por Jean-Baptiste Colbert (1619-1683), superintendente geral dos Edifícios do Rei, das Artes e Manufaturas, ministro da Marinha dos Portos e das Colônias, por vinte e dois anos administrador-geral das Finanças do Rei Luís XIV (1638-1715), o poder real assumia a dianteira e direcionava as necessidades da nação de acordo com os avanços realizados pela nova ciência.

Colbert, membro da Academia Francesa, fundava, em 1663, a *Académie des Inscriptions et Belles-Lettres*. Por decreto determinava que todos os pintores da corte deveriam filiar-se, sob pena de perderem privilégios reais.

Em 1666, Colbert, com apoio de Bernini, que visitara a França no ano anterior, fundava a Academia Francesa em Roma. Bolsistas, após a formatura, ganhavam viagem de aprimoramento à Itália, estudando *in loco*, durante três anos, os monumentos e ruínas. Dez anos após, a Academia Francesa em Roma filia-se à *Académie Royale d'Architecture*. Colbert proibia a abertura de ateliês livres na França e reservava, para a Academia de Pintura e Escultura, o monopólio do ensino.

Em 22 de dezembro de 1666, quatro anos após a Royal Society, a *Académie Royale des Sciences*, sucessora da Academia Parisiense, fundada em 1635 pelo matemático Marin Mersenne (1588-1648), reunia um grupo inicial de quinze membros especialistas de vários campos científicos, entre eles o matemático Pierre de Carcavi (1600-1684), Jean Chapelain (1595-1674), os astrônomos Jean Picard (1620-1682), Jean Richer (1630-1696) e Giovanni Domenico Cassini (1625-1712), o cientista Edme Mariotte (1620-1684), o físico Christiaan Huygens (1629-1695), fundamentais no desenvolvimento das técnicas. Giovanni Domenico Cassini, conhecido como Cassini I, foi o primeiro diretor do Observatório de Paris, sucedido pelo seu filho Jacques, Cassini II (1677-1756).

A expansão do sistema postal propiciava o surgimento de jornais e revistas. Destacavam-se as primeiras publicações científicas. Em Paris, graças a Colbert, em janeiro de 1665, semanalmente o *Journal des Savants*, que teve três meses de existência. No mesmo ano, em Londres, os membros da Royal Society publicavam seus trabalhos no *Philosophical Transactions*, mensalmente. O primeiro lançamento ocorreu em 3 de julho de 1665. Em Roma, o *Giornale de Letterati*, em 1668.

As escolas serviam para formar o corpo de profissionais encarregados dos edifícios oficiais e, ao mesmo tempo, promover o enfraquecimento do poder das guildas ligadas à construção. A Arquitetura começava a abranger o estético e o artístico, simultaneamente ao mundo exato, matemático, técnico, métrico.

Com a institucionalização do ensino, a formação profissional do arquiteto ocorria com a criação da *Académie Royale d'Architecture* (1671), sob os cuidados do engenheiro militar, partidário da estética renascentista, Nicolas-François Blondel (1618-1686). A formação do engenheiro iniciava, em 1672, com a criação do *Corps de Génie Civil*.

No período em que o progresso científico era evidenciado pelas descobertas de Copérnico, Galileu, Descartes, Newton envolvendo literatura, filosofia, religião, ocorria na França a guerra cultural, entre antigos e modernos. Iniciada no humanismo durante o Renascimento chamando a confiarem em si mesmos e a rejeitarem tradições culturais inadequadas, ressurgia, no século XVII, com os novos caminhos para o estudo dos fenômenos naturais defendidos pelos antigos como Rodolph Agrícola (1443-1485) e Andréas Vesalius (1514-1564), partidários da retomada da cultura clássica por ser eterna e universal, como melhor e verdadeira fonte capaz de fundamentá-los. Roma como símbolo a ser ressuscitado. Os modernos, por sua vez, argumentavam que o tempo e os valores haviam mudado e questionavam se esses textos poderiam fornecer subsídios para investigar fenômenos naturais que eram desconhecidos dos antigos. Pretendiam construir uma nova ciência rompendo com o passado.

Como o desenvolvimento das competências humanas envolvia o gosto pelo estético, pelo belo e a admiração e encantamento pelo sublime, a arte, associada à ciência e à filosofia, revelava-se como uma forma de conhecimento. Entre os anos 1687 e 1715, no mundo artístico e literário, foram criadas as estruturas da modernidade intelectual. Polemizava-se sobre a autoridade dos antigos em arte. Indagava-se em que consistia o paradigma da arte na Antiguidade e se os valores que nela se celebravam caberiam ser apurados.

Nicolas-François Blondel, autor do livro *Cours d'Architecture* (dois volumes, 1675-1683), prosélito e favorável da imitação dos antigos, especulava proporções eternamente verdadeiras, independentes da inconstância das sensações. Claude Perrault, argumentando pelos modernos, sustentava que as obras dos contemporâneos eram melhores e reivindicava para a arquitetura um estatuto específico que considerasse as condições peculiares pelas quais essa arte é apercebida e desfrutada. Levava ao menosprezo das descobertas humanísticas do mundo antigo e à exaltação das capacidades produtivas e culturais dos modernos. Ser moderno era estar à frente do progresso.

Da *querele* resultava o fato de que os antigos foram modernos na sua época, e todas as épocas poderiam gerar gênios iguais aos dos tempos antigos. Os modernos seriam os antigos aperfeiçoados pelo curso do tempo. Velhos valores, cuja antiguidade, longe de significar atraso, significa permanência. A solidariedade intergeracional, respeitando o patrimônio herdado, transforma-o, amplia-o e conserva-o para as gerações futuras. O futuro avança olhando de esguelha para o passado.

Ainda na França, no reinado de Luís XV (1710-1774), foram criadas, em 1747, a École Nationale de Ponts et Chaussées, iniciativa de Charles Daniel Trudaine (1703-1769), sob a direção do construtor de pontes Jean-Rodolphe Perronet (1708-1794). Foi a primeira a ministrar curso de engenharia.

Logo após, em 1748, a École du Génie de Mézières, a primeira a diplomar engenheiros militares. Em 1783, a École Nationale Supérieure des Mines formava engenheiros de minas. Todas com o propósito de transmitir um ensino prático necessário ao desenvolvimento técnico.

Em 1794, durante a Revolução Francesa, foi criada a École Polytechnique, anteriormente École des Travaux Publics, com intuito de ensinar a racionalidade matemática para a resolução dos problemas de engenharia civil, militar e naval, com rigor científico na manipulação dos aspectos mecânicos. A arquitetura entrava no programa junto com outras ciências e técnicas. Um dos seus professores, Gaspar Monge (1746-1818), nos projetos de fortificações, criava a Geometria Descritiva, representando objetos tridimensionais por meio de projeções sobre planos.

Com o enfraquecimento da nobreza, os soberanos europeus intervinham a favor da nova classe, limitando as atribuições corporativas. Anne Robert Jacques Turgot (1727-1781), Barão de l'Aulne, considerado o filósofo do progresso, influente primeiro ministro de Luís XVI (1754-1793), entre 1774 e 1776, defensor da menor intervenção possível do Estado na economia, lutava por um comércio e uma empresa livres. O *Décret d'Allard* declarava a abolição das corporações de ofício na França, estabelecendo que o cidadão poderia exercer a profissão da sua escolha sem estar filiado e nem licenciado por qualquer tipo de organização ou entidade. Turgot, economista da escola francesa dos fisiocratas, era químico amador, e convidado por Diderot escrevia, para a Enciclopédia Francesa, artigos de química. O *Décrete d'Allard* foi posteriormente revogado e restabelecido em 17 de junho de 1791 pela Lei *Le Chapellier*.

Por serem consideradas organismos limitadores da liberdade individual e contrárias aos princípios da Revolução Francesa de 1789, as corporações de ofício foram proibidas e extintas. Na visão de Pevsner, "o sistema social medievo foi destruído e com ele a classe dos patrões cultos e ociosos e a classe dos artífices cultos e formados pelas corporações. É mais do que pura coincidência o fato de se ter fundado a École Polytechnique e o Conservatório de Artes e Ofícios (1798) e realizado a primeira exposição industrial nacional (1798), logo após a dissolução em França das corporações" (Pevsner, 1975, p. 59).

Em 1792, o Rei Luís XVI (1754-1793) "agendava" seu encontro com a guilhotina, quando a monarquia foi abolida e a Primeira República Francesa proclamada. Contemporaneamente, na Inglaterra, Adam Smith (1723-1790) redigia *A riqueza das nações* (1776), demonstrando a relação da economia com a filosofia moral, o direito e a política, defendendo a liberdade e os direitos naturais do comércio.

O padrão de ensino para determinar a beleza arquitetônica — emoção, expressão e ritmo — definia o trabalho na École Royale de Beaux-Arts de Paris, instaurada por Luís XVIII (1755-1824), em 1819. Das sete belas-artes a arquitetura, a escultura e a pintura passavam a fazer parte das artes plásticas caracterizadas pela imobilidade em oposição às rítmicas (música instrumental, canto, teatro, dança). A intenção plástica na arquitetura era a preocupação de realizar uma bela forma por intermédio da utilidade específica da construção, com a aplicação da ciência e da técnica. A construção deveria ser não somente cômoda, mas também bela.

A École Polytechnique foi modelo para outras escolas de engenharia, como o *Instituto Politécnico de Viena* e o *Instituto Politécnico de Zurique*. A École de Beaux-Arts foi referência para o ensino nas escolas de arquitetura no mundo ocidental.

17

O ENSINO COMO INSTITUIÇÃO NO BRASIL

No território brasileiro, o rei de Portugal era sócio dos colonizadores. Obrigações privadas e deveres públicos se sobrepunham. Os portugueses, no início da colonização, criaram núcleos de povoamento denominados feitorias, com cerca de vinte homens. Eram assentamentos não indígenas, formando conjunto de casas construídas com madeira e palha. Construções efêmeras, protegidas por paliçada, acumulavam funções defensivas e de hospedagem para os exploradores da madeira avermelhada chamada, mais tarde, de pau-brasil. Exploradas por Fernando de Noronha, em 1503, representando o banqueiro Jakob Fugger. Com os bons resultados obtidos, o rei Dom Manuel declara em carta de doação a Fernando de Noronha, a Ilha de São João, chamada depois, de Ilha Fernando de Noronha. As primeiras feitorias foram as de Cabo Frio, criada por Américo Vespúcio, em 1504; a de Santa Cruz, no Rio de Janeiro; e a de Itamaracá, em Pernambuco.

Nos séculos XVI e XVII, a economia colonial era dependente da atividade açucareira. Foi o primeiro e o mais extenso ciclo econômico, antecedendo dois outros: o do ouro no século XVIII, na região de Minas Gerais e o do café, no século XIX, no Vale do Paraíba, na região sudeste. O engenho era um estabelecimento complexo, compreendendo numerosas construções e aparelhos mecânicos. A grande propriedade era um mundo em miniatura. A escala de operações era grande para gerar os retornos requeridos pelo investimento. Uma das antigas construções preservadas data de 1534 na cidade de Santos. É o **Engenho dos Erasmos** (Figura 107), movido a água, construído a pedido de Martim Afonso de Souza (1500-1564). Financiado pelo importante grupo alemão Fugger para a compra de equipamentos e instalações, foi associado ao flamengo Erasmo Schetz. Estilo açoriano com todas as instalações sob um mesmo teto, diversamente dos engenhos concentrados nas capitanias do Nordeste, onde as edificações eram separadas para cada função.

Figura 107. Ruínas do antigo Engenho dos Erasmos, na cidade de Santos. Funcionou até o século XVIII.

Construções de estilo inteiramente diferente a partir de materiais disponíveis em cada local: pedra, areia e óleo de baleia no litoral e taipa no planalto começavam a partir de 1549, quando o rei de Portugal Dom João III, o Piedoso (1502-1557), filho de Dom Manuel I, o Venturoso (1469-1521), criava o cargo de governador geral. Enviava à Colônia Thomé de Souza (1503-1579) com a incumbência de ajudar a fiscalizar e defender os rendimentos das Capitanias Hereditárias. Com mão de obra especializada de pedreiros, carpinteiros e outros artífices vindos de Portugal e de outras nações requisitadas pela coroa, abrir estradas, construir estaleiros e fortificações para a defesa da costa, erguer engenhos e criar cidades. A partir de 1540 foi marcante a presença dos padres da Companhia de Jesus que junto aos engenheiros militares projetaram e construíram as primeiras igrejas, capelas, escolas, hospitais e fortalezas com sistemas construtivos, em grande parte, representados pelos engenheiros militares através dos tratados renascentistas.

A partir daí os artífices, com conhecimentos adquiridos dos mestres como aprendizes, e com capacidade profissional comprovada por exames referentes ao regulamento das corporações de ofício de Portugal e outras nações, passavam a ser legalmente licenciados para projetar e construir obras civis, religiosas, fortalezas militares em vários pontos da costa litorânea, com arte, técnica e bom gosto. No litoral empregavam a pedra e a cal. No interior utilizavam três tecnologias da terra:

- taipa, apiloamento da argila misturada com cal ou com palha entre taipais;
- adobe, tijolos de terra não cozida;
- tabique, grelha de madeira, cana ou vime formando um entrançamento estacado no chão, onde a terra era posteriormente aplicada.

Sem planejamento, as primeiras vilas nasceram, preferencialmente, em acrópoles como Salvador, Olinda, Tiradentes, São João del Rey, Porto Seguro, São Paulo. A ocupação da terra se iniciava pela construção de novas vilas com as primeiras igrejas para promover a catequese dos indígenas e a manutenção da fé cristã entre os colonos. Igrejas construídas em locais altos, nos topos de colinas e elevações voltadas para a praça principal, ficavam visíveis como a **Capela de São Miguel Arcanjo** (Figura 108). A fé era materializada na arquitetura, escultura e na pintura. O papa Leão X, em 1514, concedia a Dom Manuel I e seus sucessores o padroado de todas as igrejas fundadas no Brasil. Padroado extinto com a Proclamação da República em 1889.

Figura 108. Construção preservada: templo mais antigo de São Paulo, a Capela de São Miguel Arcanjo (1560), reconstruída em 1622.

A urbanização brasileira foi lenta. Nas primeiras décadas, as casas nas cidades tinham pisos de terra batida, paredes de taipa (tela de ripas preenchida com barro) e o telhado de sapê. Já em 1800, tinham porão, piso de pedra e no primeiro andar tábua corrida. As residências isoladas eram os solares de dois andares com o espaço inferior sendo a área social da casa e na parte superior localizava-se a cozinha e as demais dependências de serviço. Ou as residências eram sobrados construídos uns junto a outros, com telhados de largos beirais, onde a parte térrea com várias portas era destinada ao comércio e o piso superior dedicado à família (Figura 109).

Figura 109. Casario colonial.

No final do século XVI o arquiteto militar florentino Baccio da Filicaia (1565-1628) foi nomeado engenheiro-mor do Brasil, requisitado ao grão-duque de Toscana por Dom Filipe II (1578-1621), rei das coroas de Portugal e Espanha (1598-1621). Dom Felipe II, da Casa da Áustria e Rei da Espanha a partir de 1556, foi jurado Rei de Portugal nas Cortes organizadas na vila de Tomar, em 1581, uma vez que Lisboa atravessava uma epidemia de peste. Na chamada "Restauração" de 1640, apoiado pelo Cardeal Richelieu (1585-1642), primeiro ministro de Luís XIII (1601-1643) da França, assumia o trono português o duque de Bragança, sob o nome de Dom João IV (1604-1656), que inaugurava uma nova dinastia na recém-autônoma coroa lusitana.

O engenheiro militar português Francisco Frias de Mesquita (1578-1645), em 1603, foi nomeado e enviado ao Brasil por Felipe II como o segundo engenheiro-mor do Brasil. Construiu fortes no Maranhão contra os invasores franceses. Projetou igrejas como a do **Mosteiro de São Bento** (Figura 110) no Rio de Janeiro (1633-1671), concluída no século XVIII, e vários fortes como o da **Fortaleza dos Reis**

Magos (1598-1614) em Natal no estado do Rio Grande do Norte (Figura 111), uma das mais admiráveis fortalezas do país.

Em São Salvador, na Bahia, edificou o Forte de São Marcelo, de planta circular.

Figura 110. Rio de Janeiro. Igreja de Nossa Senhora do Montserrat, Mosteiro de São Bento. Fachada simples e interior com decorações nos estilos barroco e rococó,

Figura 111. Natal (RN). Fortaleza dos Reis Magos.
Muralha no formato poligonal estrelado.

O engenheiro-mor do Império Luso-Espanhol nos anos 1598 a 1631 era Leonardo Turriani (1559-1628), nascido em Cremona, na Itália.

Em 1637, Maurício de Nassau desembarca em Pernambuco. Com ele vieram cientistas, astrônomos, arquitetos, escritores, pintores e vários outros profissionais. Em 1639, construindo diques, canais, pontes, palácios, jardins, drenando terrenos iniciava o primeiro plano urbanístico da América, na cidade de Recife.

No século XVIII, igrejas, conventos, capelas são ornamentados com altares entalhados por meio dos artistas das ordens religiosas dos jesuítas, franciscanos e beneditinos.

Em 1759, por ordem do marquês de Pombal, os jesuítas foram expulsos do Brasil. Em Minas Gerais, com a proibição as ordens primeiras (os frades e os monges) e as ordens segunda (as freiras), surgiram as ordens terceiras (as irmandades, as confrarias, os congregados leigos), proporcionando várias associações. As associações dos brancos (carmelitas e franciscanos) dedicando-se ao culto de Nossa Senhora do Carmo e Nossa Senhora da Conceição. A dos homens pretos, sob a proteção de Nossa Senhora do Rosário. A dos pardos e mestiços dedicavam-se a Nossa Senhora do Amparo.

No Recife, a Igreja de São Pedro dos Clérigos (1728-1782), do mestre Manuel Ferreira Jácome, apresenta verticalidade. Internamente exibe uma exuberante pintura ilusionista do mestre João de Deus Sepúlveda.

A igreja Nossa Senhora da Conceição da Praia (1739-1765), na cidade baixa de São Salvador, talhada em pedra foi executada por Eugenio da Mota, e a pintura de José Joaquim da Rocha marcou a perspectiva ilusionista brasileira. No Pelourinho a Igreja e convento de São Francisco (1686-1797), com sua planta incomum entre os projetos franciscanos, mostra a influência da edificação jesuíta. Sua fachada, com duas torres laterais altas de planta quadrada e cobertura piramidal, identifica-se com a arquitetura do tratadista Sebastiano Serlio.

Na Igreja Nossa Senhora do Rosário (1757), do "arquiteto" Antonio Pereira de Sousa Calheiros, na cidade de Ouro Preto, a parte externa foi construída com recortes e ondulados segundo o estilo barroco.

Com formas tomadas à natureza, o Barroco Brasileiro atingia o auge em São João del Rei, na igreja de São Francisco de Assis (Figura 112), em Congonhas do Campo no Santuário de Bom Jesus de Matosinhos (Figuras 113 e 114) e em Ouro Preto na Igreja de São Francisco de Assis. Fachadas decoradas com pedra-sabão, colunas torsas ou salomônicas, caracterizam grandiosidade e suntuosidade. Abrigam interiores ornamentados com altares entalhados e dourados. Pinturas ilusionísticas e ornamentadas com ouro e prata nos forros tabuados, possibilitam a visão da vida celeste.

Figura 112. São João del Rei, igreja de São Francisco de Assis (1774-1809), com torres recuadas, acrotério sob a cruz da penitência.

Figura 113. Congonhas do Campo (MG). Localizado na colina, o Santuário de Bom Jesus de Matosinhos, com fachada simples, apresenta esculturas esculpidas, por Aleijadinho, em pedra-sabão dos doze profetas do Antigo Testamento (1801-1805).

Figura 114. Santuário de Bom Jesus de Matosinhos. Interior com rica decoração. Capela-mor com forro curvo mostrando o sepultamento de Jesus.

A *Igreja de* São Francisco de Assis (Figura 115), de 1766, em Ouro Preto, primeira obra-prima de Antônio Francisco Lisboa, o Aleijadinho (1738-1814), tem a pintura de um dos maiores artistas da época, Manuel da Costa Ataíde (1762-1830), conhecido como Mestre Ataíde (Figura 116). Precursores da arte genuinamente brasileira.

Figura 115. Ouro Preto. Igreja de São Francisco de Assis (1766): torres cilíndricas, óculo com o medalhão de São Francisco e portada em pedra-sabão. Integração entre arquitetura e escultura.

Figura 116. Ouro Preto. Interior da Igreja de São Francisco de Assis, com colunas fantasiosas. No forro de forma poligonal, molduras cheias de minúcias.
Sobre a madeira, a Assunção de Nossa Senhora (1801-1812), do Mestre Ataíde.

A escola brasileira nascia na Bahia, em 15 de janeiro de 1699. Com aulas sobre fortificações e arquitetura militar formava soldados técnicos para a construção das fortificações.

Em 1738, Aula de Artilharia sob o comando do sargento-mor José Fernandes Pinto Alpoim, responsável pelas construções do **Palácio do Governador** do Rio de Janeiro (Figura 117), na praça XV. Em Minas Gerais, na cidade de Ouro Preto, da **Casa da Câmara e Cadeia** (Figura 118). Em1744, do aqueduto *"Arcos da Lapa"*, planejado em 1660, com 42 arcos duplos no estilo romano na extensão de 270 metros e altura aproximada de 18 metros. Construído com pedra e cal misturados com óleo de baleia, inaugurado em 1750, na cidade do Rio de Janeiro.

Figura 117. Palácio do Governo no Rio de Janeiro (construção de 1738-1743). Das janelas os soberanos eram aclamados. Local onde D. Pedro I anunciou o que seria conhecido como o "Dia do Fico".

Figura 118. Ouro Preto. Antiga Casa da Câmara e Cadeia (1783). Atual Museu da Inconfidência.

No Rio de Janeiro, instalada onde atualmente funciona o Museu Histórico Nacional, o vice-rei Dom José Luís de Castro (1744-1819), segundo conde de Resende, aprovava, em 1792, a criação da Real Academia de Artilharia, Fortificações e Desenho.

A Academia Real Militar foi a primeira a ter preocupação com o ensino da arquitetura civil. Criada pela lei de 4 de dezembro de 1810, na cidade do Rio de Janeiro, pelo ministro do Reino Luso-Brasileiro Dom Rodrigo Antônio de Sousa Coutinho, conde de Linhares (1755-1812), substituía a Real Academia de Artilharia, Fortificações e Desenho. No Império passava a ser denominada de Academia Imperial Militar. Em 1839 ganhava o nome de Escola Militar.

Afilhado e herdeiro de Sebastião José de Carvalho e Melo (1699-1782), marquês de Pombal, cuja gestão foi exemplo perfeito de despotismo esclarecido, Dom Rodrigo Antônio de Sousa Coutinho, em 1790, quando ministro dos Negócios Estrangeiros, patrocinava a ida de estudantes brasileiros para a Universidade de Coimbra.

Dom Antônio de Araújo Azevedo (1754-1817), conde de Barca, considerado um dos intelectuais mais ilustres da Corte, encaminhava, em 1807, as máquinas impressoras inglesas para a imprensa no Brasil. Em 26 de março de 1816, inspirava a Missão Francesa chefiada pelo escritor e crítico de arte, diretor da Academia Francesa entre 1803 e 1815, Joachim Libreton (1760-1819).

A Missão Francesa composta pelos pintores Nicholas-Antoine Taunay (1775-1830), Jean-Baptiste Debret (1768-1848), autor da bandeira do império, e Félix Taunay (1795-1881), pintaram paisagem e acontecimentos da corte imperial. Pelo arquiteto Auguste Henri Victor Grandjean de Montigny (1776-1850), que, com composições equilibradas e simétricas reportando à Antiguidade greco-romana, trazia o estilo neoclássico, substituindo a tradição barroca (Figuras 119 e 120). Pelos engenheiros François Ovide e Pedro José Pezerat, os escultores Auguste-Marie Taunay (1768-1824), Marc Ferrez (1788-1850), o escultor e gravurista Zepherin Ferrez (1787-1851), o gravurista Carlos Simon Pradier, entre outros artistas, mecânicos, carpinteiros, serralheiros, ajudantes e artífices de diversas profissões.

Figura 119. Rio de Janeiro. Antigo prédio da Alfândega (1819-1820). Arcos na entrada e platibanda ocultando o telhado.

Figura 120. Montigny. Escola Nacional de Belas Artes, 1826. Pórtico com colunas retas e um triângulo sobre a fachada.

A Missão desembarcava no Rio de Janeiro, vindos do porto de Havre, para estabelecer o núcleo de neoclássicos franceses no Brasil. Influenciou a fundação, em 12 de agosto de 1816, da Escola Real de Ciências, Artes e Ofícios, que mais tarde passava a ser a Real Academia de Desenho, Pintura, Escultura e Arquitetura Civil. Promovendo a arte e a cultura, os artistas eram premiados com viagens de estudo à Europa. As igrejas deixavam de ser os únicos locais nos quais os artistas trabalhavam.

Dom Pedro I (1798-1834), por decreto de 12 de agosto de 1826, criava, tendo à frente o arquiteto Grandjean de Montigny, a Academia de Belas-Artes. Única durante um século, mais tarde denominada Academia Imperial de Belas-Artes. Sua sucessora, com o estabelecimento do regime republicano, a Escola Nacional de Belas-Artes, passava a ter um curso de arquitetura. Em 1945, sua denominação foi alterada para Faculdade Nacional de Arquitetura, modelo da École Beaux-Arts de Paris.

A Lei n.º 101 de 31 de outubro de 1835, durante a Regência (1835- 1837) do padre Diogo Antônio Feijó (1784-1843), em nome do Imperador, o Senhor Dom Pedro II (1825-1891), sancionava a construção da estrada de ferro interligando Rio de Janeiro, Minas Gerais, Rio Grande do Sul e Bahia.

Ao vencer terrenos acidentados, transpor rios e montanhas, a necessidade das construções de pontes, viadutos, túneis, arrimos, estações e outras edificações só possíveis com o domínio do cálculo das estruturas e do conhecimento do comportamento dos materiais empregados foi o embrião da tecnologia brasileira.

A partir de 1850, as ferrovias iniciavam sua expansão. Para a formação do corpo técnico de profissionais especializados para as novas técnicas de fabricação, montagem, quantificação, qualificação dos esforços estruturais e estabelecimento das dimensões necessárias para as peças resistirem aos esforços, a Academia Imperial Militar passava, em 1858, a ser a Escola Central, ainda subordinada ao Ministério da Guerra, e formava engenheiros civis.

Em 1874, a Politécnica do Império, saindo da esfera do Ministério da Guerra para o Ministério do Império, criava o primeiro curso de Engenharia de Minas e mantinha curso de arquitetura e desenho. Posteriormente chamada Escola Nacional de Engenharia (1837), alterada para Escola de Engenharia do Rio de Janeiro (1865), atualmente Escola Politécnica, pertencente à Universidade Federal do Rio de Janeiro.

Na interligação entre Rio de Janeiro e Minas Gerais situa-se o primeiro viaduto projetado por um engenheiro brasileiro. Executado com barras de trilho Barlow, conforme o projeto do engenheiro Jorge Rademaker Grunewald (1833-1907), o Viaduto do Retiro (1875), em rampa e com curva de 382 metros, sobre a Cachoeira do Poço Manso, tem 25 metros de altura e 108 metros de extensão vencidos com um arco de encontro em cada extremidade e cinco arcos centrais de 15,30 metros de comprimento.

Em 1876, foi instaurada, pelo Imperador Dom Pedro II, a *Escola de Minas de Ouro Preto*, em Minas Gerais, no mesmo padrão da École Nationale Supérieure des *Mines*. O professor francês Claude Henri Gorceix (1842-1919), indicado pelo geólogo Gabriel Auguste Daubrée (1814-1896), foi seu organizador e primeiro diretor. Gorceix cunhou a expressão: "Minas é um coração de ouro em um peito de ferro". Com o fim do Império, Gorceix voltou para a França. Em 1970 seus restos mortais retornaram ao Brasil, voltando para a Escola que fundou.

Na cidade de São Paulo, não obstante possuir argila, não havia fábricas de tijolos, as construções eram de taipa de pilão, ou de pau a pique e algumas de pedra. Não eram feitas para durar. A primeira olaria de tijolos, a Olaria Manfred, foi inaugurada em 1859. Assim, a taipa de pilão foi cedendo lugar, no último quartel do século, às construções mais sólidas, com tijolos enviados pelos ingleses e depois fabricados pelos italianos e cobertas por telhas vindas de Marselha, sendo as portas e as janelas importadas de países da Europa.

A Escola Politécnica de São Paulo (Figura 121), fundada em 1893, iniciava, em 1899, curso especial de Arquitetura, como ramo da Engenharia, modelo da École Polytechnique de Paris.

Figura 121. Prédio da antiga sede da Escola Politécnica na Praça Fernando Prestes, na cidade de São Paulo.

A Escola de Engenharia Civil Mackenzie na cidade de São Paulo (Figura 122), concebida em 9 de fevereiro de 1893 e efetivada em 21 de novembro de 1895 pelo médico e educador Horácio Manley Lane (1837-1897), subordinada aos padrões da *University of the State of New York*, iniciava, em 1917, curso especial de Arquitetura.

Os cursos de Arquitetura passavam a ter, em 1933, influenciados pela regulamentação das profissões de engenheiros e arquitetos, vida própria. No Rio de Janeiro, advinda da Escola Nacional de Belas-Artes, foi inaugurada em 1946 a Escola Nacional de Arquitetura.

Com o desmembramento do curso de Arquitetura da Escola de Engenharia, inspirado no Instituto de Belas Artes da Universidade da Pensilvânia, não atenta ao Bauhaus, nem à Escola de Chicago, foi instalada a 12 de agosto de 1947 a Faculdade de Arquitetura e Urbanismo Mackenzie com a posse do arquiteto, batalhador pelos direitos autorais, Christiano Stockler das Neves (1889-1982), como seu diretor, com o decidido apoio dos mestres norte-americanos que dirigiam a instituição. A Faculdade de Arquitetura e Urbanismo da Universidade de São Paulo nascia em 1948.

Figura 122. Edifício da Engenharia Mackenzie. Rua Maria Antonia. Hoje, prédio histórico da Universidade.

Com a permissão de outorgar títulos e qualificações profissionais, emitidos nos diplomas e sancionadas pelo Estado, em 1909, a primeira Universidade foi criada na cidade de Manaus. A Universidade do Paraná idealizada, em 1892, pelo historiador Rocha Pombo (1857-1933) foi instalada em 19 de dezembro de 1912, em Curitiba. A Universidade do Rio de Janeiro, em 1920, pelo decreto do presidente Epitácio Pessoa (1865-1942). A de Minas Gerais, em 1927. A de São Paulo e a do Rio Grande do Sul, em 1934. A da Bahia e a de Pernambuco, em 1946.

A Pontifícia Universidade Católica de São Paulo e a do Rio de Janeiro, ambas de 1946, e a Universidade Mackenzie, em 1952, em São Paulo, foram as primeiras universidades particulares.

Antes do século XIX, os cientistas eram de saber universal. Com a especialização do saber os estudiosos das ciências naturais e os filósofos separaram-se com cada qual sabendo pouco do trabalho do outro. Ocorreu um fosso entre a cultura filosófica-humanística e a científica-tecnológica. Comte acreditava que a especialização seria incapaz de enxergar o "espírito do todo", mas que a especialização era necessária para o progresso e que iria surgir um grupo que se especializaria em generalidades.

As inteligências são múltiplas; as habilidades são variadas. Por questão de método, a Universidade, com áreas isoladas, separadas, fragmentadas nos seus departamentos e institutos centrados em si mesmos, nada sabe o que vai no outro. Sem a capacidade de pessoas diferentes pensarem em coisas diferentes, sem a comunicação das ideias, o sentido de conexão se perdeu. A formação dos professores e pesquisadores, muitas vezes, se limita apenas aos aspectos teóricos e práticos das várias ciências sem propiciar orientações históricas e filosóficas fundamentais para suas práticas.

Com o predomínio da força do mercado e com projetos educacionais para treinamento tecnológico-profissional, com educação profissional ou técnica, a educação deixa de ser um fim em si mesma e passa a ser instrumento para alimentar o mundo do trabalho. Arquipélago, com muitas ilhas de conhecimento, formam doutores, as Universidades não formam intelectuais. Há a necessidade da interconectividade dos conhecimentos divididos, separados, dispersos e compartimentados. Juntas oferecem uma visão estereoscópica, o que é negado àqueles que se limitam à perspectiva de apenas uma disciplina. A especialização dentro de especialidades esvazia a criatividade. Informação não se transforma em conhecimento, informação e conhecimento não se transformam em saber. Saber é mais do que ser informado. É conhecer processos e associar os dados recolhidos pela informação e pelo conhecimentto. A organização disciplinar instituída no século XIX, desenvolvida no século XX, desencadeia a noção de fragmentação e especialização.

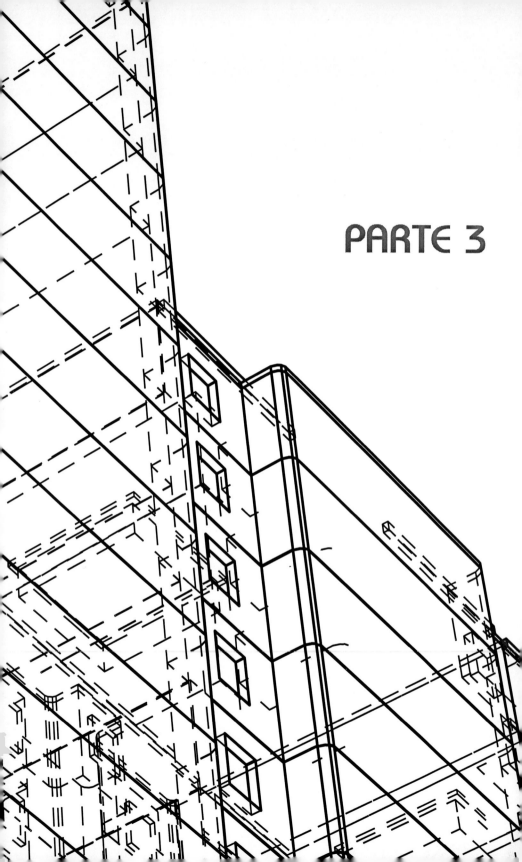

PARTE 3

18

O AVANÇO TECNOLÓGICO

Um dos encargos da ciência é descobrir, dominar, melhorar pouco a pouco a utilização da matéria. Entendendo por matéria o material e seu uso. Material importante na evolução humana é o metal, encontrado na crosta terrestre na forma de minério. O ferro, conhecido desde a Antiguidade, é o mais abundante. A fundição do ferro na Ásia Menor, em 1500 a.C., tornou-o o principal metal utilizado na fabricação das ferramentas e armas, modeladas originariamente segundo padrões do bronze. Exército com armas de ferro, modificado pelo carbono, apareceu no ano 1000 a.C. No final do século XI, havia no norte da China indústria produzindo ferro para uso militar. Construído por engenheiro húngaro chamado Orbán, os Otomanos, no cerco a Constantinopla, utilizaram um canhão de bronze que necessitava de bois para deslocá-lo e só podia ser acionado sete vezes por dia. Na arquitetura o ferro era utilizado como elemento de ligação nas alvenarias.

O livro *De La Pirotechnia*, de Vannoccio Biringuccio, dividido em dez partes, abordando os minerais, ligas da fundição, arte do ferreiro, foi publicado em 1540.

O médico Georgius Agrícola (1494-1555), "pai da mineralogia", escreveu *De Re Metallica*, obra ilustrada, publicada em 1556, baseada no conhecimento prático dos mineiros, bem como em suas leituras e observações. Doze capítulos detalham as operações de prospecção, administração, beneficiamento e o transporte de minérios. No Brasil inspirou, com 62 artigos baixados por Dom Felipe III (1578-1621), quando Portugal estava em mãos da dinastia filipina, o primeiro regulamento de exploração das minas. Sua obra *De Natura Fossilium*, de 1550, que classifica os materiais e introduz o termo "fóssil" — aquilo que é tirado da terra, cavado, escavado —, é considerada o primeiro manual sobre Mineralogia.

Com o florescimento das ciências dos materiais, foi possível manipular as propriedades da matéria, contrariamente ao passado, quando resignadamente se aceitavam suas propriedades naturais no estado bruto. Os processos técnicos nasciam e proliferavam. O ferro, primeiro material industrializado a ser aplicado nas edificações, tornava-se competitivo. A Primeira Revolução Industrial provocava uma explosão de inovações tecnológicas tendo como marcos significativos a máquina a vapor, o aço e o transporte por ferrovias.

Conhecimentos essenciais para o emprego adequado na engenharia decorria da Metalurgia, ciência que trata da produção dos metais a partir dos minérios e da tecnologia dos metais, por meio da Metalurgia Física, que estuda as propriedades do metal, sua estrutura, métodos de tratamento térmico e as propriedades físico-químicas. Com a exploração das possibilidades dos novos materiais, ferro, aço e concreto, novas técnicas de construção surgiam e permitiam a renovação na arquitetura.

19

AS FONTES DE ENERGIA

As fontes de energia conhecidas eram naturais. O movimento mecânico transformava-se em outro tipo de deslocamento mecânico. A energia humana de cortar, lavar, moer, serrar, pisotear, esmagar, triturar recebeu o auxílio da alavanca e das roldanas. A tecnologia, associada ao trabalho com metais, ajudava a produzir ferramentas. Até a invenção da roda d'água e dos moinhos de vento, no Egito Romano, no século I a.C., as fontes mais importantes de energia foram os animais forçados a prestar serviços. A hidráulica, conhecida pelos fins do século II a.C., com a construção de barragens, teve sua força aproveitada pela roda d'água. As geradas pelo vento, os moinhos de vento. A energia calorífica, pela queima da madeira e do carvão vegetal, transformava o movimento térmico em movimento mecânico. Com o cultivo da aveia e outras forragens, o boi foi substituído pelo cavalo, muito mais veloz e resistente à fadiga. Melhorado pela ferradura cravada, surgida nas estepes siberianas, e em lugar da correia no pescoço, a invenção de novo tipo de atrelagem, a coalheira, coleira rígida, vinda do século X, que libertando o pescoço permitia que o animal, sem ser estrangulado, puxasse cargas com mais eficiência. Atrelados em fila, quintuplicava o poder de tração.

Entre 1323 e 1380, para martelar o ferro, os moinhos hidráulicos e os foles acionados pela força da água produziam fortes correntes de ar gerando a elevação da temperatura, fundindo o ferro.

A escassez provocada pela devastação das reservas florestais desde o final da Idade Média, a lenha por se tornar rara e cara para fornecer carvão como combustível na fundição de metais, obrigava a procura de outras fontes de energia. A solução adveio com carvão de pedra, encontrado na Inglaterra, com poder calorífico maior. A mudança da lenha para o carvão mineral marcou a passagem da utilização de fontes renováveis de energia para o emprego de recursos fósseis.

A partir da primeira máquina a vapor da Escola de Heron, engenheiro do Egito Romano, passando por Torricelli e por uma cadeia de cientistas, inventores, chegou-se aos construtores de máquinas como Thomas Savery (1650-1715), engenheiro militar inglês que patenteou a bomba d'água acionada pela condensação do vapor dentro de um cilindro, e Thomas Newcomen (1664-1729), que projetou para uso comercial, em 1713, a máquina atmosférica com o propósito de bombear água para fora das minas de carvão inundadas.

A energia a vapor, tecnologia de uso geral, podia ser aplicada em várias finalidades e foi aprimorada. Instrumento da multiplicação da força ocorreu, em 1769, com a máquina a vapor (Figura 123) de James Watt (1736-1819). Ao acionar outras máquinas por meio de correias de transmissão, o ar sob grande pressão, junto com carvão, tornava-se uma importante fonte de energia. Foi o marco significativo da Revolução Industrial.

Invenção essencialmente empírica. Ao substituir os moinhos de vento e as rodas d'água em fábricas construídas junto a rios e cachoeiras, facilitava a produção de maneira contínua de grandes quantidades de ferro. Sua utilização iniciava, em 1801, a divisão do trabalho e a linha de produção em série de Marc Isambard Brunel (1769-1849). Início da sociedade moderna urbana e industrial.

Continuando suas experiências, em 1782, Watt, com o motor rotativo, inventava nova maneira de produzir energia. As aplicações da máquina a vapor, então restritas à extração de água, à ventilação das minas e à insuflação do ar nos fornos metalúrgicos, passava, também, a propiciar força motriz para o transporte terrestre e marítimo. James Watt, sem formação científica formal, foi eleito, em 1785, membro da *Royal Society*.

Figura 123. Réplica da máquina a vapor de Watt.

Questões técnicas resolvidas para propiciar o surgimento da máquina a vapor ocorriam graças aos conhecimentos práticos de laboratório. Aliado às teorias científicas, o oficial de engenharia francês Sadi Carnot (1796-1832), em 1824, publicava suas *Reflexões sobre a potência motriz do fogo*. Fornecia o arcabouço matemático e explicava o funcionamento, melhorava o rendimento e elaborava a teoria da relação entre o calor e o trabalho. Foi o precursor da Termodinâmica, que apareceria em 1840.

# 20

O FERRO

O ferro, na natureza, apresenta-se combinado com o oxigênio na forma de óxido. Os egípcios assim como os assírios e os dóricos aprenderam com os hititas a utilizar o método de fundir o minério de ferro para a fabricação de armas e utensílios. Em buracos escavados forrados de pedras, a obtenção do ferro era praticada em terrenos de encosta pela queima do minério de ferro triturado com madeira ou carvão vegetal. Utilizavam, para a agilização do processo, o abano. Com o transcorrer dos tempos, em vez do buraco escavado, construíram o forno permanente de tijolos. Para aumentar o calor necessário à fundição, utilizavam os foles manuais manufaturados com couro ensebado.

Até o final da Idade Média a quantidade saída das fornalhas era pouca e de alto custo. Armaduras, espadas, machados, arados, ferraduras eram produzidos artesanalmente. A necessidade de ferramentas para a agricultura obrigava as indústrias metalúrgicas a se expandirem, convertendo o ferro fundido em ferro maleável. Novas máquinas para manufatura da lã, de fiar e tecer algodão foram desenvolvidas, contribuindo para a mecanização da indústria têxtil, substituindo os equipamentos de madeira, procedentes dos mosteiros.

Originária da Espanha, o processo direto para obtenção do ferro, a denominada Forja Catalã da Idade Média, evoluía. Produzia ferro maleável pronto para utilização na bigorna, a golpes de malho. Com altura de 1,50 metros e foles manuais, após cinco horas a parede lateral era derrubada e uma bola de ferro extraída do seu interior. O forno, reconstruído, recebia nova carga. A forja se espalhou pelas regiões da atual Alemanha, Inglaterra e França. Quantidades maiores de ferro resultavam com os foles acionados por juntas de cavalos.

No século XV, com altura de três metros, assomava o Forno Stuckofen. Dentro do forno, foles movidos por força hidráulica ativavam o carvão de madeira. O ferro líquido, juntamente com a escória, saía por aberturas inferiores. O ferro obtido era a gusa. Conduzido a um segundo forno, denominado de refino, tornava-se maleável.

O carvão vegetal, fonte de combustível essencial para as primeiras máquinas a vapor, era obtido por destilação seca da madeira em fornos especiais, ocasionando o desmatamento e a diminuição das florestas que circundavam as minas de ferro. Sua produção era limitada e de alto custo.

Em 1709, em fornos especiais na fundição de Coalbrookdale, Abraham Darby I (1676-1717) fez experimentos com carvão mineral obtido por destilação a seco, à temperatura de 1.100 °C. No final do século XVIII, um dos constituintes voláteis removidos pela queima, o gás de carvão, passava a ser usado para a iluminação das vias públicas.

O carvão mineral, ao contrário do carvão vegetal, contém enxofre, que na fundição combinando com o ferro tornava o ferro fundido econômico, mas impróprio para a forja.

Entre 1735 e 1750, devido a Abraham Darby Filho (1711-1763), com dez metros de altura, semelhante ao Forno Stuckofen, despontava o Forno Siderúrgico. Empregando carvão mineral com pequena quantidade de enxofre, produzia ferro apropriado para a forja. A máquina a vapor, inventada por Thomas Newcomen, substituía os foles.

O ferro, aplicado como elemento de reforço, com o barateamento da produção, passava a servir tanto à construção civil como à industrial. Em 1779 Abraham Darby III (1750-1791) construía as peças e montava a primeira ponte de ferro fundido, em Coalbrookdale, na Inglaterra. A *Iron Bridge* atravessa o rio Severn, com arco de 30,5 metros (Figura 124).

Figura 124. Iron Bridge. Inglaterra, 1779. Vão de 30,5 metros.

Em 1784, Henry Cort (1740-1800) introduzia o sistema que convertia o ferro fundido em ferro maleável. Pela combustão em forno especial ocorria a eliminação das impurezas do ferro fundido e do carbono. Processo que deu origem à laminação, ao alto-forno, ao martelo a vapor, aos tornos mecânicos e às máquinas fabricadas com ferro. No alto-forno, torre cilíndrica forrada com tijolos refratários resistentes ao calor, a partir do minério de ferro, o ferro era fundido produzindo o ferro-gusa.

Substituindo o martelo de forja no acabamento de barras de ferro para a produção de trilhos, processos de laminação, invento de Cort, em 1786, seguia o sistema da pudlagem. No começo do século XX chegam os perfis U, T, I, L e as chapas de ferro.

John Wilkinson, em 1787, construía uma barcaça de ferro em Severn. Em 1807, nos Estados Unidos, o barco a vapor *Clearmont*, devido a Robert Fulton (1765-1815), navegava de Nova York a Albany no rio Hudson, substituindo o veleiro.

A locomotiva a vapor (1814), símbolo da era industrial, graças a George Stephenson (1781-1848), substituía as carruagens, as carroças, as tropas de carga e as vagonetas movidas a tração animal. Rodava sobre primitivos trilhos de madeira, depois de ferro fundido e mais tarde aço. A revolução nos transportes foi dada, em 1829, por Robert Stephenson, filho de George, com a *The Rocket* (Figura 125) para transporte de passageiros. Alcançava a velocidade de 50 km/h entre as cidades de Manchester e Liverpool, na linha férrea de quarenta e oito quilômetros.

Figura 125. Réplica da locomotiva Rocket. Fabricada pela The Robert Stephenson & Company.

Em 1821, o *Aaron Mamby*, barco de ferro movido a vapor, navegava pelo canal da Mancha e pelo rio Sena. Navios projetados por Isambard Kingdom Brunel (1806-1859), o *The Great Western*, em 1838, era o primeiro a cruzar regularmente o Atlântico, e, em 1866, o *The Great Eastern* estendia o primeiro cabo telegráfico transatlântico.

Em 1828, James Beaumont Neilson (1792-1865) inventava o processo de insuflar ar quente. No forno de 18 metros de altura, com a mesma quantidade de coque, resíduo sólido componente da hulha utilizada como combustível em vez do carvão, triplicava a produção de ferro. Em 1835, com a parte superior do forno fechada, gases passavam a aquecer o ar insuflado.

O consumo de duzentas toneladas de ferro para cada quilômetro de linha impulsionava as indústrias de ferro e carvão. A Grã-Bretanha passava a ser geradora da técnica, da tecnologia, da produção industrial de material para as ferrovias e difundia as construções ligadas às redes ferroviárias.

Em 13 de junho de 1846, com discurso do barão James Mayer de Rothschild (1792-1868), uma locomotiva, seguida por outras duas, cada uma composta de vinte vagões abertos, inaugurava a ferrovia Paris-Bruxelas, de 330 quilômetros de extensão, em uma viagem de doze horas. Logo depois, a linha interligaria Paris a Calais, no Canal da Mancha, onde uma embarcação a vapor levaria à Inglaterra. Símbolo do progresso industrial e da modernidade, a ferrovia, assegurando uma ligação de alta velocidade, passava a unir povos e pessoas disseminando ideias e criações artísticas. Início de uma nova era para a cultura. Unindo países foi decisiva na abertura de mercados em uma escala continental!

Na tridimensionalidade das edificações, a disposição da estrutura metálica requer cortes e uniões dos perfis padronizados. Atendendo as facilidades de mão de obra, montagem, custo e execução, as ligações, transferindo as forças entre os perfis, são desempenhadas por meio de solda ou parafusos. Até a Segunda Guerra Mundial, o rebite foi o meio utilizado.

21
O AÇO

À maneira do alquimista da Idade Média, que tentava transformar metais não nobres em ouro e prata, assim também o trabalhador do ferro tentava transformar, pelas suas propriedades físicas de durabilidade, resistência e plasticidade, o ferro em aço. Com o desenvolvimento da química, em 1786, Torbern Olof Bergman (1735-1784) e Joseph Priestley (1733-1804) haviam descoberto a formação do aço com a absorção do carbono pelo ferro fundido. Priestley, pioneiro da história da ciência, foi o descobridor do gás (1774) que Antoine Lavoisier (1743-1794), o fundador da química científica, denominou de oxigênio, do grego *oxys-genes*, que gera azedo. Lavoisier eleito membro da *Royal Society* em 1788, teve um fim desafortunado, foi levado para a guilhotina em 8 de maio de 1784, durante a Revolução Francesa.

O aço era conhecido e utilizado, em pequenas quantidades, há tempos. Seu emprego em grandes volumes ocorreu pelo conversor introduzido pelo engenheiro Henry Bessemer (1813-1898). Patenteado em 1856, permitia, por experimentação, com pouco fundamento teórico, a fabricação do aço fundido em grande escala. A escória saída do alto-forno tinha aplicação na fabricação do cimento e na base para pavimentação.

A partir de 1867, o forno de regeneração de calor, fruto dos estudos realizados pelos irmãos engenheiros alemães Friedrich Siemens (1826-1904) e William Siemens

(1823-1883) e do engenheiro francês Pierre Martin (1824-1915), fundindo grandes cargas de aço, tornava-se concorrente do conversor de Bessemer.

Por terem o revestimento do recipiente material ácido, tanto o conversor de Bessemer como o forno Siemens-Martin aceitavam apenas minérios de ferro relativamente puros. O fósforo, que o procedimento Bessemer não eliminava, causava a fragilidade e a inutilidade do aço produzido. Por existir mais mineral de ferro com fósforo do que sem fósforo, o procedimento Bessemer necessitava de complemento. A solução ocorreu vinte anos mais tarde, em 1879, removendo o fósforo prejudicial com o emprego do revestimento básico. Descoberta científica de Sidney Gilchrist Thomas (1850-1885).

A produção de aço aumentou (Figura 126), o custo diminuiu e depósitos de minério de ferro com alto teor de fósforo foram explorados. Na Inglaterra, em 1740, a produção de ferro fundido foi de 17.350 toneladas. A produção cresceu graças à tecnologia e a possuir, em território economicamente próximo, jazidas de minério de ferro e de carvão de pedra, que propiciavam a localização dos complexos siderúrgicos. Processos tecnológicos favoreciam a constituição de grandes empresas e a produção, em 1880, passava a 1.440.000 toneladas anuais. Metade da produção mundial. A cidade de Birmingham tornava-se o centro metalúrgico.

Figura 126. Representação artística da produção do aço.

Dos países europeus que possuíam depósito de hulha, foi, na França, em 1781, o primeiro forno a entrar em funcionamento e, em 1789, na Alemanha. Ambos instalados pelo engenheiro inglês John Wilkinson (1728-1808), "que viveu entre ferro, sonhou com ferro e foi enterrado em um caixão de ferro".

Nos Estados Unidos, no início do século XVII, foi encontrado depósito de hulha. Em 1838, iniciava a produção com alto-forno a carvão natural. Em 1853, montava o seu primeiro alto-forno a coque. Na década de 1880-1890 a produção dos seus altos-fornos tornava-se a maior do mundo. Dos cinquenta Estados americanos, a maioria possuía hulha de boa qualidade.

Na época de Abraham Darby, não se acreditava que se pudesse construir pontes de ferro. As pontes eram de madeira ou de pedra. A torre que Eiffel construiu, não se imaginava que resistiria à fúria da natureza.

Empreendedores procuravam melhorar a qualidade do material, barateando e conquistando novos campos de utilização. Em Berlim, 1890, os irmãos Mannesmann produziam tubos de aço laminado sem solda.

Quando exposto ao fogo a estrutura metálica perde resistência. À 550°C, o aço tem a capacidade reduzida à metade. Para proteção, por exigência da legislação, são revestidas com materiais não inflamáveis.

Pela presença no meio ambiente do oxigênio e da água, o aço sofre corrosão ocasionando redução da área transversal. A corrosão é reduzida adicionando na composição do aço elementos químicos apropriados. Nos ambientes agressivos industrial, rural, marinho aplicam-se, quando da realização da estrutura, esmaltes, vernizes, tintas e plásticos que fixam camadas protetoras impermeáveis na superfície exposta.

22

A SIDERÚRGICA NO BRASIL

Desde o início da colonização a atividade metalúrgica no Brasil era exercida pelos artífices funileiros, caldeireiros, ferreiros com matéria-prima importada. Tentativas esparsas de fundição de ferro foram interrompidas pela famosa ordem régia de 1785, quando a Coroa portuguesa, com base em um acordo com a Coroa inglesa, vedava o exercício de qualquer indústria na Colônia.

No auge do Ciclo do Ouro, em Alvará de 5 de outubro de 1785, a rainha Dona Maria I de Portugal (1734-1816) ordenava, terminantemente, a extinção e abolição de todas as fábricas no território brasileiro, fazendo saber: "que tendo-me presente o grande número de fábricas, e manufaturas, que de alguns anos a esta parte se têm difundido em diferentes Capitanias do Brasil, com grave prejuízo da cultura, e da lavoura, e da exploração das terras minerais daquele vasto continente; porque havendo nele uma grande e conhecida falta de população, é evidente, que quanto mais se multiplicar o número dos fabricantes, mais diminuirá o dos cultivadores; e menos braços haverá, que se possam empregar no descobrimento e rompimento de uma grande parte daqueles extensos domínios, que ainda se acha inculta, e desconhecida [...] produções da terra, as quais somente se conseguem por meio de colonos, e cultivadores e não de artistas, e fabricantes". O simples fato de saber fundir o metal era suficiente para tornar alguém suspeito de ideias extremamente subversivas. Os portos eram fechados ao comércio com qualquer país, salvo Portugal. Proibida era a manufatura e abertura de estradas devido ao contrabando de ouro e de pedras preciosas. A economia permanecia extrativista e mercantilista quando já ia avançada a Revolução Industrial.

O alvará foi revogado em 1795, dez anos depois, pelo príncipe Dom João, como regente do Reino, que passaria a assinar-se Dom João VI (1767-1826), quando assumiu o trono português. Com a abertura dos portos, em 1808, e a abdicação do monopólio comercial dos portugueses, liberando a instalação de fábricas na Colônia, fomentava a criação de várias atividades econômicas.

Apesar de ser o segundo produtor mundial e possuir a quinta maior reserva de minério de ferro com o maior teor de pureza, somente três estados brasileiros possuem carvão mineral e ainda assim de baixo teor calorífico. Paraná, Santa Catarina (responsável por 80%, só tem uso na siderúrgica depois de lavado e misturado a carvão estrangeiro) e Rio Grande do Sul. As reservas de minério de ferro, rochas com elevado teor ferrífero, concentram-se nos estados do Pará com 55% e Minas Gerais com 42%. A falta de carvão mineral retardou, por ser à época praticamente a única fonte de energia, o desenvolvimento inicial das indústrias brasileiras. A importação tornava-se um peso sobre a balança de pagamentos. Os países industrializados, que produziam o carvão e matérias-primas para as indústrias básicas, não tinham interesse em exportá-los para os países que pudessem competir com seu mercado industrial.

No século XIX fez-se, na Capitania de Vila Rica, grande movimento em prol da fundição de ferro. Figuras exponenciais foram Wilhelm Ludwig von Eschwage (1777-1855) e o Intendente Câmara (1762-1835).

Uma das antigas fábricas de ferro, a primeira de altos-fornos tipo catalão do Brasil, foi a *Real* e depois Imperial Fábrica de Ferro de São João de Ipanema (Figura 127). Projetada pelo fundidor alemão Friedrich Ludwig Wilhelm Varnhagen (1782-1842), (pai do historiador Francisco Adolfo de Varnhagen, futuro visconde de Porto Seguro) do Real Corpo de Engenheiros do Reino e seu diretor entre 1815 e 1821. Vertia em 17 de fevereiro de 1818 o primeiro ferro-gusa.

Figura 127. Criada por Carta Régia de 4 de dezembro de 1810, no atual município de Iperó, no interior do estado de São Paulo.

Após estudos de viabilidade de extração e produção, utilizava o minério de ferro, descoberto em 1589 pelos Afonso Sardinha (pai e filho), extraído da montanha Araçoiaba. O minério, por sua quantidade de fósforo e titânio, elemento então recém-descoberto, era de baixa qualidade, e as peças obtidas quase sempre se mostravam quebradiças. O estudo completo desse minério foi feito mais tarde por Orville A. Derby (1851-1915), doutor pela Universidade de Cornell, em 1874, considerado "o pai da geologia no Brasil". O carvão era obtido pela queima de madeira nobre da região. Circunstâncias várias, como as crises durante a Revolução Liberal em 1842 e problemas de gestão, levaram a encerramentos e reinícios numerosas vezes. Em 1895 foi determinado o fechamento de suas atividades, e a extinção definitiva, em 1913.

Irineu Evangelista de Sousa (1813-1889), o barão de Mauá (1854), depois visconde de Mauá (1874), um dos mais argutos empresários do seu tempo, adquiria, em 1846, uma pequena fundição e estaleiro da Ponta da Areia, em Niterói. Foi a primeira grande indústria brasileira. Construía, entre 1850 e 1861, engenhos de cana, setenta e dois navios a vapor e a vela. Entre 1874 e 1884, não podendo lutar contra a concorrência dos produtos importados, encerrava as atividades.

Os transportes terrestres eram por tropas de mula ou por carros de boi e, na ausência, por homens. Com chuvas, as carroças e as mulas atolavam no barro. O advento do ciclo econômico do café passava a exigir transportes melhores. A implantação das estradas de ferro, como principal meio de transporte, ocasionava as primeiras obras em estruturas metálicas.

Ainda por iniciativa de Irineu Evangelista de Sousa, com estudos e projetos desenvolvidos por três engenheiros britânicos, construía a primeira ferrovia no Brasil. A Imperial Companhia de Estrada de Ferro de Petrópolis, no trecho com 14,5 quilômetros de extensão. Iniciada em 29 de agosto de 1852, inaugurada em 30 de abril de 1854, interligava a cidade do Rio de Janeiro a Petrópolis. Dispunha de três locomotivas alimentadas a lenha. A primeira composição foi tracionada pela locomotiva fabricada na Inglaterra, apelidada *Baroneza*. A Estrada de Ferro Mauá, incorporada à **Estrada de Ferro Leopoldina**, foi desativada na década de 1960. Em uso até os dias atuais, a ponte Paraíba do Sul, de 1857, no estado do Rio de Janeiro, executada pelo processo do engenheiro Dadgson, com ferro da fundição Ponta da Areia, tem cinco vãos de trinta metros em arco treliçado e vão de seis metros.

Em 1835, o comerciante da cidade de Santos Frederico Fomm apresentava a ideia de transportar por trilhos, em vez de trilhas, as cargas de café das cidades cafeeiras de São Paulo para o porto de Santos. Com recursos ingleses, entre outros, de Lionel de Rotschild (1808-1879), nascia, em 1856, a **The São Paulo Railway Company, Limited**, apelidada de Inglesa. Com a concessão de uso por 90 anos, foi a primeira ferrovia do estado de São Paulo e a quinta do Brasil.

A **Estrada de Ferro Santos-Jundiaí**, com as obras iniciadas no dia 15 de maio de 1860, em Santos, com cento e trinta e nove quilômetros de extensão, interligava as cidades de Santos, São Paulo, Jundiaí. Na distância entre as cidades de São Paulo e Santos, com barreiras naturais, a transposição dos setecentos metros do trecho da serra do Mar foi pelo sistema funicular. A viagem experimental aconteceu no dia 7 de setembro de 1865. A inauguração na extensão total deu-se em 6 de fevereiro de 1867.

Em 1872, a *Companhia Paulista de Estrada de Ferro*, com capitais privados nacionais, interligava Campinas à Estrada de Ferro Santos - Jundiaí. Irineu Evangelista de Sousa (barão de Mauá), José da Costa Carvalho (1796-854) (marquês de Monte Alegre) e José Antônio Pimenta Bueno (1803-1878) (marquês de São Vicente) foram os empreendedores.

Em 1880, no sul do estado de Santa Catarina, também com investimento inglês, foi iniciada a construção da *Estrada de Ferro Teresa Cristina*. Inaugurada em 1º de setembro de 1884, com oito locomotivas e cento e cinquenta vagões especiais para o transporte de carvão. No trecho inicial, de 111 quilômetros, foi construída a maior ponte de ferro da América do Sul, com 1.430 metros de extensão. O carvão local, pelo seu alto teor de impureza, era imprestável para exploração. No ano de 1902, a ferrovia passava à direção do governo federal. Carvão de melhor pureza descoberto em Criciúma proporcionava a retomada da sua atividade, em 1923.

A *Estrada de Ferro Curitiba-Paranaguá* (Figuras 128, 129 e 130), ousada obra de engenharia, passa por 14 túneis escavados manualmente, 78 pontilhões, 72 pontes e viadutos executados à base de pás, picaretas, enxadas e carrinhos de mão, em terreno que não dispunha de levantamento topográfico e caminhos para transporte do material. Iniciada em 1880, foi inaugurada em 2 de fevereiro de 1885 com 110 quilômetros de trilhos, importados da Bélgica. Obra projetada por: engenheiro militar Antonio Pereira Rebouças Filho (1839-1874), engenheiro Francisco Antonio Monteiro Tourinho (1837-1885), engenheiro Maurício Schwartz e engenheiro Antonio Ferrucci, na direção da construção, substituído no final das obras pelo engenheiro João Teixeira Soares (1848-1927). Em 9 de novembro de1889, Dom Pedro II outorga ao engenheiro João Teixeira Soares a concessão da Estrada de Ferro São Paulo-Rio Grande com 1.403 quilômetros de extensão.

Figura 128. Estrada de Ferro Curitiba-Paranaguá.

Figura 129. Estrada de Ferro Curitiba-Paranaguá.

Eduardo R G Ciccarelli

Figura 130. Estrada de Ferro Curitiba-Paranaguá.

A construção metálica iniciou-se no final do século XIX, com a implantação das ferrovias pelos ingleses e, consequentemente, a importação de trilhos, estações, galpões, pontes, parafusos, caminhões, máquinas, escavadeiras e todo o material necessário. Da França, Inglaterra e Bélgica dos mercados públicos pré-fabricados.

As primeiras construções com estruturas metálicas completas chegavam ao Brasil por volta de 1870. Escolhidas pelos compradores, nos catálogos dos fabricantes, importadas sob encomenda, eram realizadas utilizando rebites ou parafusos. Na cidade de Bananal, no estado do Rio de Janeiro, foi montada a estação ferroviária, em 1888. O catálogo do Sistema Danly, de fabricação belga, fornecia o Mercado São José, na cidade do Recife.

O catálogo Walter MacFarlane & Co, Glasgow, da Escócia, fornecia, para a cidade de São Paulo, a **Estação da Luz** (Figuras 131 e 132), marco arquitetônico da cidade, inaugurada no dia 1º de março de 1901. Construção de ferro fundido (1895-1901), com materiais integralmente importados. Pregos, parafusos, porcas, tijolos, madeiras, telhas, cerâmicas, vidros foram despachados por via marítima. Réplica da estação de Sydney, Austrália, a arquitetura de grande riqueza decorativa com 9.500 metros quadrados de área. Seu saguão principal, luxuoso e requintado, com vão de 39 metros, comprimento de 150 metros e altura de 25 metros e grades de ferro servindo de segurança, ornamentadas por ramos com grãos de café. A torre de 60 metros era a mais alta da cidade, e como destaque o relógio de 3,3 metros de diâmetro, uma referência urbana. Projeto do arquiteto britânico Charles Henry Driver (1832-1900) e projeto estrutural elaborado pelos engenheiros Daniel Makinson Fox (1830-1918) e Alexander Mac Kerrow.

Figura 131. Estação da Luz. Estilo eclético, mistura de estilos consagrados. Recuos e reentrâncias de janelas e paredes.

Figura 132. Estação da Luz, cobertura em arco com ferro fundido.

A *Ponte Pênsil de São Vicente* (1914), importada da Alemanha, executada com vão de 180 metros, largura de 6,5 metros, altura da torre 23 metros, visava à sustenção das tubulações de esgotos nas cidades de Santos e São Vicente (Figura 133).

Figura 133. Ponte Pênsil de São Vicente (SP).

A **Ponte Pênsil Hercílio Luz** (1926), na cidade de Florianópolis, importada dos Estados Unidos, executada com 822 metros de comprimento, sendo 340 metros de vão com torres de 70 metros de altura (Figura 134).

Figura 134. Ponte Pênsil Hercílio Luz, Florianópolis (SC).

A primeira produção de lingotes de aço ocorria, em 1917, na Companhia Ferrum, no Rio de Janeiro. Em 1920, após a visita do rei da Bélgica, nascia a ideia da instalação, concretizada no ano seguinte na cidade de Belo Horizonte, da Companhia Siderúrgica Belgo-Mineira, para produzir fio, arame farpado e perfis leves.

Por volta de 1930, o aço importado era utilizado em maior quantidade nas construções industriais. A partir de 1950, com a indústria automobilística, acontecia estagnação para as construções civis.

Apesar da riqueza em minério de ferro e de ser o grande exportador, o Brasil esteve atrasado tanto no que se refere ao processo de industrialização de materiais metálicos quanto na elaboração de projetos. A falta de aço laminado frustrava o desenvolvimento da construção metálica. As escolas de engenharia não tinham em seus currículos essa especialização, com exceção da Escola de Engenharia Mackenzie, que, antes da década de 1940, já oferecia as disciplinas Estruturas de Pontes Metálicas.

Em 1940, pelo Decreto-Lei n.° 2.054, no dia 4 de março, foi instituída a Comissão Executiva do Plano Siderúrgico Nacional. Na véspera da entrada do Brasil na Segunda Guerra Mundial, recebia financiamentos para a siderúrgica em troca da construção de bases militares norte-americanas em território brasileiro.

No dia 9 de abril de 1941, foi fundada a Companhia Siderúrgica Nacional. Oficialmente inaugurada em 12 de outubro de 1946, com 70% de hulha importada, passava a produzir em alta escala, chapas, trilhos e perfis nas bitolas americanas. Foi precursora da industrialização no Brasil.

Para a exploração de minérios, o governo brasileiro encampava as reservas de ferro nas glebas de terra próximas a Itabira, no estado de Minas Gerais, adquiridas em 1911, pelo empresário americano Percival Farquhar (1865-1953). Nascia, no dia 1° de junho de 1942, a Companhia Vale do Rio Doce.

Para a formação de mão de obra qualificada empregada no ciclo completo das estruturas de aço e difundir o uso nas construções, a Companhia Siderúrgica Nacional criava, em 1953, o departamento Fábrica de Estruturas Metálicas. Em 1955, a produção de aço no Brasil chegava a 1.700.000 toneladas anuais, a mesma produção da Inglaterra de 1880. Atualmente, com operações integradas por minas, usina, ferrovias e portos, a Companhia Siderúrgica Nacional tem capacidade de produção instalada de milhões de toneladas anuais de aço.

Em 1960, com a importação do coque estrangeiro empregado com o coque nacional, entravam em operação a Usiminas — Usina Siderúrgica de Minas Gerais e a Cosipa — Companhia Siderúrgica Paulista. Para o desenvolvimento em escala, necessitava preparar as vias férreas, incluindo o alargamento de túneis, incentivos ao reflorestamento para obtenção do carvão vegetal, a exploração do carvão mineral em Santa Catarina e a concordância dos Estados Unidos em exportar o carvão mineral.

Na década de 1990 as empresas siderúrgicas aumentavam a produção e oferta de perfis e chapas metálicas. Divulgavam novas tecnologias relativas ao emprego do aço nas construções. Desenvolviam, em vários estados do país, projetos inovadores com características muito diversificadas, utilizando o aço como material estrutural.

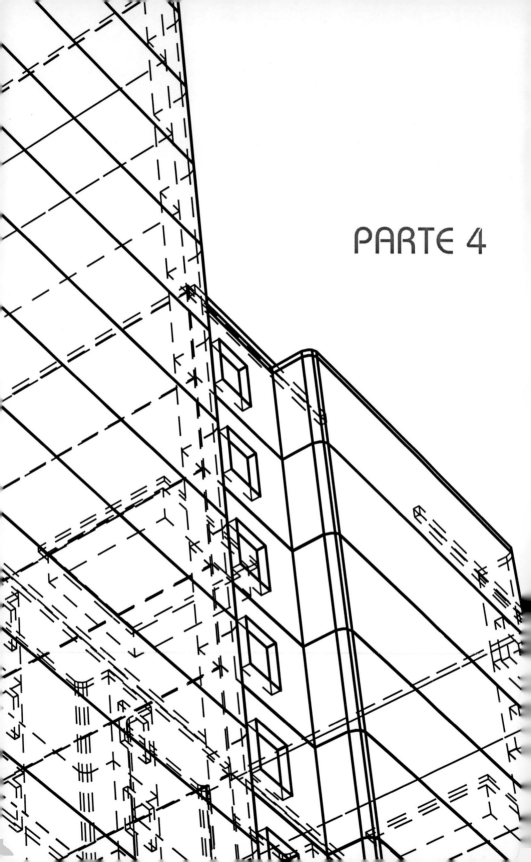
PARTE 4

23

A ANÁLISE ESTRUTURAL

A Teoria permite explicar e demonstrar "*coisas*" realizadas mediante a habilidade prática e a disposição racional. A Teoria das Estruturas — agrupamento de conhecimentos elaborados e sistematizados que unifica os fenômenos oferecendo meios que permitam averiguar os problemas a vencer —, constituída pela mecânica, pela segurança e pela concepção estrutural, está em contínuo desenvolvimento:

- à mecânica incumbe o estudo no campo das tensões, deformações, deslocamentos produzidos por ações específicas e estabilidade do equilíbrio;
- à segurança das estruturas, a introdução dos critérios de segurança no projeto estrutural;
- à concepção estrutural, o estudo da funcionalidade, estética e economia. Visa à funcionalidade estrutural, à economia, processo e facilidades de execução, estética, interferências com outros aspectos da obra, prazo, escolha do material e do sistema estrutural.

Para a elaboração do projeto estrutural são considerados:

- a representação da estrutura — modelo que simula a situação real. Visa à determinação dos esforços de dimensionamento, antes realizado manualmente, hoje, computacionalmente;
- ações e combinação das ações aplicadas na estrutura;

- definição dos critérios de segurança que devem ser satisfeitos;
- comportamento mecânico, com a obtenção dos efeitos (tensões, deformações, deslocamentos), devido às ações aplicadas, e a verificação da estabilidade;
- segurança com o dimensionamento otimizado da estrutura e o detalhamento adequado.

O comportamento mecânico e a segurança provocam trabalhos numéricos, que relacionados aos engenhos de cálculo limitam a possibilidade prática de analisar, influenciando na concepção da estrutura. Antes do advento da calculadora, a concepção estrutural limitava-se às estruturas reticulares com base em modelos físicos ou na intuição associada à experiência anterior. Preponderavam os processos gráficos.

Com as calculadoras, os processos gráficos foram, pouco a pouco, substituídos por processos numéricos. Para vigas contínuas e pórticos são típicos os fundamentados na Energia de Deformação e no Processo de Cross.

A partir dos primeiros computadores pessoais criados pela indústria Olivetti em Ivrea, cidade na província de Turim, pelo engenheiro Pier Giorgio Perotto (1930-2002), apresentado na feira de Nova York, em 1965, desenvolvem-se estudos de otimização e automação. Como consequência, exige-se mais percepção estrutural, maior conhecimento, sólidos conceitos, domínio da teoria das estruturas, saber o que está sendo feito em cada análise e por que essa análise está sendo realizada.

24

OS ENGENHOS DE CÁLCULO

O estudo para a determinação dos esforços e das deformações, a que as estruturas ficam submetidas, requer operações matemáticas que fornecem protótipos capazes de gerarem modelos que ocorrem no mundo real.

As operações matemáticas do cálculo estrutural pelo processo analítico eram feitas mediante o uso de Tábuas de Logaritmos, invenção de 1614 devida ao matemático John Napier (1550-1617). Por meio dos logaritmos, as operações eram transformadas em somas e diferenças.

Inventadas, em 1622, pelo matemático e um dos principais astrólogos inglês da Universidade de Oxford, William Oughtred (1574-1660), e apresentadas em 1632, chegaram em 1654 com modelos circulares e lineares as tábuas de logaritmos esculpidas em madeira. Permitiam que as operações matemáticas fossem efetuadas por duas escalas logarítmicas, que se deslocavam uma em relação à outra. Denominadas como réguas de cálculo simplificavam o cálculo dos horóscopos.

A Pascaline (Figura 135), de Blaise Pascal (1623-1662), construída em 1642, foi o primeiro engenho destinado ao cálculo diferente do ábaco. Máquina calculadora feita de bronze, com quarenta centímetros de comprimento por vinte centímetros de largura, em cuja superfície foram fixadas seis rodas numeradas, permitia as operações básicas da soma e subtração.

Figura 135. Pascaline. Máquina mecânica.

Em 1673, Gottfried von Leibniz (1646-1716) demonstrou à Royal Society a máquina que permitia operações da multiplicação. Deve-se a Leibniz a numeração binária com os símbolos, 0 e 1, aplicada na teoria da computação e empregada por George Boole (1815-1864) na algebrização da lógica e utilizada pelos pioneiros da computação digital.

Joseph Marie Jacquard (1752-1834), em 1801, criou o sistema de cartões perfurados para o controle de máquinas têxteis, advindo daí a programação de dados.

Charles Xavier Thomas de Calmar (1785-1870), em 1820, inventou a calculadora para as quatro operações matemáticas. Máquinas puramente mecânicas.

As modernas réguas de cálculo tiveram, em 1859, no engenheiro Amédée Mannheim (1831-1906), oficial da artilharia da França, o seu idealizador. William Cox revolucionou, em 1890, colocando certo número de escalas, bem divididas e com precisão, nos dois lados da régua, podendo, com auxílio do cursor, resolver uma infinidade de problemas incluindo multiplicação, divisão, funções trigonométricas, funções logarítmicas, radiciação, facilitando o cálculo, dispensando tabelas e cálculos manuais. A desvantagem estava na necessidade de cálculos prévios, aproximados, da resposta do problema, para a localização da vírgula. No Brasil, o início sistemático do uso das réguas de cálculo deu-se por volta de 1910.

A eficiência das réguas de cálculo começava a perder preponderância com as calculadoras, que de equipamentos mecânicos passavam a elétricos e, a partir de 1970, eletrônicos de bolso com os cálculos efetuados com mais rapidez, confiabilidade e precisão.

Charles Babbage (1791-1871), matemático e físico, apresentou, em 1834, dispositivos capazes de manipular informações, desde que estas fossem convertidas em números. Fornecendo à máquina cartões perfurados obteve resultados expressivos em criptografia. Baseado no tear mecânico de Jacquard, projetou duas máquinas chamadas Máquina de Diferenças e Máquina Analítica, considerados como o primeiro projeto de computador.

Werner Heisenberg (1901-1976) enunciava, em 1927, o Princípio da Incerteza. Alan Turing (1912-1954), em 1936, ao criar a Máquina de Turing, possibilitou o desenvolvimento dos atuais computadores. É considerando o "pai da computação". Claude Shannon (1916-2001) afirmava, em 1937, que a álgebra de George Boole se aplicava às máquinas e que as máquinas poderiam matematizar tudo. Em 1940 abria-se o caminho do "mundo digital" e John W. Turkey (1915-2000) criava a palavra "bit", em 1947.

A Terceira Revolução Industrial caracteriza-se pela indústria eletrônica, pelos computadores, substituição da tecnologia analítica pela digital e a internet.

A primeira calculadora eletrônica, o Eniac (Electronic Numerical Integrator and Calculator), em 1943, criada por John Vincent Atanasoff (1903-1995), professor da Universidade de Iowa, e desenvolvido para as forças armadas americanas entre 1942 e 1945 por John Mauchly (1907-1980) e John Presper Eckert (1919-1995), tinha 18.000 válvulas, pesava 30 toneladas e ocupava 150 metros quadrados de área. Os mesmos pesquisadores projetaram o primeiro computador comercial, o Univac I, em 1951, com programação linear automatizado. Com o peso de 5 toneladas foi montado no próprio local pela General Eletric.

O computador da segunda geração, com o transistor substituindo a válvula, é de 1960. A terceira geração veio com a introdução dos *chips* eletrônicos. A capacidade de processamento passou, respectivamente, de 2 mil para 10 mil e a 1 milhão de operações por segundo. Em 1971, os chips tinham 2.300 transistores em uma placa de 12 milímetros quadrados. Atualmente, bilhões de transistores permitem a produção de computadores personalizados.

A partir de 1950, nas universidades americanas e europeias o cálculo eletrônico constituiu um avanço importante no projeto das estruturas propiciando o desenvolvimento de modelos matemáticos, requerendo métodos numéricos. Os primeiros textos técnicos sobre a aplicação dos Métodos Matriciais vieram à luz, precursores do Método dos Elementos Finitos formulado pioneiramente em 1955 por John Hadji Argyris (1913-2004) e S. Kelsey, com o modelo geométrico da estrutura dividido em elementos de dimensões finitas, interligados por meio de pontos comuns denominados nodais. Os elementos são relacionados por meio dos nós, e sem intervenção direta entre o usuário e a máquina, a resolução das equações era processada em lotes pela leitura de cartões perfurados ou por fitas magnéticas. Revolucionou o conceito de concepção de modelos estruturais.

Após 1977, com a rápida evolução da eletrônica e utilização popularizada, nasceu a quarta geração de computadores. No ano de 1985 despontava o microcomputador. Com recursos da computação gráfica, permitindo a automação dos cálculos, programas para a análise estrutural, onde a álgebra matricial é operada eficiente e rapidamente, possibilitava a solução de problemas de otimização obtida praticamente sem esforço no modelo virtual representando o comportamento no mundo real, impossível na época da régua de cálculo. O projetista passava a ter total domínio.

25

OS SISTEMAS ESTRUTURAIS PRIMÁRIOS

Os elementos ou peças estruturais obedecem a um padrão de comportamento e são denominados: cabos, arcos, pilares, vigas, pórticos, treliças. Associados geram várias possibilidades que valorizam as qualidades funcionais e estéticas da construção.

O CABO

O cabo constituído por conjunto de fios forma uma barra flexível, não sujeita a esforços de compressão, nem flexão. Manifesta-se somente quando submetida a esforços internos de tração na direção do seu eixo como na **Fábrica de Papel Burgo** (Figura 136).

Figura 136. Fábrica de Papel Burgo, Mântua, Itália (1961-1963). Tabuleiro metálico suspenso por quatro cabos de aço; comprimento de 253 metros; vão central de 160 metros; largura de 30 metros; sustentado por quatro suportes de concreto armado de 50 metros de altura. Projeto de Pier Luigi Nervi.

O tirante ou pendural, submetido a tração, na extremidade superior está preso no cabo e na extremidade inferior suporta o carregamento, como mostra a **Ponte Golden Gate** (Figura 137).

Figura137. Ponte Golden Gate (inaugurada em 28 de maio 1937) em San Francisco; 1.280 metros de vão; altura da torre: 227,5 metros; 2.700 metros de comprimento; 27 metros de largura. A pintura laranja deixa a ponte visível mesmo nos dias de neblina. Levou quatro anos para ser construída. Projeto de Charles Alton Ellis (1876-1949).

As primeiras construções pênseis — penduradas, suspensas — para transpor grandes distâncias, foram executadas com cordas de material orgânico como o cânhamo e o bambu (Figuras 138 e 139). As primeiras datam do século III a.C. A mais antiga de ferro data de 65 d.C., perto de Ching-Tung, na província de Yunnan.

Atualmente a maior ponte pênsil é a Dardanelos (2022). Comprimento total de 3563 metros, vão principal com 2023 metros, altura das torres 318 metros. Com seis pistas o tabuleiro na altura de 73 metros tem 45 metros de largura.

Figura 138. Passarela sustentada por corda e cipó. Princípios físicos iguais às pontes pênseis com materiais modernos.

Figura 139. Passarela suspensa de corda a mais de 370 metros de altitude na Cordilheira dos Andes no Peru. Conservação mantida por gerações pela manutenção anual.

As diferentes curvas das estruturas pênseis, denominadas funicular, resultam do tipo de carregamento. Quando o cabo é solicitado apenas pelo seu peso próprio, a curva será uma catenária. Solicitado ao longo do seu comprimento por carregamento uniformemente distribuído, formará uma curva do segundo grau.

Substituindo as cordas de material orgânico, barras de ferro maleável unidas e articuladas formando correntes (Figura 140) passaram a compor as estruturas pênseis.

Nas antigas pontes pênseis, construídas com correntes metálicas, os cabos tinham pequena resistência à tração.

Figura 140. Ponte pênsil; 137 metros de vão. Construção de 1820, na Grã-Bretanha. Projeto de captain Samuel Brow.

Posteriormente cabos de aço com fios contínuos formando feixes ou correntes estendidas em catenárias, apoiados sobre torres e ancorados nas extremidades em blocos maciços, por meio de tirantes sustentam o tabuleiro das estruturas suspensas.

Na Pensilvânia, em 1800, a ponte pênsil projetada por Judge James Finley (1756-1828) com tabuleiro treliçado horizontalmente permitia o tráfego de veículos.

Navier, em 1823, ao publicar a história das pontes pênseis, teoria e método de cálculo, estimulava esse tipo estrutural.

Joseph Charley (1795-1861), na cidade de Fribourg, na Suíça, projetava em 1834 a ponte pênsil utilizando feixes. Com 273 metros de extensão, até então a de maior vão do mundo, foi demolida em 1923 para dar lugar a uma nova ponte.

Em 1837-1864, Isambard Kingdom Brunel, com largura do tabuleiro de 9,4 metros e altura da torre de 26 metros, constrói a

75 metros acima do nível d'água, com comprimento total de 412 metros, sendo 215 metros suspensa, a **Clifton Bridge** (Figura 141).

Figura 141. Clifton Bridge (1837-1864) de I. K. Brunel.

A *Ponte do Brooklyn*, construída em Nova York em 1883, com tabuleiro rígido, projetada pelo engenheiro John Augustus Roebling (1806-1869), com vão central de 486 metros e vãos laterais de 284 metros (Figura 142), executada pelos engenheiros Washington Augustus Roebling (1837-1926) e Emily Warren Roebling (1843-1903), foi a primeira ponte pênsil com fios de aço trançados formando cabos, substituindo as correntes.

Figura 142. Ponte do Brooklyn. Tabuleiro original: nas laterais, duas pistas duplas para carruagens; próximas ao centro, duas para faixas de via férrea; e na linha central, em nível mais elevado, caminho para pedestres.

A partir de 1955, a aplicação das estruturas com tirantes passa a ser utilizada também nos edifícios (Figuras 143 e 144).

Figura 143. Vista da construção do edifício com andares presos por tirantes. Edifício Westcoast Transmission.

Figura 144. Vista externa do edifício com andares presos por tirantes. Edifício Westcoast Transmission.

O ARCO

Arco, parte de um círculo, é uma figura geométrica. Elemento curvo obtido pelo rebatimento do cabo, foi a técnica inventada para viabilizar a execução de obras extensas, substituindo elementos retos. Tem a predominância do esforço normal de compressão simples. Sofre empuxo horizontal. Sem o empuxo, o comportamento seria o da viga curva. O arco poderá ser biarticulado, biengastado, engastado e apoiado ou ainda triarticulado. A escolha do tipo é dada pela condição de absorver o empuxo e as deformações térmicas.

Para carregamentos verticais uniformemente distribuídos ao longo do seu comprimento, a forma ideal é a catenária. Se a carga sobre o arco for uniformemente distribuída ao longo do seu diâmetro, a melhor forma é a parábola. Quanto maior a relação flecha/largura — f/l, o arco tende a ter o comportamento do pilar, atuando forças de compressão. Quando a relação f/l for menor, o arco tende a ter o comportamento da barra horizontal, apresentando o comportamento da viga curva com dimensões transversais maiores.

O arco, ao trasladar paralelamente a si mesmo, gera a abóbada e ao rotacionar em relação ao seu eixo vertical, gera a cúpula.

Há uma variedade de formas de arcos que, na História, identificam os estilos arquitetônicos. O arco etrusco ou romano, o arco-ogiva, que reflete a ruptura entre a Igreja ocidental e a oriental, o arco gótico, o arco neoclássico, o arco barroco. O arco etrusco herdado pela engenharia romana foi amplamente utilizado na arquitetura, tanto nos castelos medievais quanto nos templos e pontes da arquitetura moderna.

Não obstante a grande aplicação pelos romanos, que durante quatro séculos difundiram suas realizações, a estática dos arcos teve como um dos primeiros estudiosos Robert Hooke. Para a obtenção dos valores do empuxo, Coulomb. Navier deu solução para a curva de pressão. Luigi Federico Menabrea (1809-1896) e Carlo Alberto Pio Castigliano (1847-1884), a resolução pelo *Teorema de Trabalho e Deformação*. No seu trabalho *Théorie de l'équilibre des systèmes élastiques et ses applications*, apresentava os conceitos fundamentais e princípios de análise estrutural. As técnicas de construção desenvolveram-se acompanhando a evolução dos materiais.

Barras de aço rebitadas compõem duas treliças em arco, que por meio de tirantes, suportam o tabuleiro da **Sydney Harbor Bridge**. A ponte com vão de 503 metros, 49 metros de largura, atende duas linhas férreas, autoestrada de oito pistas, uma ciclovia e uma calçada para pedestres (Figura 145).

Figura 145. Sidney Harbor Bridge (1923-1932). Quatro pilares de concreto de 89 metros de altura apoiam os arcos.

O PILAR

O pilar é uma barra reta com eixo na direção vertical. Com formato circular, são denominadas colunas. Posição mais simples para transmitir a força de um nível para outro, libera a parede como elemento da estrutura. Sua influência na concepção arquitetônica e estrutural é determinante no aproveitamento do espaço. O esforço interno predominante no pilar é o de compressão. Como elemento vertical nos pórticos, resiste também aos esforços horizontais. Na arquitetura moderna e contemporânea pilares, como os pilotis, elevam a construção acima do solo.

Mais resistente à compressão, o pilar de aço ocupa menor área de projeção, comparado com outros materiais. O de ferro fundido foi o primeiro a ter larga difusão ao substituir os de madeira nas fábricas de tecelagens, na Inglaterra.

Para melhor resistir à instabilidade lateral (flambagem) provocada pela força de compressão, o pilar com seção transversal no formato tubular circular, conhecido desde o século XIX, por ter o material igualmente afastado em relação ao baricentro, é o mais econômico comparado a outro formato com a mesma área da seção transversal.

Projetada pelo arquiteto Henri Labrouste (1801-1875), da École des Beaux-Arts, a *Bibliothèque Nationale* (1862-1868), com 815 metros de comprimento, 21 metros de largura, o teto em arco de ferro laminado está apoiado sobre 16 colunas de ferro fundido.

A (Figura 146) mostra internamente arcos de ferro aparente sobre pilares delgados na **Bibiotèque Sainte-Genevière**, projetada por Henri Labrouste. O ferro passava a ser não só estrutural como também ornamental.

Figura 146. Bibliotèque Sainte-Genevière (1838-1850).
Pilares delgados de ferro com capitéis coríntios sustentando cúpulas com claraboias envidraçadas a nove metros do solo.

A VIGA

A viga é elemento estrutural básico. Disposta simplesmente sobre um ou mais apoios e transmitindo o carregamento aplicado transversalmente ao seu eixo, está sujeita internamente a um binário de forças normais denominado momento fletor, e ao escorregamento horizontal denominado esforço cortante. O perfil I, por apresentar concentração de material mais distante do seu baricentro, é a seção ideal por resistir melhor aos esforços.

A **Ponte Ferroviária *Britannia*** (1846-1850), sobre o estreito de Menai, País de Gales, com vãos de (70-138-138-70) metros, extensão total de 461 metros, foi projetada em 1838 por Robert Stephenson (1803-1859) e William Fairbairm (1789-1874). Prevista como pênsil, por isso as torres de pedra se elevam acima da face superior do tubo (Figura 147). Após ensaio da prova de carga, foi escolhida a viga de ferro laminado. Forma tubular retangular totalmente fechada com paredes verticais de chapas enrijecidas, içadas a 47 metros de altura (Figura148). O trem, movido por locomotiva a vapor, passava dentro do tubo. Foi inutilizada por incêndio, em 1970. Com a evolução na construção das pontes, as vigas foram substituídas pelas treliças.

Figura 147. Ilustração da ponte ferroviária *Britannia*, inutilizada por incêndio, em 1970.

Figura 148. Viga tubular da ponte ferroviária *Britannia*.

A prova de carga é um ensaio em escala real de verificação de resistência da estrutura ou de parte da estrutura. Reproduz as condições máximas de carregamento que poderá vir a atuar nas condições máximas de serviço. O carregamento, no ensaio, dá-se por etapas até chegar-se à carga total prevista. A cada etapa fazem-se leituras nos aparelhos e elaboram-se gráficos de controle:

- carga – deformação, lida nos extensômetros;
- carga – afundamento, lida nos defletômetros;
- carga – rotação, lida nos clinômetros.

O PÓRTICO

O pórtico é um tipo estrutural de eixo poligonal de um ou vários vãos, de um ou vários pisos. Vigas e pilares estão unidos formando um todo indivisível. Revolução na Arquitetura em meados do século XIX com a difusão do aço laminado e o advento do *"Movimento Moderno"*, que exaltava a separação entre a estrutura e a vedação como no edifício *Lake Shore Drive* (Figura 149).

Figura 149. Lake Shore Drive. Chicago, 1948-1951. Arquiteto Mies Van Der Rohe.

Semelhante ao arco, obtém-se o pórtico tornando fixo o apoio móvel, despertando o empuxo lateral. Ligações rígidas, impedindo a rotação entre vigas e pilares, transmitem para os pilares esforços de flexão, axial e cortante (Figura 150).

Nos pórticos com viga rígida e pilares esbeltos, o comportamento da viga será igual ao da simplesmente apoiada. Com os pilares enrijecidos, a viga aproxima-se do comportamento das vigas com extremidades engastadas e os pilares recebem empuxo horizontal nas bases.

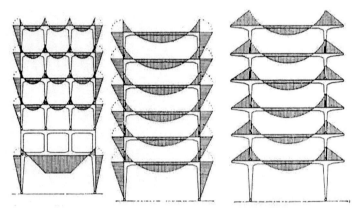

Figura 150. Esquemas de pórticos múltiplos.

Tanto nos pórticos como nos arcos a diminuição dos momentos fletores deve-se ao empuxo horizontal nos apoios.

Nos edifícios altos as forças laterais são elevadas. Como contraventamento, pórticos localizados em pontos específicos da estrutura transferem essas forças para as fundações.

A TRELIÇA PLANA

A treliça, estrutura conhecida dos romanos para a construção de telhados e pontes de madeira, é formada pela associação de barras (Figura 151), sob tensão axial de tração ou compressão, unidas em pontos denominados nós. Os primeiros sistemas treliçados foram construídos de madeira. São famosos os sistemas empregados por Andrea Palladio no projeto de pontes de madeira com vãos de trinta metros.

As barras de aço resistem igualmente tanto aos esforços de tração quanto de compressão, e as coberturas são mais esbeltas. As seções das barras são escolhidas nos catálogos de perfis comerciais ou são compostas por perfis e chapas.

Nas coberturas metálicas as ligações das barras nos nós evoluíram do pino, que possibilita articulações de fato, para rebites, parafusos (Figuras 152, 153 e 154), soldas. Há, ainda, patentes que oferecem nós de encaixes múltiplos. Unidos, por roscas direta ou parafusos, possibilitam várias formas de configuração. Os nós, por possibilitarem a coesão e a estabilidade do conjunto, são peças primordiais acarretando diversos sistemas patenteados. Sistemas treliçados são também utilizados para contraventamentos e enrijecimento dos edifícios.

William Howe (1803-1852) patenteava, em 1840, uma forma de treliça para as pontes ferroviárias e amplamente usada no reforço de pontes pênseis na Europa. Barras de madeira, com as verticais de ferro.

Outras formas de treliça devem-se, em 1836, a Jean Barthélemy Camille Polonceau (1813-1859) e, em 1840, a Wendell. Com a crescente utilização do ferro como material de construção das pontes, Thomas Pratt, em 1844, invertia as diagonais das de Howe. James Warren (1848) patenteava a treliça com longarinas inferior e superior horizontais e diagonais dispostas a 60°. Albert Fink (1851) patenteava a treliça que leva o seu nome.

A resolução matemática dos esforços nas barras da treliça começava no século XVII, com o triângulo de forças de Stevin. Em 1847, Squire Whipple (1804-1888) no livro *An essay on bridge building* publicava um tratado sobre pontes treliçadas e lançava o processo mostrando como se calculavam e como se obtinham as linhas de influência para as cargas móveis. Combinando o arco com a treliça, patenteava a treliça arqueada.

Em 1863, Augusto Ritter (1795-1869) apresentava o método das secções. Em 1864, Clerk Maxwell (1831-1879) divulgava o trabalho sobre figuras recíprocas. Luigi Cremona (1830-1903), Royal Society, 1879, discutia em 1872 as propriedades geométricas, e o método de resolução passava a chamar-se Maxwell-Cremona. Robert Henry Bow (1827-1909) elaborava a numeração das barras e dos nós, facilitando os métodos de resolução.

A sistematização da Grafostática vinha à luz, em 1866, com a publicação do tratado de autoria de Karl Culmann (1821-1881).

Em 1867, Emil Winkler (1835-1888) utilizava o conhecimento da linha de influência ilustrado no livro de 1872 sobre a teoria das pontes. Em 1881, mostrava um método de obtenção, na treliça, da deformação devida ao carregamento aplicado.

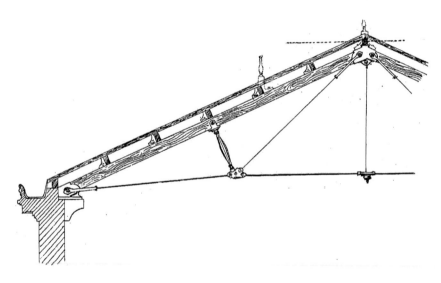

Figura 151. O desenho ressalta as barras tracionadas e as comprimidas.

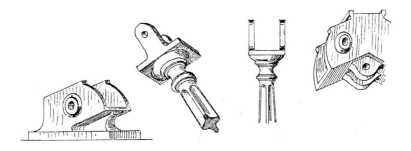

Figura 152. Ligações por pinos.

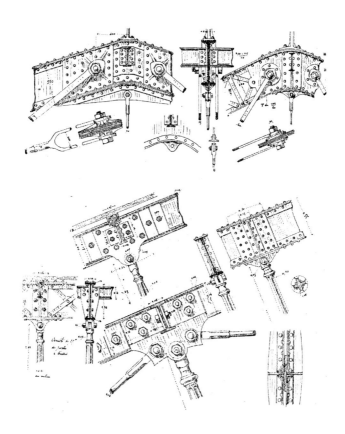

Figura 153. Desenhos das ligações.

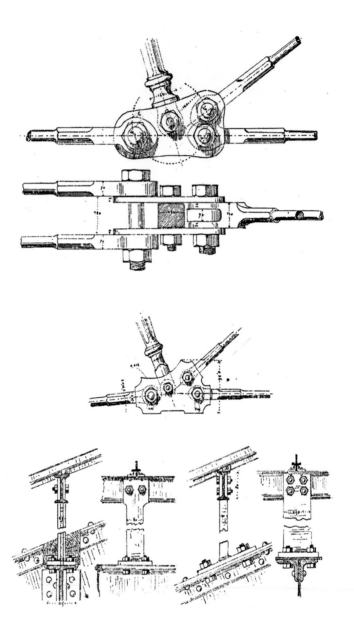

Figura 154. Desenhos das ligações.

A Ponte sobre o rio Paranapanema na cidade de Piraju - SP (Figura 155), foi construída, em 1915, pela Companhia de Ferro Anglo-Brasileira. Na obtenção dos esforços, para dimensionar as treliças, valeu-se dos processos gráficos (Figura 156).

Figura 155. Vista da ponte sobre o rio Paranapanema em Piraju (SP).

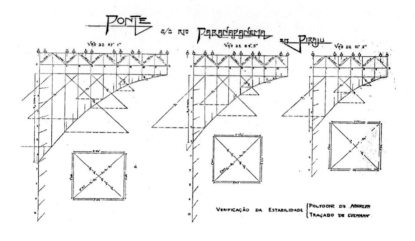

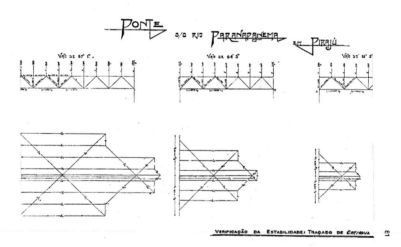

Figura 156. Ponte em treliça sobre o Rio Paranapanema.
Cálculo dos esforços por processos gráficos.

A TRELIÇA ESPACIAL

Com base na triangulação espacial, o sistema reticulado, com repetições de módulos, permite combinações. Surgia, em 1892, no trabalho teórico *A estrutura reticulada no espaço*, escrito por August Foppl (1854-1924), e nas estruturas compostas por tetraedros alcançando a altura de trinta metros servindo como torre de observação de aeroplanos, executadas, em 1907, por Alexander Graham Bell (1847-1922). Entre 1939-1941, passava a ter sucesso a partir de ensaios experimentais de Robert Le Ricolais (1894-1977), um dos criadores da estrutura espacial.

Richard Buckminster Fuller (1895-1983), na Exposição Universal de Montreal, em 1967, apresentava a **estrutura geodésica**, de setenta e seis metros de diâmetro, formada pela subdivisão, de cada face de um poliedro, em rede de triângulos menores (Figura 157). Desenvolvida com aço e acrílico, ostentava resistência e leveza. Por interpretar os fundamentos geométricos da natureza, foi designada de "Biosfera".

Figura 157. Exposição Universal de Montreal, em 1967.

Treliças espaciais, leves e capazes de vencer grandes vãos, criadas nos anos 1950, formadas pela montagem rápida de barras moduladas, previamente fabricadas, são unidas umas às outras por sistemas de encaixes rígidos ou encaixes articulados padronizados. Sem a ocorrência de manipulação que provoque alterações nas suas características durante a execução, o sistema de encaixe, unindo as barras, transmite os esforços por toda a estrutura e dirige as forças para as fundações. Tem elevada estabilidade lateral. Montadas no solo são levantadas por meio de torres de içamento. Combina capacidade de resistência com leveza e beleza, propiciando uma nova linguagem arquitetônica.

No Brasil, idealizada para abrigar feiras e salões de exposições, o **Pavilhão Anhembi** (1969), na cidade de São Paulo, projeto dos arquitetos Jorge Wilheim (1928-2014) e Miguel Juliano (1928-2009) e do engenheiro canadense Cedric Marsh (1924-2013), uma cobertura espacial treliçada com área de 260 por 260 metros subdividida em quadrados de sessenta metros de lado foi erguida. Sustentada por tripés tubulares e coberta por quarenta e oito mil barras tubulares de alumínio com extremidades achatadas, encaixadas e soldadas à chapas de aço galvanizado, unidas por parafusos de aço de alta resistência. Para a previsão do comportamento aerodinâmico, foram realizados, com o modelo reduzido do pavilhão, ensaios nos laboratórios de túneis de vento do Instituto Tecnológico da Aeronáutica (ITA).

Maior cobertura erguida de uma só vez (Figuras 158 e 159). Auxiliados por megafones e alto-falantes, utilizando vinte e cinco guindastes, o içamento durou oito horas, economizando, nos quinze metros de altura, 67.600 metros de andaimes com custo superior ao da própria estrutura.

Pela grandiosidade e quantidade de peças, a precisão, para a fabricação e ajustamento das peças na montagem, foi a de total cuidado. Na locação da obra utilizou-se o geodímetro, aparelho topográfico então dos mais sofisticados.

Figura 158. Montagem da cobertura do Pavilhão Anhembi.

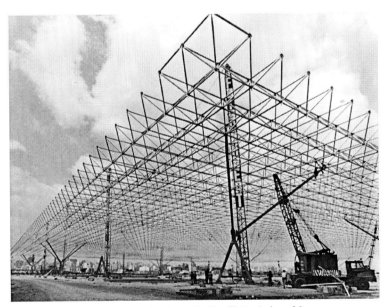
Figura 159. Içamento da cobertura do Pavilhão Anhembi.

26

PUBLICAÇÕES E EVENTOS TÉCNICOS

Textos científicos eram dedicados a reis, príncipes e membros da nobreza. A partir do século XVII, a experimentação tornava-se parte integrante na abordagem do estudo da natureza e uma efervescência na edição escrita divulgava estudos experimentais.

Em 1678, para a construção do relógio mecânico, o professor de geometria do *Gresham College*, Robert Hooke, testando vários materiais investigando as propriedades elásticas, descobria a lei entre as deformações elásticas e as forças que as produzem. Princípio básico da Resistência dos Materiais que leva o seu nome: "entre certos limites, as deformações são proporcionais às tensões que as produzem". Publicada no trabalho *De potentia restitutiva*, a lei foi definitivamente estabelecida em 1822, quando o membro da Royal Society, eleito em 1832, Augustin Cauchy (1789-1857), engenheiro devotado às investigações matemáticas, envia para a Academia Francesa de Ciências o texto conceituando a deformação específica.

O engenheiro militar e matemático francês Marechal Sébastien Le Prestre, marquês de Vauban (1633-1707), nomeado pelo rei Luís XIV como comissário-geral de Fortificações (1678), processava o desmembramento da engenharia militar e civil. Vauban aperfeiçoava a arte da construção das fortificações e escrevia diversos tratados sobre o tema. Os primeiros engenheiros civis reconhecidos foram os de pontes e calçadas, em 1720.

As primeiras aplicações das teorias científicas para a resolução dos problemas técnicos das construções nem sempre tiveram sucessos. A fórmula de Galileu para a resolução da viga em balanço não era correta — propunha a distribuição dos esforços internos como de tração e distribuídas uniformemente ao longo de toda a altura da seção transversal.

Em 1680, Edmé Mariotte (1620-1684), membro da Academia Francesa de Ciências, aprofundando os conhecimentos de Galileu, estudou a resistência das barras fletidas e experimentalmente concluía que algumas fibras distendiam e outras comprimiam proporcionalmente à aplicação das forças. Arbitrariamente colocava o limite no meio da seção transversal. Introduzia a noção da linha neutra.

L'Architecture Pratique (1691), de Pierre Bullet (1639-1716), incluía regras para fundação com estacas e ensaios para a determinação do tipo de solo.

O matemático Antoine Parento (1666-1716) correlacionando tensões aos momentos fletores obtinha a sua distribuição e fixava definitivamente a superfície neutra, o que foi divulgado nos *Essais et recherches de mathématique et de physique*, de 1713.

O matemático Jakob Jacques Bernoulli (1654-1705) abordava a determinação da linha elástica da viga fletida, estabelecendo o princípio das seções planas antes e na flexão. Desenvolvia as coordenadas polares. Em 1685, publicava importante trabalho sobre a Teoria Matemática da Probabilidade.

Leibniz criava, em 1700, a Academia de Ciências de Berlim. Sinais utilizados para escrever fórmulas de matemática e leis da física foram introduzidos por ele na álgebra e no cálculo diferencial.

Pierre Varignon (1654-1722), professor de matemática do Colégio Mazarin de Paris, e membro da *Royal Society*, em 1714, considerado o fundador da Estática Gráfica, enunciava, em 1725, as propriedades e aplicações dos polígonos de força — polígono funicular. Publicava, em 1687, o *Project d'une nouvelle mécanique*.

O emprego do polígono funicular data de 1695 com o *Tratado de Mecânica* do matemático, membro da *Académie Royal des Sciences*, Phillippe de La Hire (1640-1718), ensinando a determinação da carga que cada aduela do arco suporta.

Daniel Bernoulli (1700-1782), *Royal Society*, 1750, filho do matemático suíço Johann Bernoulli (1667-1748), nomeado professor de matemática da Academia de Ciência da Rússia, em São Petersburgo, fundada em 1725, determinava o conceito de energia elástica de deformação (1738), propiciando a posterior determinação da equação diferencial da linha elástica das vigas. Problema não resolvido pelo seu tio Jakob Bernoulli. Johann Bernoulli é considerado com Newton e Leibniz (*Royal Society*, 1673) autores do Cálculo Infinitesimal.

O engenheiro militar francês General Bernard Forest de Belidor (1693-1761) publicava, em 1729, o livro, republicado em 1830, *La science des ingénieurs*. Primeiro texto abordando cientificamente as estruturas dos arcos e dos muros de arrimo.

Amédée Frézier (1682-1773), engenheiro militar, especialista em construção de alvenaria, publicava, em 1738, abrangendo três volumes, o *Tratado do corte de pedras*, adotado nas escolas de engenharia.

Leonhard Euler (1707-1783) (*Royal Society*, 1747), matemático suíço, contemporâneo e amigo de Daniel Bernoulli e seu sucessor na cadeira universitária no departamento de matemática, em São Petersburgo, obtinha a equação diferencial da curva elástica e continuava, em 1733, o trabalho sobre a flambagem de colunas sujeitas a esforços axiais de compressão. No livro *Mecânica*, de 1736, há acréscimos nas leis apresentadas por Newton e a ideia do ponto material onde a massa estaria concentrada. Amplia o conceito de vetor para as grandezas físicas definidas por módulo, direção e sentido. Em 1760, publicava sua teoria sobre o Momento de Inércia. A ideia de Momento de Inércia era de Christiaan Huygens (1629-1695), em 1657, quando, na fabricação do relógio de pêndulo simples, verificava que o comprimento do fio ao quadrado e a massa do pêndulo influenciavam no período de oscilação.

O filósofo e matemático Jean D'Alembert (1717-1783) (*Royal Society*, 1748) publicava, em 1743, o *Traité de dynamique*, reunindo os Três Princípios de Newton (inércia, força proporcional à aceleração, reação igual e contrária à ação), enunciava o princípio que leva seu nome. Jean D'Alembert foi, com Denis Diderot (1713-1784), supervisor da *Enciclopédie*, obra em dezessete volumes mais onze volumes com gravuras. O primeiro volume publicado em 1751 e os últimos em 1772, apresentava exposição histórica dos conhecimentos científicos, técnicos e filosóficos na ordem pela qual se sucederam desde o Renascimento até o final do século XVII. Obra mais famosa e importante expressão do iluminismo relacionando todo o conhecimento, tornou-se modelo das enciclopédias posteriores.

O físico, arqueólogo e professor de astronomia da Universidade de Pádua, marquês Giovanni Poleni (1683-1761) (*Royal Society*, 1710), no estudo do reforço com cinco anéis de ferro na cúpula da catedral de São Pedro, com o cientista jesuíta padre Ruggiero Giuseppe Boscovich (1711-1787), apresentava, em 1748, por solicitação do papa Benedito XIV (1675-1758), método de cálculo sobre a estabilidade. Foi a primeira apresentação de cálculos numéricos para a análise das estruturas. Publicado como *Memorie istoriche della gran cupula del tempio vaticano*, ganhava a reputação no campo da estabilidade estrutural.

Como auxílio ao projeto estrutural, o carpinteiro suíço Jean Ulrich Grubenmann (1707-1771), em 1757, elaborava o modelo físico em escala reduzida (método de experimentação direta das propriedades mecânicas de obras complicadas). Reproduzia a ponte sobre o rio Reno, em Schaffhausen. A ponte, para carregamento de vinte e cinco toneladas, com vãos de 61 metros, com cobertura de madeira, foi inaugurada em 2 de outubro de 1758.

Em 1769, Jean-Rodolphe Perronet (1708-1794) apresentava escritos sobre pontes e a estabilidade de taludes de terra.

Entre 1771 e 1777, Jacques-François Blondel (1705-1774), sobrinho de Nicolas-François Blondel, editava, em seis volumes, o *Cours d'architecture*.

Johann Heinrich Lambert (1728-1777) foi, por observação e experimentação, o primeiro a teorizar sobre fundações executadas em sapata e estacas, em 1772.

A Academia de Ciências de Paris publicava, em 1773, *Ensaio sobre uma aplicação das regras de máxima e de mínima a alguns problemas de estática* do engenheiro militar Charles-Augustin de Coulomb (1736-1806), graduado em Mezière. No trabalho encontravam-se as bases da teoria moderna das estruturas — o equilíbrio das forças internas agindo em uma seção, a posição do eixo neutro e o momento das forças internas. Na Teoria da Mecânica dos Solos, levava em consideração o atrito interno na ruptura do solo. Em 1784, elaborava o trabalho sobre torção.

Em 1793, no mês de outubro, foi adotado o novo Calendário Revolucionário dissociando-se da influência dos calendários cristãos. A Academia de Ciências de Paris foi fechada pela Revolução Francesa, assim como todas as outras. Em 1795, reaberta com o nome *L'Institut National des Sciences et des Arts*, tinha Coulomb como membro.

No ano 1798 vem de Paris o livro de Resistência dos Materiais. No *Traité analytique de la resistence des solides*, de Pierre Simon Girard (1765-1836), uma introdução resumia os trabalhos de Galileu a Euler e experiências em vigas de madeira.

Em 1802, o arquiteto Jean Nicolas Louis Durand (1760-1834), para quem a finalidade da arquitetura era a utilidade, publicava *Précis dês leçons d'architecture données à l'École Polytechnique*, adotado até os anos 1850.

Entre os anos de 1802 e 1817, Jean-Baptiste Rondelet escrevia em cinco volumes o *Traité théorique et pratique de l'art de bâtir*, com edições publicadas até 1881, comparando o ferro com outros materiais. Traduzido para o inglês, alemão, italiano e espanhol, deu contribuição na divulgação dos conhecimentos tecnológicos na área das construções.

Para Durand e Rondelet a relação entre a arquitetura e a construção estava na aplicação dos princípios das ciências às propriedades dos materiais. O conhecimento estava na experimentação, matematização e aplicação aos diferentes elementos determinando as formas e as justas dimensões em relação à sua situação e aos esforços que resultam em proporção, solidez e economia. Origem da engenharia moderna.

Thomas Young (1773-1829) em 1807, em *Conferências sobre a filosofia natural e artes mecânicas*, apresentava o conceito do Módulo de Elasticidade, conhecido também como módulo de Young. Sua lápide na Abadia de Westminster o chama de "eminente em quase todos os departamentos do saber humano". Em 1832, com Jean François Champollion (1790-1832), decifrou os hieróglifos.

Otto Christian Mohr (1835-1918) contribuía com os princípios dos deslocamentos virtuais, para o cálculo dos sistemas estruturais hiperestáticos. Em 1822, com o Círculo de Mohr, permitia a análise das tensões nos elementos estruturais e, com o Método do Momento Área, a obtenção do afundamento e rotação da curva elástica.

Em 1822, Thomas Tredgold (1788-1829) lançava o livro *A practical essay on the cast iron*, que propiciava o dimensionamento dos perfis metálicos, relacionando várias seções transversais com suas capacidades de carregamento. Apresentava fórmulas empíricas para o dimensionamento de vigas e pilares levando em consideração a flambagem.

Claude-Louis-Marie-Henri Navier (1785-1836), professor da École des Ponts et Chaussées e da École Polytechnique, um dos fundadores da Teoria Matemática da Elasticidade, publicava, em 1826, *Leçons sur les applications de la mécanique à l'établissement des constructions et des machines*, demonstrando a distribuição das tensões de flexão nas seções transversais das vigas como resultado de uma ação conjugada de tração e compressão. Prova que a linha neutra, para os materiais que obedecem à lei de Hooke, passa pelo centro de gravidade da seção transversal. Sugeria que, para os cálculos, se apliquem fórmulas com valores admissíveis. É dele a definição do Módulo de Elasticidade dos materiais, de uma maneira universalmente aceita. A terceira edição, de 1864, apresentava notas e apêndices de Saint-Venant.

Em 1828, em Londres, Thomas Tredgold foi presidente do primeiro Instituto de Engenharia Civil.

Em 1848, foi criada a Sociedade dos Engenheiros Civis na França.

Com o Método da Fotoelasticidade (1850), as solicitações internas no material passavam a ser assinaladas no campo de isocromáticas provocadas pelas diferenças de temperatura que a luz polarizada provoca ao atravessar o modelo transparente da estrutura. O cientista britânico James Clerk Maxwell (1831-1879) (*Royal Society*, 1861), ao permitir visualizar o que ocorre internamente nos elementos sob carregamento e estudar a disposição racional dos elementos resistentes, contribuía para a análise das estruturas impossibilitadas de tratamento gráfico ou analítico. Maxwell estabeleceu a relação entre eletricidade, magnetismo e luz.

Em 1852, Gabriel Léon Jean Baptiste Lamé (1795-1870) lançava o primeiro livro sobre a teoria da elasticidade, *Leçons sur la théorie mathematique e l'élasticité des corps solides*.

Adhémar Jean Claude Barré de Saint-Venant (1797-1886) formulava as equações fundamentais da elasticidade e desenvolvia a teoria da flexão e da torção. Em 1853, editava livro sobre torção.

No ano de 1856, Auguste Perdonnet (1801-1867) publicava o *Traité élémentaire des chemins de fer*, dissertando sobre as coberturas e do monumental relógio na fachada principal das estações.

Com Robert Stephenson, então presidente do Instituto dos Engenheiros Civis da Grã-Bretanha, em 1856, surgia a primeira catalogação de acidentes no intuito de elaborar futuros trabalhos sobre estudos de prevenção.

Em 1857, o engenheiro estrutural e projetista de pontes Benoît Paul-Émile Clayperon (1799-1864) divulgava, para o cálculo das vigas contínuas, com base nos trabalhos de Navier, o Teorema dos Três Momentos.

William Rankine (1820-1872) publicava, em 1858, o *Manual of applied mechanics*.

Winkler (1835-1888), em publicação de 1867, em Praga, apresentava o modelo matemático de vigas sobre base elástica. Modelo tomado como base para os diversos métodos de dimensionamento das estacas e tubulões carregados lateralmente.

A nomografia, técnica desenvolvida por Maurice d'Ocagne (1862-1938), possibilitava, com o auxílio de diagramas, a resolução de equações.

Para medir pequenas deformações, Johann Bauschinger (1833-1893) inventava o extensômetro, que veio facilitar a investigação das propriedades mecânicas dos materiais.

Em 1892, August Edward Hough Love (1863-1940) publicava, com grande impacto na área da análise estrutural, o *Treatise on the mathematical theory of elasticity*.

Em 1899, ano da criação do Gabinete de Resistência dos Materiais da Escola Politécnica, origina-se o IPT — Instituto de Pesquisas Tecnológicas do estado de São Paulo.

Ludwig Prandtl (1875-1953) projetava e construía, na Alemanha, o primeiro túnel de vento, em 1916.

Com a industrialização, Walter Gropius (1883-1969), ao almejar uma transformação tecnológica, artística, social, com brilhantes arquitetos e artistas, unificava a Escola de Artes e Ofícios com a Escola de Belas Artes estruturando a Escola de Bauhaus (1919-1933). Defendendo a arte com a técnica, a teoria com a prática, prenunciava a pré-fabricação na arquitetura. Integrava a arte à produção industrial. A arte deveria ser funcional, e não apenas decorativa. Ao projetar para o concreto, aço e vidro, foi, em parte, uma reação à orientação tradicional da instrução arquitetônica oferecida pela Escola de Belas Artes da França. Sucessores de Gropius na direção foram Hannas Meyer (1889-1954), de 1928 a 1930, e Ludwig Mies Van der Rohe, até 1933. A Bauhaus da cidade de Weimar transferiu-se para Dessau e por dez meses permaneceu em Berlim, quando foi fechada por ordem do governo.

Karl Terzaghi (1883-1963) publicava, em 1925, o livro *Mecânica dos solos*, com estudos técnicos e experimentais.

Otto Flaschbart (1898-1957) realizava, em 1927, para os estudos de pressão do vento em prédios, os primeiros testes com túneis de vento.

Em 1926, era formalmente constituído em Curitiba o Instituto de Engenharia do Paraná. Ainda em 1926 apresentava a primeira Lei Reguladora do exercício profissional da engenharia no Brasil. Lei n.º 2.384, de 10 de março de 1926, promulgada pelo presidente do estado Dr. Caetano Munhoz da Rocha (1879-1944), protegendo da intromissão de práticos e leigos.

Em 1927, instalava-se o Instituto de Engenharia de São Paulo.

Beggs publicava artigo, em 1927, sobre a aplicação de deformadores do aparelho Beggs. Em modelos físicos, em escala reduzida, executados com celuloide, analisava, nas peças sob carregamento, as deformações tanto lineares como as deflexões e rotações obtendo, experimentalmente, por leituras das medidas de esforços, já corrigidas dos efeitos da temperatura sobre o modelo, as solicitações internas. Os valores experimentais eram comparados com os valores teóricos do modelo matemático da análise estrutural.

Em 1930, empregava-se, pela primeira vez, o extensômetro de resistência elétrica, e em 1936, o extensômetro de corda vibrante desenvolvido pela companhia Maihak, da Alemanha.

Em 1936, foi formada a Sociedade Internacional de Mecânica dos Solos e Engenharia de Fundações, sendo Terzaghi seu primeiro presidente.

Carlo Castelli Guidi publicava, em 1947, em Milão a *Mecanica del terreno e stabilitá delle foundazioni*.

No dia 21 de julho de 1950, foi criada a Associação Brasileira da Mecânica dos Solos, sendo o professor Milton Vargas (1914-2011) o seu primeiro presidente.

A teoria do Método dos Elementos Finitos foi difundida em livros, sendo o primeiro deles (1967) da autoria de Olgierd Cecil Zienkiewicz (1921-2009).

O Instituto Eduardo Torroja, em 1976, iniciava o primeiro curso de especialização denominado *Patologia de las Construcciones*.

Essas publicações e esses eventos fundamentaram os conhecimentos obrigatórios de tópicos específicos alcançados posteriormente. Tendo a experiência como legado, levam ao passado para conhecer as minúcias da ciência, da técnica, da ética para medir, aferir e planejar o futuro. Os ensinamentos da história são indesmentíveis. No aclaramento mútuo de passado e presente surge o progresso.

De todas as partes chegam informações. Nesta longa travessia rastrear alguns passos iniciais mostram o avanço da técnica. A breve amostra do fundamento e desenvolvimento histórico não deve ser considerado como fim em si mesmo, porquanto mereceriam consideráveis desenvolvimentos ulteriores. Mas indispensável para um correto conhecimento dos princípios fundamentais, bem como a sua evolução através dos tempos.

A história coincide substancialmente com escrita. Impulsionando a Revolução Científica, a palavra impressa incentivou o processo de mecanização, automatização, virtualização sucedida pela instância da imagem ao vivo, chegando ao tempo, de se ter vasto conhecimento, com maior grau de precisão sobre a técnica.

27

FUNDAMENTOS: NORMAS

Como primeiros abrigos, originários da observação da natureza e da imitação de suas estruturas, eram erguidas as palhoças feitas com folhas, galhos entrelaçados de árvores, cipó, bambu, materiais disponíveis na região ou com peles e esqueletos de animais. Depois foram os materiais sólidos, resistentes e duráveis como a madeira, barro, pedras, utilizados com exclusividade até a Idade Média. Por ter um passado que serve de parâmetro, a emulação teve significado importante na busca da solidez. As construções eram aperfeiçoadas e ampliadas com projetos saindo da mente diretamente para as obras.

Ainda no século XIX, as estruturas eram elaboradas com a experiência e perícia do construtor, sem a representação por desenhos. O desenho técnico no final do século XIX, ao despojar os objetos de seu volume, peso e características, convertia-se em ideia. Projetando a obra no papel, o desenho surgia como suporte na descrição e concepção da obra a ser realizada.

Padrão de ordenamento, procurando dar medidas às "coisas", ocorria simultaneamente com o processo de humanização. Cinco séculos antes de Vitruvius, as regras para a correta execução da construção e as unidades de medidas foram escritas no Velho Testamento, pelo profeta Ezequiel, nos capítulos 40, 41, 42.

Samas, deus da justiça, deixava um conjunto de leis ao povo da Babilônia por intermédio de Hammurábi (1728 a.C.-1686 a.C.), construtor de canais, templos e fortalezas. O Código de Hammurábi, considerado o primeiro conjunto de leis escritas da história, substituía a tradição oral. Em 46 colunas continha um texto de 3.600 linhas com 282 artigos gravados em cuneiforme em uma pedra negra de 2,44 metros de altura e 1,90 metros de circunferência na base. Promulgado aproximadamente em 1694 a.c., descoberto em Susa na Pérsia, em 1902, hoje está no Museu do Louvre. Primeiro monumento preservado de codificação jurídica de que a humanidade tem notícia. Objetivava *regular* as atividades dos súditos nas suas diversas manifestações e nos princípios basilares da ordem e da convivência social. Ao tratar do direito de propriedade, impunha penalidades por danos materiais e riscos consequentes das construções mal executadas. Um conjunto de leis estabelecia a responsabilidade do construtor com o dono da edificação e continha um sentido de justiça e proteção aos desamparados.

Capítulo XII — não admitia negligência profissional:

art. 229 — se um arquiteto constrói para alguém e não faz solidamente e a casa que ele construiu cai e fere de morte o proprietário, esse arquiteto deverá ser morto.

art. 233 — se um arquiteto constrói para alguém uma casa e não a leva ao fim, se as paredes são viciosas, o arquiteto deverá à sua custa consolidar as paredes.

Por ser um encadeamento intimidatório, para esquivar-se de riscos atinentes a novas metodologias construtivas, o construtor mantinha os tradicionais métodos conhecidos. Como resultado, não dominava novas tecnologias, desconfiava sobre a melhoria do sistema e não queria se arriscar na adaptação a um novo sistema.

A Lei das XII Tábuas, promulgada no Fórum Romano, em 450 a.C., impedia decisões arbitrárias e injustas apenas por causa de interesses pessoais. No inciso I dizia: entre os edifícios vizinhos deve existir um espaço de dois pés e meio, destinado à circulação, e no inciso V: a largura das estradas será de oito pés em linha reta e, tendo curvatura, dezesseis pés.

Polegada, pé, passo, palmo da pessoa constituíam umas das medidas referenciais mais antigas em todas as culturas do mundo. Quando uma dessas unidades era usada como medida principal, Vitruvius a chamava de módulo.

Na Inglaterra de Henrique I (1068-1135), a medida era a jarda — distância entre o seu nariz e o seu polegar. Em 1305, o Rei Eduardo I (1239-1307) padronizava as unidades de medida em acre, jarda e polegada. No seu reinado ocorriam os primeiros indícios de uma política econômica mercantilista (intervenção do Estado na economia).

Para Vitruvius o corpo humano tinha medidas proporcionais. Recomendava que as proporções da construção deviam espelhar-se nas do ser humano. As unidades extraídas do Homem Vitruviano desenhado por Leonardo Da Vinci e a divina proporção de Pacioli — seção áurea, onde entre dois retângulos o menor está para o maior assim como o maior está para a soma dos dois — passavam a participar do ideal de beleza.

A partir do Renascimento, por ser objetiva e sistemática, qualidades que a dialética não possui, a medida escrita em linguagem matemática constituía-se como a intérprete entre o mundo das sensações e a natureza.

Os bens produzidos em série para venda no mercado, inaugurado pelo capitalismo industrial, provocavam transformação na estrutura da sociedade, então composta por grupos diversificados com forte conteúdo humano, para uma sociedade compacta não parcelada em grupos, mas em massa de indivíduos que mutuamente se ignoram.

Por sua vez, o aumento da quantidade e o início da produção em larga escala obrigavam a executar as construções com planejamento de prazo e custo. Projetadas pelos arquitetos, cabia aos engenheiros os meios de construí-las. O relacionamento, com visões diferenciadas entre proprietários, autores do projeto, construtores e usuários, trouxe a necessidade da padronização, com o estabelecimento de parâmetros universais para determinados produtos e serviços. As primeiras normas modernas tiveram como objetivo a padronização de produtos, materiais ou serviços, até então diferentes de uma região para outra, com várias unidades de medidas para as mesmas grandezas.

No ano de 1839, Sir Joseph Withworth (1803-1887) estabelecia padronização para rosca de parafuso. A primeira normatização de um material utilizado na construção civil data de 1854 e referia-se à laminação dos perfis I, e em 1873 para as chapas e fios. As primeiras normas de cimento datam de 1877, homologadas pelo Real Ministério da Prússia para Comércio, Ofícios e Trabalhos Públicos.

Em 1901 foram instalados na Inglaterra a *British Engineering Standards Committe* e nos Estados Unidos o *Bureau of Standards*. A primeira patente sobre a solda data de 1889 em Detroit, outorgada a Charles Coffin (1844-1926).

No dia 20 de maio de 1875, após percalços perdurados desde 1670 com as primeiras contribuições de John Wilkins, o modelo definitivo do Sistema Métrico Decimal, criado na Revolução Francesa pela comissão conjunta de membros da *Académie Royale des Sciences*, foi ratificado. O Tratado Internacional conhecido como Convenção do Metro facilitava a difusão dos conhecimentos e das técnicas construtivas. Sistema de medida universalmente aceito e empregado por todos sem restrições. Antes do sistema métrico decimal fundamentado em padrões de medidas permanentes, inalteráveis e universais, os sistemas eram complexos e heterogêneos, prerrogativas dos príncipes e senhores, não guardando uniformidade em um mesmo país. O novo sistema, desprovido de qualquer transcendência, veio a facilitar os cálculos, mas, ao contrário dos sistemas anteriores, não guardava relação com o corpo humano. No Brasil, o sistema métrico decimal foi adotado em 1862 e regulamentado em dezembro de 1872 pela Lei nº 1.157 com obrigatoriedade em todo o Império.

Norma científica observa os fenômenos da natureza e constata sua repetição e regularidade. No primeiro quartel do século XX, foram desenvolvidas normas técnicas com o objetivo de garantir a segurança das estruturas, atendidas as condições de praticidade e economia. Buscavam evitar colapso ou má função estrutural durante a construção, danos sérios à estrutura e seus componentes, bem como acautelar contra qualquer trauma físico ou psicológico para seus ocupantes durante a sua vida útil.

Em 1930 foram elaboradas, nos EUA, as primeiras normas de especificação dos eletrodos revestidos. Em 1935 foram desenvolvidos os processos de soldagem a arco submerso e o processo *TIG – Tungsten Inert Gas*.

A partir de 1920, houve avanços no controle e garantia da qualidade tanto no projeto quanto na fabricação e execução da obra. Com a introdução da segurança baseada em probabilidades, e com a mudança do método clássico das tensões admissíveis (originário do século XIX e que predominou no século XX) para o método dos estados-limites (nos primeiros anos da década de 1960 e aplicados por volta de 1990), apresentava-se uma nova maneira de calcular.

A predição do futuro, no método determinístico, era uma questão de cálculo. O risco não tendo dimensão humana é uma noção estatística, universal e absoluta. Com isso houve mudança radical de enfoque indicando imprevisibilidade e indeterminação. A estabilidade passada não garantia a estabilidade futura.

Assim, o dimensionamento dos elementos estruturais sofria profunda transformação ao passar do método das tensões admissíveis, que incorpora coeficientes de segurança internos e externos, para o método dos estados-limites, fundamentado na análise estatística de valores aplicados às ações e às resistências dos materiais. A partir de 1960 surgia o projeto em estados-limites com os parâmetros de cálculo quantificados pela teoria da probabilidade.

A teoria determinística feita de massa, ação e movimento, paradigma de pesquisa por três séculos, que identificava de modo científico e objetivo as regularidades que regem a dependência universal dos fenômenos, em que a natureza, em um esforço de síntese, foi reduzida a algumas fórmulas, em que sabendo as condições iniciais tanto o futuro quanto o passado eram determinados e reversíveis no tempo, com o passado e o futuro desempenhando o mesmo papel. A teoria determinística-mecanicista de Newton com o universo reduzido a um modelo simples passava a partir de 1960 para o método dos estados-limites com os parâmetros de cálculo quantificados pela teoria da probabilidade, domínio do risco.

O desenvolvimento experimentado pelos conhecimentos científicos, acompanhado pela redução do intervalo entre os progressos teóricos e suas aplicações práticas, de modo a fundir a ciência e a tecnologia numa entidade única, contribuiu para a criação da entidade de normatização, no Brasil. A organização de especificações das propriedades dos materiais para a construção e dos processos construtivos, assim como normatização de ensaios, teve como origem a primeira reunião de Laboratórios de Ensaios de Materiais, realizada em setembro de 1937. Mesmo ano da fundação da Associação Brasileira de Cimento Portland (ABCP). Reuniões entre representantes do Instituto de Pesquisas Tecnológicas (IPT) (Figura 160) e do Instituto Nacional de Tecnologia (INT) foram os alicerces da fundação da Associação Brasileira de Normas Técnicas (ABNT) em 28 de setembro de 1940 na seção inaugural da terceira reunião de Laboratórios Nacionais de Ensaios. Seu primeiro presidente, que por quinze anos consecutivos permaneceu no cargo, foi o engenheiro Ary F. Torres (1900-1973), chefe do setor de produção industrial do ministério da Coordenação e Mobilização Econômica, cujo ministro era o general João Alberto Lins de Barros (1897-1955).

Figura 160. IPT. Edifício Adriano Marchini. Cidade Universitária USP.

As normas designadas por ABNT NBR foram codificadas em: Especificações de materiais (EB); Métodos de ensaios e de análise (MB); Procedimentos de cálculo e segurança (NB); Padronização dimensional (PB); Classificação (CB); Simbologia para a representação de fórmulas e desenhos (SB); e Terminologia técnica de materiais, de componentes, de processos de fabricação (TB). Proporcionam a integração de conhecimentos estabelecendo padrões e especificando requisitos que facilitam a comunicação e, considerando a tecnologia, estabeleceram parâmetros. Por serem documentos dinâmicos sofrem revisões periódicas.

A construção e todas as outras artes são a concretização de uma atividade intelectual. A ideia de comercializar o conhecimento como propriedade é antiga, como antigo é ter o plágio como esbulho do autor original.

A proteção dos segredos de ofício iniciou-se no final da Idade Média na República de Florença, assegurando a Brunelleschi, em 1421, a primeira patente registrada da história da tecnologia e das invenções. Originalmente concedida por três anos, pelo projeto de um navio anfíbio com guindastes, conhecido como *il Badalone* — o Monstro, "para que os frutos do seu gênio não fossem colhidos por outrem". *il Badalone* fez a viagem inaugural sete anos depois transportando cargas pelo rio Arno.

Em 1474, a primeira lei sobre a concessão de patentes de invenção de que se tem conhecimento veio a ser editada em Veneza. Atribuir uma patente, além do reconhecimento, era dar ao inventor um direito legal e a exclusividade de exploração. Galileu teve direitos assegurados em perpetuidade sobre a invenção de uma bomba d'água.

Ainda na República de Veneza, em 1486, Marcantonio Sabellico (1436-1506) escolhia o editor. Até então os editores eram protegidos dos riscos comerciais.

Em 1567, pelo Senado de Veneza, foi concedido a Ticiano Vecellio (1485-1576) o primeiro direito autoral artístico. Ticiano, nomeado conde e membro da corte imperial por Carlos V, coroado em 23 de março de 1516 em Bruxelas como rei da Espanha e imperador do Sacro Império Romano-Germânico (1519-1558), o homem mais poderoso da Europa, pai de Felipe II.

A partir dessas origens, o autor deixava de estar sujeito ao mecenato ou ao príncipe. A prática, após a Revolução Industrial (1760-1840) e a Revolução Francesa (1789-1799), disseminava-se pela Europa.

Internacionalmente, o tratado mais antigo aplicado à proteção dos direitos patrimoniais e morais dos autores é a Convenção de Berna, em 9 de setembro de 1886. Considerada uma das grandes realizações do direito internacional no século XIX. Revista em vários momentos e emendada em 28/09/1979 é suporte de diversas legislações sobre esses direitos.

No final do século XIX, o desenvolvimento da arte dependia da técnica. Com a comercialização dos computadores, o programa, o hardware e tecnologias afins, considerados como acessórios, são caracterizados, internacionalmente, a partir de 1980, no rol das obras literárias constituindo ativos de grande valor no patrimônio das empresas.

Atualmente os países buscam na legislação apropriada proteção em dois campos distintos: o da arte e o da técnica. Normas jurídicas prescrevem como devem ser seguidos o comportamento e atitudes, bem como as sanções caso a conduta não se concretize.

No Brasil a propriedade industrial é tutelada pela Lei n.º 9.279, de 14/05/1996. O direito autoral, pela Lei n.º 9.610, de 19/02/1998. A proteção de propriedade intelectual de programas de computador, pela Lei n.º 9.609, de 19/02/1998.

Assim, as criações intelectuais passavam a ser valorizadas e respeitadas. No campo das técnicas, protegidas pelo direito industrial, que cuida da própria ideia inventiva. Nos campos literários, artísticos e científicos, no caráter moral e patrimonial, pelo direito autoral, cuidando da forma pela qual a ideia se exterioriza.

Obras de engenharia que modificam aspectos e estruturas da natureza são obras de arte tendo em vista não a beleza e, portanto, não do mesmo gênero das produzidas pelas belas-artes, em que o principal objetivo é produzir o belo na pintura, escultura, gravura.

Observa-se que o exagero de normas poderá destruir a liberdade e represar a criatividade, mas a dissolução das normas levaria à anarquia autodestrutiva.

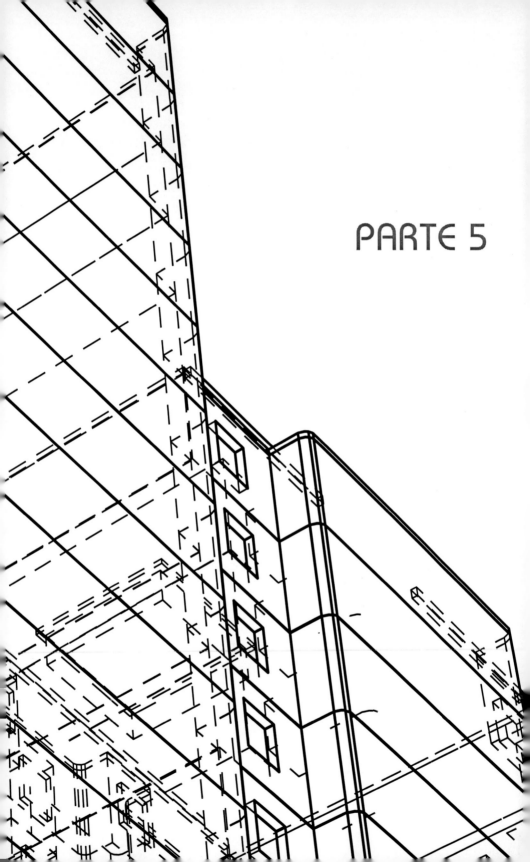
PARTE 5

28

A ESTRUTURA NA ARQUITETURA

Aspectos de um mesmo processo, distintos apenas na teoria, as finalidades artísticas e técnicas são inseparáveis nas construções. A estrutura para garantir a forma espacial e assegurar a integridade ao longo do tempo requer uma disposição racional de elementos destinados a receber determinadas forças, transmitindo-as direta ou indiretamente ao solo e, por sua própria resistência, dar solidez e permanência garantindo a estabilidade. A eficiência do sistema estrutural é alcançada pelo arranjo dado para propiciar a mudança da direção das forças de maneira a possibilitar a desobstrução do espaço e melhorar as qualidades funcionais e estéticas. Primordial é manter-se de acordo com as leis da física. Isto é, a concepção estrutural cumprindo a função estática: equilíbrio, resistência e estabilidade, dando aos elementos estruturais dimensões, de tal maneira, que a forma arquitetônica se mantenha ao longo do tempo resistindo plenamente à ação da gravidade e às solicitações horizontais.

Cisma entre as duas profissões vindas com a fundação da Escola de Belas Artes contrapondo-se à Escola Politécnica, fundada na Revolução Francesa, em 1794, e o domínio de novas técnicas com emprego do aço e do concreto na execução dos sistemas estruturais impões uma arquitetura em que o engenheiro deveria estar com o pensamento ordenado no sentido matemático avançando na Mecânica e os arquitetos consolidados no estatuto de artista.

Exposições universais mostravam o progresso como ideal de um mundo interligado pelo comércio. O progresso nas técnicas de fabricação do vidro favorecia o surgimento de vitrines e grandes painéis para as fachadas dos edifícios.

Comparada com a arquitetura da pedra, madeira, tijolo, a incorporação das estruturas metálicas e de concreto na construção civil foi um processo rápido e em desenvolvimento. Interrompia a tradição, permitindo novas liberdades formais.

Os engenheiros, tendo o domínio do conhecimento científico e tecnológico necessário para projetar, procuravam expressar, nas suas portentosas realizações, a arte. Ocupando atividades anteriormente exclusivas dos "arquitetos", desempenhavam papel de expressiva significação no saber técnico e tomavam conta das obras mais representativas, alterando o panorama das construções.

Ao fim de dois séculos, engenheiros descobriram as exigências da qualidade de vida e os arquitetos, as virtudes da funcionalidade. Um único homem voltava a reunir as condições da criatividade e do engenho nas contribuições de Nervi, Buckminster Fuller, Mies Van der Rohe, Renzo Piano, Richard Rogers, Norman Foster, Frank Gehry (1929), Calatrava.

O arquiteto e engenheiro espanhol Santiago Calatrava (1951) em seus projetos cria formas padronizadas repetitivas com arrojo. Utiliza a chamada arquitetura orgânica imitando a natureza, onde a única manifestação em que as retas aparecem é nos cristais. Contrastando com a arquitetura de Vitruvius, Calatrava, em vez do Homem ereto, apresenta nos projetos posturas diferentes com o Homem agachado, deitado ou com a cabeça abaixada e braços estendidos para os lados, como na **Gare do Oriente**, em Lisboa (Figura 161)

Ou como a estrutura da Galeria, em Toronto, formada por cento e trinta metros de comprimento por catorze metros de largura, coberta por arcos parabólicos fixados no topo dos pilares de vinte e sete metros de altura que se abrem como galhos. As colunas, bifurcadas duas vezes a partir do solo, insinuam árvores metálicas derivada das palmeiras que se curvam.

Figura 161. Lisboa, Portugal, 1998. Projeto elaborado por Calatrava entre 1994 e 1995.

Na modernidade, a vertente estética destaca a relevância da arte, e fundamentada na ideia do progresso, do racionalismo, do pragmatismo e na ação abarca a vertente do pensamento científico tecnológico.

A memória do Homem e da história dos seus conhecimentos e da sua arte, em um determinado tempo e espaço, tem como seus maiores garantidores cristalizados, incorporados e representados na arquitetura de suas construções, onde o passado testemunhando o tempo em que viveram perdura em meio ao presente.

A Arquitetura é a área de interface onde Arte (criação artística) e Ciência (física, matemática, ciências dos materiais) se unem realizando o casamento da Técnica com a Arte - Hefesto com Atena.

29

A ESTRUTURA METÁLICA

A estrutura metálica, ocasionando avanço aos sistemas construtivos, mesclando força com leveza, demonstrando eficiência e economia, permitia, sem experiências anteriores, maiores espaços livres. Teve um processo de incorporação rápido na arquitetura. A partir do aço, os critérios de cálculo de resistência evoluíam e novas necessidades iriam se juntar aos edifícios existentes, e grandes obras como pontes, galpões, fábricas, estações ferroviárias, salas de exposições foram realizadas, quando ainda não havia teorias científicas consistentes.

Edifícios de um só andar, como das fábricas, destacavam como sistema estrutural a treliça, e os edifícios comerciais com vários pisos, o pórtico. Estruturas, independentes das paredes de fechamento e vedação, eram envolvidas por alvenarias.

Aproveitando a energia hidráulica do rio Marne, a fábrica de chocolates **Noisiel-Sur-Marne** foi uma das primeiras com andares múltiplos a ser construída com estruturas metálicas. Construção de 1872, perto da cidade de Paris, projetada por Jules Saulnier (1828-1900), é sustentada por pilares de ferro fundido apoiados sobre as fundações de pedra de um antigo moinho. A estabilidade garantida pelo sistema de barras diagonais, contrasta com os painéis de tijolos e cerâmicas das fachadas (Figura 162).

Figura 162. Construção de 1872. As barras diagonais da treliça contrastam com os painéis da parede.

O período entre 1850 e 1914, anterior à Primeira Guerra Mundial foi de intenso movimento econômico. O mundo era organizado juridicamente. O Direito geria e organizava as atividades do Homem na vida privada e na vida pública. Marcada pela paz entre as nações e por inovações culturais urbanas como telefone, telégrafo sem fio, cinema, bicicleta, automóvel, ganhou o nome de Belle Époque.

Edifícios inovadores com novas formas estruturais e arquitetônicas eram desenvolvidos apresentando variados estilos. Alguns com ornamentação postiça imitando alvenaria ou madeira como a **Railway Stations Liverpool Street**, Londres (1875), no estilo neoclássico, com arco romano e colunas dóricas, projeto do engenheiro Edward Wilson (Figura 163).

Figura 163. Railway Station Liverpool Street, Londres (1875).
Estilo neoclássico com arcos romanos e colunas dóricas.

Outros como o **Museu da Universidade de Oxford** (1854-1860), em estrutura tubular leve, de ferro fundido coberta com vidros policromados, projeto de Thomas Newenham Deane (1792-1871) e Benjamin Woodwards (1815-1861), no estilo gótico (Figura 164).

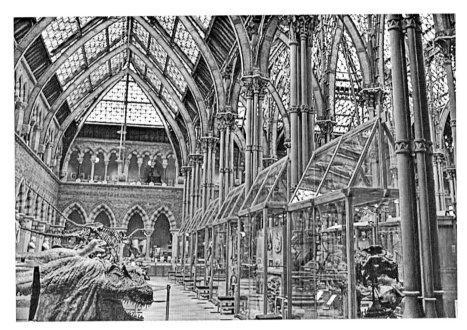

Figura 164. Museu da Universidade de Oxford (1854-1860). Estrutura de ferro fundido.

Pontes de grandes vãos, como a **Ponte Dom Luís I** sobre o rio Douro (1881-1887), interligando a cidade do Porto a Vila Nova de Gaia, em Portugal, com 3.050 toneladas de ferro. O tabuleiro superior de 385 metros de comprimento e o inferior 174 metros, tem arco com vão de 172 metros com 44,5 metros de flecha (Figura 165). No cálculo o engenheiro Téophile Seyring (1843-1923) utilizou métodos gráficos.

Figura 165. Ponte Dom Luís I sobre o rio Douro, 1885.
Arco com vão de 172 metros. Patrimônio Mundial da Unesco.

Ponte Maria Pia (1877) na cidade do Porto. Ponte ferroviária com 352 metros de comprimento total. O arco parabólico estende-se por 160 metros com o tabuleiro a 60 metros de altura acima do rio Douro (Figura 166). Executada em 22 meses por Gustave Eiffel com projeto de Téophile Seyring.

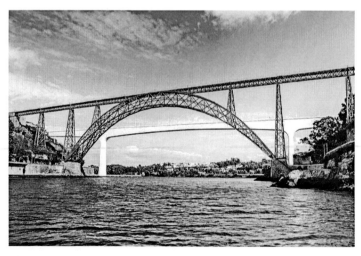

Figura 166. Ponte Maria Pia. Foi a ponte com o maior arco em ferro. Desde 1982 é Monumento Nacional.

Em Paris, exibindo arcos apenas como ornamento sem função de sustentação, uma imponente torre de ferro fundido com 324 metros de altura se integrava ao ambiente. Erguida no centenário da Revolução Francesa, em 1889, por Alexandre Gustave Boenickhausen-Eiffel (1832-1923), ganhou o seu nome - **Torre Eiffel**. Mais de quinze mil elementos estruturais e 2,5 milhões de orifícios de rebites foram executados com precisão de milímetros. Obra temporária mais permanente do mundo, foi concluída em dois anos e dois meses. Pesa mais de 10.000 toneladas e por mais de 40 anos era a construção mais alta do mundo.

COBERTURAS

O aço é o material que, pela relação resistência mecânica/peso, domina as estruturas das grandes coberturas para albergar instalações industriais, desportivas, aeroportos e pavilhões de exposições. As estruturas das coberturas evoluíram de duas dimensões para os sistemas tridimensionais, denominadas coberturas espaciais. No primeiro, as treliças, os arcos e os pórticos planos, que resistem às ações atuantes no seu próprio plano. No segundo, as treliças espaciais, as coberturas lamelares-plissadas e as coberturas tensionadas, todas com maior eficiência por terem um mesmo arcabouço estrutural suportando o carregamento proveniente de todas as direções.

Pela considerável vantagem quanto a rapidez, custo, leveza e elegância nas composições arquitetônicas, a estrutura metálica contribuiu decisivamente para solucionar o arranjo estrutural das coberturas de grandes espaços não sujeitos a atravancamentos por outros elementos portantes. O teatro de Bordéus, em Paris, em 1786, foi uma das primeiras executadas utilizando o ferro.

Ainda em Paris, entre os anos de 1802 e 1808, na reconstrução da cúpula do Mercado do Trigo, o arquiteto da corte de Luís XVI, François-Joseph Bèlanger (1745-1818) substituía a estrutura de madeira consumida por incêndio por uma cobertura metálica com trinta e oito metros de diâmetro.

Palácio de Cristal

Na época da formação do Império Britânico e do capitalismo industrial, o Palácio de Cristal em Londres (Figuras 167 e 168) foi o pavilhão da Exposição Internacional do Comércio e das Artes. Inaugurado, com a participação de mais de quarenta países, pela rainha Vitória (1819-1901), em 1º de maio de 1851, sendo o príncipe consorte Alberto Saxe-Coburgo-Gotha (1819-1861) o principal colaborador.

Realizada no Hyde Park, foi a primeira exposição mundial a apresentar o inventário do talento humano do seu tempo e ostentar, em uma redoma de vidro, elementos de construção e propaganda da Era Vitoriana, que se iniciava. O evento demonstrava, pela imponência e inovação nas comunicações com ferrovias, telégrafos, navio a vapor, aumento da produtividade na agricultura, na indústria e em todos os setores da engenharia, a superioridade britânica. O memorável pavilhão, construído com ferro, inaugurou a série das grandes galerias envidraçadas. Símbolo do progresso técnico para a difusão da arquitetura do ferro.

Consta que ao concurso para o projeto de execução do Palácio de Cristal compareceram 245 candidatos, sendo 27 franceses. O prêmio foi entregue ao arquiteto Héctor Horeau (1801-1872). Contudo seu projeto não foi o executado.

Nove meses antes da abertura da exposição, Joseph Paxton (1803-1865) foi chamado a conceber novo projeto. Paxton, em 1850, havia patenteado a construção de estufas com ferro e vidro com o teto plissado em ziguezague. Paxton, horticultor/jardineiro, era o administrador do Castelo de Chatsworth do duque de Devonshire.

Após oito dias do convite, Paxton exibia, dentro do orçamento previsto, uma concepção arrojada, tanto pelo detalhamento dos elementos constituídos por treliças metálicas de ferro, com vãos variando de 7,32 metros a 21,96 metros, quanto pelo método de produção. O módulo de 2,44 metros determinava as posições e dimensões de todas as peças da estrutura. O sistema de montagem apresentava rapidez, reutilização em outro local após o evento ou reaproveitamento como ferro-velho, barateando custos. O processo construtivo abrangia a concepção, a fabricação, o transporte, a construção e o desmonte. Por serem pré-fabricados, todos os elementos que integravam o conjunto tiveram definições antecipadas para evitar desacertos durante a montagem.

Tinha 71.800 metros quadrados de superfície coberta, 93.000 metros quadrados de vidro, 124 metros de largura e 580 metros de comprimento (correspondente a 1.851 pés, simbolizando o ano da exposição), 3.300 colunas, 2.224 vigas de ferro, 300 mil placas de vidro e 205 mil esquadrias de madeira para receber os vidros policromados — azul, vermelho, amarelo, com projeto de Owen Jones (1806-1889), autor da *Gramática do ornamento*, de 1856, em que recomendava a união entre o conhecimento adquirido por meio de análise do passado e a observação da natureza.

A invenção do vidro laminado, em 1848, viabilizando a produção de peças de vidro muito maiores, era o elemento fundamental da exibição. Substituindo tijolos, esquadrias de vidro fechavam externamente os três andares. Colunas vazadas, com 20 centímetros de diâmetro, permitiam a passagem das águas pluviais vindas do telhado. O telhado, exteriormente com aparência de ser plano, realmente era formado por placas modulares plissadas em ziguezague inspirado na folha da planta aquática vitória-régia. O pavimento inferior elevado em 1,2 metros tinha o espaço inferior servindo para ventilação e dispositivo para recolher o pó.

Obra inteiramente constituída por sete tipos de elementos estruturais, pré-fabricados, produzidos em série em regiões diversas da Inglaterra, transportados para Londres com peso não ultrapassando uma tonelada, prontos para serem utilizados, com ligações padronizadas, foi montada em vinte e sete semanas. Foram responsáveis os engenheiros ferroviários da empresa *Fox and Henderson and Partness Engineers Consultings*.

Para Karl Marx, que vivia em Londres, a exposição era "uma evidente comprovação da concentrada força com que a moderna indústria em larga escala derruba fronteiras nacionais em toda parte e cada vez mais desfaz as peculiaridades locais de produção, sociedade e caráter nacional entre todos os povos". Mais, "com esta exposição a burguesia mundial ergueu na Roma moderna seu Panteão, nele exibindo com presumido orgulho, os deuses que produziu para si mesma".

Encerrada a exposição, o pavilhão, ampliado uma vez e meia, foi reconstruído em *Sydenham Hill*, ao sul de Londres. O transepto central com o dobro da largura e teto curvo abrigava e preservava, no interior da construção, as grandes árvores existentes no parque. Durante oitenta anos foi o Centro Cultural utilizado para concertos, exposições de escultura e pintura. Em 1866, sofreu incêndio parcial. Em 1936, incêndio de grandes proporções provocou sua total destruição.

Figura 167. Representação artística do Palácio de Cristal. Treliças de ferro com dimensões padronizadas. No interior, máquinas e produtos em exibição instruíam e divertiam o público.

Figura 168. Representação artística do Palácio de Cristal. Vista externa da cobertura com telhado de vidro inspirado na folha da vitória-régia. Fachadas com vidros policromados.

Na França e na Itália foram concebidas as primeiras galerias cobertas precursoras das grandes casas comerciais de luxo.

A **Galleria Vittorio Emanuele**, em Milão (1867-1877), interliga a *Piazza Duomo*, que abriga a Catedral, à *Piazza della Scala*, local da casa de ópera. A cúpula com 39 metros de diâmetro em ferro fundido e vidro está a 47 metros de altura (Figuras 169 e 170). Obra de Giuseppe Mengoni (1829-1877) no estilo eclético, foi inspirada no Cristal Palace de Londres. Foi danificada por bombardeios, em 1943, no decorrer da Segunda Guerra Mundial.

Figura 169. Galleria Vittorio Emanuele. Aspecto da estrutura durante a execução da cúpula.

Figura 170. Galleria Vittorio Emanuele. Ruas de pedestres cobertas com ferro e vidro se encontram no pátio sob a cúpula.

Galeria das Máquina

Concebida, juntamente com a Torre Eiffel, para a Exposição Mundial de Paris em 1889, em comemoração ao centenário da Tomada da Bastilha, a Galeria das Máquina (Figura 171), pavilhão com 420 metros de comprimento, construída em cinco meses, foi um arrojo da engenharia. Primeira cobertura de grande porte executada com estrutura de aço, reunia novidades em recursos elétricos advindos da Segunda Revolução Industrial como elevadores e plataformas iluminadas possibilitando visitas à noite. Projetos do arquiteto Ferdinand Dutert (1845-1906) e do engenheiro Victor Contamin (1840-1893).

Independente das vedações, cobertura formada por uma sucessão de vinte gigantescos arcos treliçados, com 115 metros de vão livre e ligações rebitadas, espaçados a cada 21 metros, na altura de 47 metros, cobria espaço nunca vistos até então. As paredes e os tetos utilizando painéis de vidro propiciavam um ambiente translúcido que superava tudo o que até então se construíra.

A imponência estava no conjunto monumental. Cada peça em particular de concepção inteiramente nova demonstrava o avanço técnico. Os arcos articulados nas bases e na chave, com seção transversal variável, reduzidos a simples ponto, sem colunas de apoio, tocavam diretamente no solo. Articulações solucionavam problemas de esforços provocados pelas deformações devidas às diferenças de temperatura e ação do vento. Foi a primeira construção a vencer grandes vãos utilizando arcos triarticulados em oposição à estrutura rígida. As forças horizontais, nos apoios dos arcos, eram absorvidas por tirantes enterrados no solo. Na elaboração do projeto estrutural foram utilizados métodos gráficos. Demolida em 1910, não foi reconstruída.

Figura 171. Particularidade dos apoios reduzidos a simples pontos. Grande salão para abrigar as grandes máquinas da Exposição de 1889.

No **período 1900-1950,** entre o final do século XIX e as primeiras décadas do século XX, com o aço, petróleo, telefone, automóvel, avião, energia e lâmpada elétrica, ocorria a *Segunda Revolução Industrial*.

No início do século XX, as exposições universais diminuíam e as construções fabris sofreriam reatualizações contínuas. Cobertura metálica de concepção circular (Figuras 172) notável desse período foi a do *Salão de Exposições em Frankfurt* para a feira internacional realizada, em 1909. Barras foram dispostas na direção dos meridianos e dos paralelos (Figuras173).

Figura 172. Vista aérea do Salão de Frankfurt (1909).
Arquiteto Friedrich von Thiersch (1852-1921).

Figura 173. Salão de Frankfurt (1909). Vista interna da cúpula com diâmetro de 85 metros.

Notável, também, foi a cobertura do **Matadouro de Lião**, em 1924, confiado ao arquiteto e urbanista Tony Garnier (1869-1948) com a estrutura criada pelo engenheiro Bertrand Fontviolant, autor de um teorema da elasticidade (Equações de Fontviolant). Cobertura com cento e vinte metros de comprimento formada por pórticos de aço com vãos de oitenta metros, erguidos independentemente da fachada de pedra, que apresentava grandes rasgos de janelas (Figuras 174 e 175).

Figura 174. Vista panorâmica do Pavilhão do Matadouro de Lião.

Figura 175. Matadouro de Lião. Vista interna do pavilhão mostrando a estrutura formada por pórticos triarticulados.

Em 1914, a Alemanha produzia quase o dobro de aço da Grã-Bretanha, e os Estados Unidos o dobro da Grã-Bretanha, França e Alemanha juntas. No período caracterizado pelo otimismo tecnológico entre as duas Grandes Guerras, pelo empobrecimento, estagnação industrial e cataclismo político, a produção de aço foi reservada, por incentivos às grandes empresas da indústria bélica, para as prioridades da defesa de cada nação, acarretando repercussões no mercado da construção.

Após as Guerras, com exceção dos Estados Unidos, onde nas cidades de Chicago e Nova York iniciavam-se as construções dos edifícios de múltiplos andares, a readaptação e a retomada do aço como material de construção foi demorada e progressiva.

Novos métodos de cálculo, emprego da solda, elementos pré-fabricados (propiciando a produção em série, rapidez, facilidade para montagem, desmontagem, economia de material e da mão de obra), aplicações tanto na arquitetura industrial como nas construções de edifícios, sistemas estruturais mais leves, as estruturas metálicas recobraram o atraso.

Pavilhão Brasileiro da Exposição de Bruxelas

A primeira Exposição Mundial, após a Segunda Grande Guerra, realizou-se, em 1958, na cidade de Bruxelas. O Pavilhão Brasileiro ocupava uma área retangular de quarenta por sessenta metros sem suportes internos. Cobertura de concreto, fina como lençol (Figura 176), era constituída por treliças que sustentavam a rede de cabos e vigas apoiadas nos quatro cantos em torres triangulares, composta por perfis tubulares de aço. Longitudinalmente, espaçados a cada dois metros um cabo de aço, e transversalmente, sobre os cabos a cada metro, vigas em perfis "T" recebiam os painéis da cobertura formada por três camadas: plástico, concreto e impermeabilizante. Autores do Projeto foram o arquiteto Sérgio Wladimir Bernardes (1919-2002), e o engenheiro Paulo R. Fragoso (1904).

Figura 176. Pavilhão Brasileiro na Exposição de Bruxelas.
Vista aérea da abertura do *compluvium*.

Nas bordas a cobertura era suportada por pilares circulares, ancorados no solo por cabos de aço presos nas treliças (Figura 177). Um balão vermelho de sete metros de diâmetro pairava sobre a cobertura. A cobertura, com a aparência de livremente flutuar, executada em cem dias, foi precursora das coberturas com malhas de cabos de aço suspensas por alguns pilares. Estruturas leves, que se moldam a qualquer forma, criam superfícies que vencem grandes vãos.

Figura 177. Pavilhão Brasileiro na Exposição de Bruxelas.
Vista das treliças, cabos e torre triangular no canto da cobertura.

Quando o tempo era bom, o balão subia. Quando o tempo era de chuva, descia puxado por corrente tampando a abertura de seis metros de diâmetro do *compluvium*. A água escorrendo na superfície do balão caía como cascata no *impluvium* do jardim interno, rodeado por rampas (Figura 178).

Figura 178. Pavilhão Brasileiro na Exposição de Bruxelas. Espaço interno e o *impluvium* no jardim interno.

Outros dois pavilhões projetados por Sérgio Bernardes foram o **Pavilhão de Volta Redonda**, executado pela Companhia Siderúrgica Nacional no Parque Ibirapuera, na comemoração da Exposição do IV Centenário da cidade de São Paulo (Figura 179) e, o da Feira da Indústria e Comércio (1957-1962), **Pavilhão de São Cristóvão**, no Rio de Janeiro, concebida como uma gigantesca cesta de cabos de aço com planta de forma elíptica, superfície suspensa a vinte metros de altura em forma de sela (Figura 180).

Figura 179. Exposição do IV Centenário de São Paulo. Pavilhão sobre o lago do Ibirapuera.

Figura 180. Pavilhão de São Cristóvão, com apoios dispostos unicamente no seu perímetro. Foi a maior cobertura pênsil do mundo.

Palazzo del Lavoro

Grandes construções foram realizadas para as celebrações da Unificação Italiana (união política ocorrida em 20 de setembro de 1870, com a tomada de Roma, até então sob o domínio do papa, pelas forças de Vittorio Emanuele II, proclamado rei da Itália). O Palazzo del Lavoro (Figura 181), na cidade de Turim, capital italiana entre 1861 e 1864, foi uma dessas construções.

Concebida pelo inventivo Pier Luigi Nervi (1891-1979), teve como referencial a justaposição de dezesseis elementos modulares quadrados com trinta e seis metros de lado (Figura 182). Os módulos abrangem a área formada por superfície também quadrada com lados de 158 metros. Cada módulo é composto por robusta coluna central de geometria variável com vinte e seis metros de altura, pré-fabricada, de concreto armado. Moldados em seis seções verticais, com juntas horizontais delineadas, os pilares têm na base cinco metros de largura em forma de cruz e encimados por capitel na forma de coroa circular com 2,5 metros de diâmetro externo. Suporta vinte vigas de aço como elementos radiais, em uma planta bidirecional, como que formando cogumelos.

Expondo a estrutura, com vigas radiais de aço em balanço de inércia variável nervuradas, foi, na sua concepção construtiva, uma inovação em que a continuidade e a forma combinam com a repetição. Externamente paredes de vidro suportadas por estrutura de aço envolvem todo o perímetro. Destaca-se, ainda, a rapidez na sua execução, pouco mais de onze meses.

Figura 181. Vista externa do *Palazzo del Lavoro*.

Figura 182. Colunas de concreto armado. Cada uma com vinte vigas de aço em balanço.

Centro Renault

A cobertura do Centro Renault, na cidade de Swindon, Inglaterra, é mantida por uma série de mastros metálicos com dezesseis metros de altura. Pré-comprimidos, esbeltos, têm sua estabilidade assegurada pela associação entre cabos e barras rígidas que impedem a deformação lateral. Nos mastros localizados nos vértices, oito cabos passando por anéis de engaste orientados para as bordas e diagonais de cada módulo (Figura 183) permitem que elementos repetitivos, formando quadrados de configuração quebrada com vinte e quatro metros de lado, permaneçam suspensos, sem a necessidade de apoios intermediários. Nas laterais, marquise composta por barras com tirantes nas extremidades chumbados no solo, possibilitam a estabilidade de todo o conjunto.

Água pluvial captada na cobertura, por tubos, é direcionada para os mastros de perfis vazados. Fechamentos com chapas de vidro dão transparência e visibilidade para o meio circundante.

Construção, de 1983, mostra e exibe as articulações e os elementos distintos da estrutura, uns tracionados, outros comprimidos. Barras, como se braços de gruas, sustentadas pelos cabos, têm furos arredondados provocando um visual insinuando peças mecânicas. O teto modelado pelas peças de fibra de vidro assemelha-se a forma de uma tenda.

Segundo seu autor, arquiteto Norman Foster (1935), a solução arquitetônica estiliza, as árvores da família flamboaiã. Protótipo da High Tech, construída com materiais especiais, unidos por fixadores especiais, simboliza leveza. Composto por 42 unidades de construção idênticas, permite flexibilidade para propiciar, com os acréscimos de módulos, futuras ampliações.

Figura 183. Centro Renault. Ligação das colunas com cabos ancorados no solo. Coluna e cabos de cada módulo.

Aeroporto de Stuttgart

A estrutura que recebe e transmite para o solo as cargas atuantes na grelha que sustenta o telhado do *hall* principal do Aeroporto de Stuttgart (1990) é formada por doze colunas projetadas pelo arquiteto e engenheiro Meinhard von Gerkam (1935-2022), com ramificações inspiradas nos galhos das árvores da Floresta Negra. Abrange no piso módulos com área equivalente a um retângulo de 21,6 por 32,4 metros, proporcionando espaços amplos para circulação.

A solução estrutural possibilita a diminuição dos vãos da estrutura da cobertura. Cada coluna modulada e encaixada com ramificações passando de quatro para três e depois para quatro ramos permitem que a grelha, situada a trinta metros de altura, tenha vãos com cerca de quatro metros (Figura 184).

As colunas (troncos) e suas ramificações (galhos e ramos) são compostas por perfis tubulares de aço fundido dispondo seções transversais variáveis e proporcionais aos esforços atuantes (Figura 185). As paredes frontais e laterais de painéis de vidro, independentes da estrutura, permitem a visibilidade externa.

Figura 184. Aeroporto de Stuttgart. Elementos modulados. Juntas com ressalto para encaixe.

Figura 185. Aeoporto de Stuttgart. Vista interna.
Elementos modulados ramificados.

Centro de Recuperação Infantil

O Centro de Recuperação Infantil do Hospital Sarah, Lago Norte, Brasília (2001), tem cobertura circular com diâmetro correspondente a cinquenta e dois metros (Figura 186). Cinquenta e seis elementos metálicos pré-fabricados com dupla curvatura, variável ao longo do seu comprimento, apoiados no anel central superior também metálico, cobre a piscina, a copa, a área de circulação, a caixa de areia e a sala de estimulação.

Mantas de produtos sintéticos, fixados no forro, na superfície inferior da estrutura, propiciam o isolamento térmico. Terças apoiam as telhas e proporcionam o travamento horizontal. No seu contorno não há entradas, mas aberturas com painéis móveis pivotantes de chapas galvanizadas pintados em cores vibrantes.

Internamente a construção criada, pelo arquiteto João Filgueiras Lima (1932-2014) e pelo engenheiro Roberto Vitorino, aparenta estar solta do chão, insinuando o movimento de um polvo. Externamente, se apresenta como uma grande tenda onde não se diferencia a parede do teto. Explorando as propriedades estéticas e tecnológicas dos materiais, com a criatividade expressiva da forma, valoriza a importância do entorno. Vista de longe, é um circo (Figura 187).

Figura 186. Centro de Recuperação Infantil. Vista do edifício em construção. A estrutura insinua o movimento de um polvo.

Figura 187. Vista exterior do Centro de Recuperação Infantil. De longe, é um circo.

EDIFÍCIOS ALTOS

Impulsionada pela Revolução Industrial a população urbana concentrava-se em centros fabris. Em ruas não pavimentadas foram construídas casas geminadas, amontoadas de costas umas para as outras sem janelas laterais, com portas na frente, mas não nos fundos.

Para melhor aproveitamento do terreno a solução encontrada para a demanda habitacional e comercial foi a verticalização. Isto é, a multiplicação do solo, com a sobreposição de unidades dispostas em andares. Construídas simultaneamente em diversas cidades, a produção em escala valorizou áreas urbanas, e as cidades de Chicago e Nova York tornavam-se pioneiras.

A viabilidade da altura estava associada à estabilidade estrutural, aos elevadores de alta velocidade, aos componentes sanitários, aos sistemas de ar-condicionado, às esquadrias, às dimensões maiores de placas de vidro, à proteção contra o fogo, ao custo de manutenção, ao impacto ambiental e à turbulência do vento.

Elevador acionado por vapor, com freio de segurança (1853), devido ao engenheiro americano Elisha Graves Otis (1811-1861), foi instalado no edifício de cinco andares em 1857, na cidade de Nova York. O elevador hidráulico (1870), criado por C. W. Baldwin, em Chicago, dominou até o elevador elétrico ser inventado, em 1880, por Werner von Siemens (1816-1892) e apresentado na Exposição Industrial de Mannheim, em 1881.

Em Chicago, cidade fundada em 1830, com casas principalmente de madeira, ao ser destruída por incêndio, em 1871, gerou a necessidade de reconstruí-la com materiais resistentes ao fogo e com as novas tecnologias. Os primeiros edifícios de múltiplos pisos com estruturas metálicas e novas técnicas para uso do concreto armado foram construídos.

O mais alto em alvenaria de tijolo, material tradicionalmente utilizado, foi o **Monadnock Building** (1884-1892), projetado por Daniel Hudson Burnham (1846-1912) e John Root (1850-1891) (Figura 188). Paredes de vedação faziam parte da estrutura. Para suportar o carregamento dos seus dezesseis andares, o pavimento térreo tinha, devido à reduzida resistência à compressão do tijolo, paredes de dois metros de espessura decrescendo ao longo dos andares superiores, ocupando grande parte da superfície utilizável.

Figura 188. Monadnock Building, Chicago. Estrutura com dezesseis pavimentos em alvenaria de tijolos.

O edifício é considerado alto quando comparando largura e profundidade prepondera a altura, geralmente a partir da relação h/b = 6 (6 metros de altura para cada 1 metro de base). O vento, não levado em consideração nas construções baixas, pela atuação dinâmica que provoca solicitações laterais de grande variabilidade em um curto intervalo de tempo, passava a ser ação importante nas construções esbeltas. Com o aumento da altura e a consequente redução da relação entre altura e largura, a estabilidade estrutural dos edifícios tornava-se difícil de ser alcançada, requerendo estudos especiais.

Foi em 1885, no *Home Insurance Building*, de Chicago (Figura 189), que pela primeira vez as ações provocadas pelo peso próprio, máquinas, utensílios e pessoas foram transmitidas para as vigas e colunas de ferro embutidas nas alvenarias. As alvenarias realizavam apenas a função de vedar os ambientes. Edifício, de dez pavimentos, com 55 metros de altura, completamente estruturado em ferro, desenvolvido por William le Baron Jenney (1832-1907), engenheiro formado na École Polytecnique de Paris, foi demolido em 1929.

Figura 189. Home Insurance Building (1885), Chicago. Estrutura de ferro embutida nas paredes.

No mesmo ano, o aço passava a ser empregado. Substituindo os rebites, as primeiras ligações parafusadas foram executadas. Externamente, as estruturas metálicas revestidas de pedra, assemelhavam-se aos de alvenaria. O conjunto de edifícios do centro administrativo da cidade passava a ser designado como referente à Escola de Chicago.

Para os arquitetos Dankmar Adler (1844-1900) e Louis Henry Sullivan (1856-1924), graduados pelo Massachusetts Institute of Technology e pela École des Beaux-Arts em Paris, a arquitetura não era simplesmente arte mais ou menos bem-executada, mas manifestação social, dando atenção ao aspecto externo. Sullivan, somando arte e técnica, é considerado criador do estilo e pioneiro da Arquitetura Moderna. Dessa escola procede o consagrado arquiteto americano Frank Lloyd Wright.

A segunda fase da evolução dos edifícios altos ocorria na cidade de Nova York. O mais antigo é o *Flatiron Building* (1902), para escritórios, com 87 metros de altura e 22 andares em forma triangular, com 2 metros de frente. Estrutura de aço, projeto de Daniel Burnhan (Figura 190).

Cidade situada no nordeste dos Estados Unidos, em um conjunto de ilhas, separada de Nova Jérsei pelo Rio Hudson, Nova York, em 1664, era denominada Duque de York em homenagem a Jaime II (1633 – 1701), futuro rei da Inglaterra, irmão de Carlos II. Batizada mais tarde de Nova Amsterdam, como entreposto da Companhia Holandesa das Índias Ocidentais, cresceu em importância econômica pela localização do seu porto.

Em setembro de 1776 sofreu o Grande Incêndio provocado pelas forças militares britânicas por ocasião da Guerra Revolucionária Americana.

Figura 190. Flatiron Building (1902).
Nova York. Vista das fachadas.

Um percurso da construção civil pela história

Com estrutura formada por pórticos rígidos, apresentava-se em 1913, na cidade de Nova York, o **Woolworth Building**, do Arquiteto Cass Gilbert (1859-1934), com 234 metros de altura e 55 pavimentos para escritórios. Sobressai, dando ênfase vertical (Figura 191), a altura da torre central, com detalhes arquitetônicos em mármore e bronze.

Figura 191. Woolworth Building, Nova York, 1913.
Vista externa realçando a torre central.

Empire State Building

O Empire State Building (Figura 192), com 102 pavimentos, 6.500 janelas, 380 metros de altura, projeto do escritório Shreve, Lamb, Harmon, no ano de 1932, em Nova York, servido por 73 elevadores, com a relação h/b = 8, por quarenta anos, permaneceu, até 1971, como o maior em estrutura metálica do mundo, superado pelo World Trade Center com 417 metros. Apresentou grande complexidade no cálculo da estrutura do pórtico tridimensional com pilares tanto no seu interior quanto na sua periferia. Engenheiros propuseram processos de resolução, entre eles Takabeya e Hardy Cross (1885-1959), que apresentou um método por aproximações sucessivas — equilíbrio dos momentos fletores. Utilizando apenas a régua de cálculo. Até recentemente, antes dos programas comerciais para os computadores, foi o método utilizado na resolução das vigas contínuas e dos pórticos. O comportamento do edifício sob as cargas de vento foi estimado por ensaios em modelos reduzidos nos túneis aerodinâmicos.

Figura 192. Empire State Building (1932), Nova York. Vista panorâmica.

Mies Van Der Rohe (1886-1969) projetou, às margens do lago Michigan, na cidade de Chicago, o bloco de apartamentos formado por duas torres gêmeas denominado *Lake Shore Drive* (1948-1951). Pórticos de estrutura metálica recobertos com concreto, foi revestido com chapas de aço. Separada da estrutura do edifício outra estrutura de aço sem ornamentação sustenta a fachada de painéis de vidro. Como parte do aspecto modular, marcado por linhas retas verticais, perpendiculares às das lajes dos pisos, os painéis de vidro coloridos vizinhos aos pilares de canto são menores e equivalem a meio pilar em relação aos demais com janelas iguais.

Processos modernos para a fabricação do vidro ocasionavam o aumento das suas dimensões e a diminuição do seu preço. O edifício *Lever House*, de 1952, na Park Avenue, em Nova York, de Gordon Bunshaft (1909-1990) e Natalie de Blois (1921-2013), foi dos primeiros a ser revestido com vidro atérmico para absorver irradiação.

Seagram Building

Ainda na cidade de Nova York, com montagem industrial e sem os ornamentos do século XIX, Mies Van Der Rohe e Philip Johnson criavam o edifício de escritórios Seagram Building (1954-1958), na Park Avenue. Com a função de vedação externa, fachada inteiramente de vidro em que painéis modulados atérmicos da cor marrom eram unidos a perfis de bronze (Figura 193). Como contraventamento, pórticos do andar 29 para cima; do andar 29 ao 17, pórticos treliçados; e, do andar 17 ao solo, pórticos e paredes de concreto. Com 158 metros de altura e 39 andares, com materiais de acabamento totalmente industrializados, aproveitando a transparência do vidro na integração do exterior com o interior, estrutura não revestida e com espaços livres possibilitando a flexibilidade interna, poderia ser localizado em qualquer outro lugar. Foi construído de acordo com os princípios do Estilo Internacional, expressão criada por Henry R. Hitchcock (1903-2005) e Philip Johnson (1906-2005).

Figura 193. Seagram Building, Nova York, 1954-1958.
A fachada mostra o detalhe do canto.

O aço, a eletricidade e o capital imobiliário moldavam a forma arquitetônica. A estrutura tem sua tipologia (estabelecimento de relações formais e funcionais de maneira a prover agrupamentos de estudo) influenciada pela condição de como resistir aos esforços horizontais provocados pelo efeito do vento, agindo isoladamente ou em conjunto com qualquer outro que também provoque os mesmos efeitos. As estruturas de aço passavam a ser convencionais. A preocupação era como manter a estabilidade e determinar as dimensões necessárias das peças estruturais. Contrabalançam-se as oscilações devidas à ação do vento ou a sismos por mecanismos lubrificados que comandados por computadores movimentam blocos de grandes toneladas, sobre película de óleo, provocando, por inércia, oscilação inversa. Recorre-se, também, para a absorção das oscilações, aos sistemas de amortecedores de massa dinâmica. Assim, imensas estruturas formaram imponentes conjuntos (Figura 194).

Fgura 194. Vista panorâmica de um conjunto de arranha-céus.

Edifício Avenida Central

O Edifício Avenida Central, Rio de Janeiro, 1961, projetado pelo arquiteto Henrique E. Mindlin (1911-1971) e pelo engenheiro Paulo R. Fragoso (1904), foi o primeiro, em estrutura metálica da cidade do Rio de Janeiro. Inspirado no Seagram Building e no conjunto Lake Shore Drive, tem 75 mil metros quadrados de área, 36 andares, composto pelo subsolo, térreo, dois pavimentos acima do térreo, 31 pavimentos-tipo e cobertura. Totaliza 112 metros de altura servidos por dezoito elevadores.

A parte elevada, com projeção de 24 por 72 metros em planta, corresponde a 40% da área total construída (Figura 195). A estrutura de 5.600 toneladas de aço, fornecida pela Fábrica de Estruturas Metálicas da Companhia Siderúrgica Nacional, foi montada e executada em 223 dias. Para proteção contra incêndio as vigas foram revestidas com concreto e os pilares internos com tijolos. Esquadrias de alumínio com vidros atérmicos na cor verde revestem as fachadas.

A concepção estrutural, com pilares e vigas em aço e lajes em concreto, tem duas plantas:
- a correspondente ao andar térreo;
- a do pavimento-tipo: com quatro linhas de pilares, duas nas fachadas, espaçados de 6,48 metros, e duas nas paredes do corredor, espaçados de 3,24 metros. As do corredor apoiam-se em vigas de transição, utilizadas quando os pilares, por imposição arquitetônica, não passam por um determinado pavimento. A viga de transição transmite as forças para os pilares vizinhos. Foi aplicada, pelo engenheiro Paulo Fragoso, a técnica da viga mista, combinação do aço com o concreto armado.

Contraventamentos dispostos ao longo de toda a altura da torre, na direção da sua menor rigidez, são em treliça "X" ao lado dos poços dos elevadores e, no lado oposto, embutidos nas paredes nas divisórias das salas.

Pela intensidade do carregamento, pelo comprimento do vão, pela altura disponível das vigas e pelas dificuldades dos detalhes das ligações, foi considerado um trabalho pioneiro de cálculos estáticos e de detalhes construtivos. O número de desenhos de fabricação chegou a mil pranchas desenhadas à tinta nanquim sobre papel vegetal. O dimensionamento estrutural resultou das operações com réguas de cálculo.

O engenheiro Paulo Fragoso projetou, em São Paulo, as estruturas do **Edifício Garagem América**, em 1957, com 17 pavimentos, 15.200 metros quadrados de área, empregando 950 toneladas de aço — o primeiro no Brasil a ter a estrutura e a fundação em aço, projeto de arquitetura de Rino Levi (1901-1965), e do **Edifício Palácio do Comércio**, em 1959, com 24 pavimentos, 21.700 metros quadrados de área, 1.360 toneladas de aço e 73 metros de altura, projeto de arquitetura de Lucjan Korngold (1897-1963). Em Brasilia projetou a **Torre de TV** com 230 metros de altura, inaugurada em 1967. No Rio de Janeiro participou de projetos com estruturas de concreto armado como a do **Edifício A Noite** e do **Estádio do Maracanã**.

Figura 195. Edifício Avenida Central. Estrutura metálica produzida e montada pela Companhia Siderúrgica Nacional.

Edifício West Coast Transmission

O Edifício West Coast Transmission, Vancouver, Canadá (1968-1969), projeto do escritório *Arquitetura Rhone & Iredale e Engenharia Bogue & Babicki*, com 86,5 metros de altura, doze andares e planta quadrada de trinta e seis metros de lado foi construído de cima para baixo. Os pisos, entramados metálicos com doze metros de balanço suspensos por seis conjuntos de cabos de aço externos com trezentos milímetros de diâmetro presos na parte superior do núcleo central rígido de concreto (Figura 196), descem embutidos nas peças verticais externas. Sistemas treliçados simples, localizados atrás dos vidros opacos em molduras de alumínio das fachadas, proporcionam a rigidez do edifício. Com a eliminação dos pilares, cada andar logrou treze metros quadrados de área útil.

O núcleo de concreto (Figura 197), onde se localizam os elevadores, escadas, passagem de dutos e tubos de serviços, no formato quadrado com doze metros de lado, sobressai no andar da cobertura. Estrutura especial com vigas em arco no topo do edifício cobrindo o núcleo, assemelhando-se a um guarda-chuva, transmite o carregamento vertical e o horizontal para o núcleo. Sob o núcleo a sapata de concreto com dois metros de altura e dezoito metros de lado constitui a fundação.

Edifícios com pisos suspensos apresentam solução estrutural inovadora e leitura perceptível do caminhamento das forças. Para melhor distribuição dos esforços, têm plantas com formas simétricas, e, por efeito das deformações dos cabos, a altura está limitada a doze pavimentos.

Figura 196. Edifício Westcoast Transmission.
Núcleo de concreto. Montagem da estrutura de cima para baixo.

Figura 197. Edifício Westcoast Transmission. No térreo, área ocupada somente pelo núcleo de concreto.

Edifício John Hancock Center

Até a década de 1960, os edifícios altos tinham como contraventamentos sistemas de treliças localizados internamente. O edifício da companhia de seguros John Hancock Center, em Chicago, 1969, servido por cinquenta elevadores, inovava (Figura 198). Substituía a forma tradicional dos pórticos rígidos. Com 344 metros de altura, no formato tronco piramidal com a base de 49 por 79 metros e o topo de 39,5 por 49 metros, tem a relação h/b = 7. Tubo formado de treliças externas por cinco conjuntos de diagonais ocupando toda a altura e perímetro transfere para as fundações as forças da ação do vento.

A treliça externa com as diagonais de grande comprimento cruzando o edifício em sua largura ao longo de dezoito pavimentos cobrem duas janelas em cada andar, marcam a característica do edifício.

Pertence à geração dos edifícios tubulares com mais de cem andares de altura. Quando sujeito às forças laterais, comporta-se como vigas em balanço. Comparado ao sistema de pórticos, há economia na quantidade de aço. O peso total do aço por metro quadrado de piso comparado com o do Empire State Building é 40% menor.

Para a *Sears Tower*, Chicago, 1968-1974, os mesmos projetistas, arquitetos *Skidmore, Owinga & Merril* e engenheiro *Fazlur Hahman Khan* (1929-1982), idealizaram feixes de tubos divididos em nove torres coladas com 109 andares e 443m de altura (Figura 199).

Figura 198. Edifício Hancock Center, 100 andares, 344 metros de altura. Diagonais cruzam janelas.

Um percurso da construção civil pela história

Figura 199. Sears Tower, Chicago. Nove torres coladas.

Federal Reserve Bank

O edifício Federal Reserve Bank, Minneapolis foi projetado pelo arquiteto Gunnar Birkerts (1925-2017) para 24 andares de planta retangular, com 2.000 metros quadrados cada andar, sem pilares intermediários. Situadas nas extremidades, 84 metros separam as duas torres de concreto armado que servem de apoio para duas vigas treliçadas, retas, de 8,5 metros de altura. Nas torres localizam-se elevadores, escadas, passagem de dutos e tubos de serviços.

Com a execução prevista para duas etapas, dois sistemas estruturais seriam aplicados. Na primeira etapa (Figura 200 e 201), construída entre 1971-1973, formado por doze andares, o sistema aplicado foi o cabo e na segunda etapa, o sistema aplicado seria o arco.

As vigas suportariam os esforços horizontais, de sinais contrários, produzidos por dois cabos parabólicos comprimindo e por dois arcos rígidos, espelhados aos cabos, tracionando. Cabos de 100 mm de diâmetro formam uma catenária em cada fachada, acolhem os carregamentos dos andares abaixo das vigas treliçadas. Os arcos acolheriam os carregamentos dos andares acima das vigas treliçadas.

As torres recebem os carregamentos das vigas treliçadas, levando-os às fundações. Nas fachadas perfis rígidos estão ligados aos cabos na porção inferior e ligariam aos arcos na porção superior. No nível da rua o espaço livre é coberto.

Figura 200. Federal Reserve Bank (1971-1973). Primeira etapa - execução da estrutura.

Figura 201. Federal Reserve Bank (1971-1973).
Fachada da primeira etapa da construção.

Hong Kong & Shangai Bank

O edifício-sede do Hong Kong & Shangai Bank, 1986, como ocorre com outros edifícios teve, no projeto do arquiteto Norman Foster (1935) e do engenheiro Over Arup (1895-1988), condições impostas a serem conciliadas: o trânsito local durante o andamento da obra, o prazo de execução, o gabarito de altura em função do sombreamento das ruas próximas, a manutenção do *hall* livre, a circulação, a iluminação, a máxima área útil interna, e ser, ainda, um símbolo da corporação.

Três blocos (Figura 202), dois laterais formam ambientes paralelos e contínuos. O central é livre, com a máxima altura permitida pela legislação, onde se localiza o átrio com doze andares iluminado por luz natural refletida por refletor solar posicionado externamente na altura do piso superior e dirigida a um conjunto de espelhos presos no teto. Nos cantos de cada bloco, oito torres, construídas pela integração de quatro colunas circulares, travadas horizontalmente por barras retas, montam um tubo de formato quadrado com encaixes perfeitos e caprichosamente detalhados que, ao longo dos 180 metros de altura, resistem às forças gravitacionais e às incidências dos fortes ventos.

Os pavimentos, variando de quatro a oito, são suspensos por tirantes presos a um par de treliças paralelas, distribuídas judiciosamente ao longo da altura dos 47 andares. A cada oito andares, treliças com a altura correspondente a dois andares, enrijecendo o edifício.

Edifício de grandes dimensões, destaca-se pela estrutura e sistemas de instalações. Integralmente pré-fabricado, apesar do seu alto custo e da sua perfeição técnica, a manutenção e durabilidade estão na dependência de componentes especiais.

Figura 202. Hong Kong Bank. Fachada principal mostra a estrutura aparente.

Casa do Comércio da Bahia

A Casa do Comércio, na cidade de São Salvador,1987, edifício caracterizado pela estrutura metálica em balanço, engastada no núcleo central de concreto, onde o espaço interno se alarga e se estende no externo, é composto por justaposição e intersecção, com área construída de 15.774 metros quadrados (Figura 203).

Apresenta três volumes. A base ocupada pelo auditório e duas torres em concreto armado. Nas torres com paredes de 20 centímetros de espessura, 15 metros por 10 metros, localizam-se as escadas, elevadores, sanitários e serviços. Em aço, nove pavimentos com 4,20 metros de altura, de piso a piso, são formados por treliças de perfis paralelos com peças soldadas com balanços (cargas transferidas para um único apoio) de 5, 10 e 15 metros. O maior comprimento chega a 90 metros. Catorze pavimentos totalizam 58 metros de altura. Lajes, formadas por placas nervuradas de concreto pré-moldado, trabalham em conjunto com a peça metálica.

As torres de concreto recebem carregamentos verticais, absorvem e transmitem às fundações os esforços horizontais. A estrutura metálica destaca-se à distância pela pintura com tinta acrílica na cor púrpura. Expressa leveza e transparência. A vegetação nos andares dá tratamento paisagístico e propicia atenuação na incidência dos raios solares (Figura 204).

O edifício, com projeto dos arquitetos Jader Carvalho, Oton Gomes e Fernando Frank (1943) e do Engenheiro José Luís de Souza, valorizando a estrutura exposta, a montagem construtiva dos elementos, a atenção dada ao entorno, pela massa, cor, textura, jogo de luz e sombra, cheios e vazios, arrojo e localização, é marco referencial da Federação do Comércio do Estado da Bahia.

Figura 203. Casa do Comércio, Salvador, BA (1987).
Montagem da estrutura metálica junto as torres de concreto.

Figura 204. Edifício Casa do Comércio.
Treliças, em balanço, em volta das torres.

Centro Pompidou

O Centro Pompidou, Paris (1971-1977), de autoria dos arquitetos Renzo Piano (1937-2013) e Richard Rogers (1933-2021) e dos engenheiros Ove Arup (1895-1988) e Peter Rice (1935-1992), é o Edifício Nacional de Artes e de Cultura, localizado na região de Beaubourg, no terreno de um antigo cortiço em Paris, com seis pisos, abrange área retangular de 166 metros de comprimento por 60 metros de largura e altura de 42 metros. Cada pavimento com sete metros de piso ao teto, com a superfície totalmente livre, está apoiado em vigas treliçadas articuladas em elementos chamados gerberettes (Figuras 205 e 206). Denominação dada pelo seu inventor, Peter Rice, em homenagem ao engenheiro alemão Heinrich Gerber (1832-1912), que patenteou a *viga Gerber*.

O centro multicultural mostra, com código de cores, os dutos de ventilação e de controle climático dos andares subterrâneos. As quatro fachadas e cobertura aparentam, externamente, aspecto de um edifício fabril (Figura 207). Nas colunas localizam-se os sistemas de água para proteção no caso de incêndio.

Nas fachadas a estrutura metálica leve aparenta ser um andaime externo sustentada pelas gerberettes. Paredes envidraçadas recuadas e escadas rolantes para circulação vertical embutidas em tubos de acrílico criam espaço de acesso e serviços liberando totalmente o piso interno.

Inovando na concepção arquitetônica e estrutural, na montagem de componentes, no emprego de avançados meios materiais e técnicos, ostentando elementos tecnológicos como estética, reflete o conceito de edifício inteligente. Manifesta em grande escala a arquitetura High Tech.

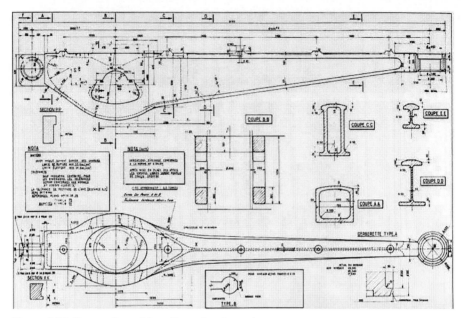

Figura 205. Centro Pompidou. Desenho do projeto para a fabricação dos "gerberettes".

Figura 206. Montagem dos "gerberettes" produzidos pela fundição do aço em molde na indústria alemã Krupp.

Figura 207. Centro Pompidou. Dutos de ar e encanamentos como ornamentação. Paredes encobertas por treliças.

30

AS ESTRUTURAS DE CONCRETO

O concreto é um material composto pela mistura, de forma dosada, de cimento, água (proporção bem definida) e agregados (areia, brita ou seixos) acrescidos de aditivos (plastificantes) e adições (pozolana).

O cimento é o resultado do desenvolvimento de uma argamassa de propriedades hidráulicas, aglomerante, que ao contato com água ganha resistência mecânica. É obtido após o clínquer, componente constituído por silicatos, que passam por moagem em fornos com temperaturas que vão de 700 °C a 1.000 °C, e por resfriadores. Recebe classificação conforme a diluição do clínquer seja em gesso, calcário e/ou escória siderúrgica. Misturado com água, forma a pasta de cimento. Ao acrescentar o agregado miúdo, tem-se a argamassa de cimento. Argamassa com agregado graúdo resulta o concreto simples. O concreto armado é composto pela união do concreto simples com armadura de aço (armadura passiva), envolvida pelo concreto. Com a perfeita aderência, os dois materiais resistem solidariamente aos esforços submetidos. No concreto protendido, cabos de aço de alta resistência sofrem pré-alongamento por equipamentos de protensão (ação artificial) com a finalidade de combater os esforços de tração, impedir ou limitar a fissuração (trincas superficiais), diminuir a deformação e utilizar completamente a seção transversal da peça de concreto.

O cimento e o concreto, como materiais para a construção, se tornaram elementos constitutivos da cultura arquitetônica. Fatos importantes da sua história são os registros de patentes e a construção de algumas obras e edifícios pioneiros.

O iniciador na utilização do Concreto Armado após a queda do Império Romano foi Jean-Baptiste Rondelet (1743-1829). Nas vigas da construção da Igreja de Sainte-Geneviève, em 1770, hoje Panteão dos Homens Ilustres, utilizou barras de ferro inseridas nas pedras naturais previamente perfuradas nas regiões tracionadas. Associando os dois materiais, os vazios dos furos foram preenchidos com argamassa de cal. Barras transversais impediam o cisalhamento longitudinal. Obra inspirada na cúpula da Catedral de São Paulo, em Londres.

A partir do pioneirismo de Rondelet, a união de dois materiais (ferro e pedra) com propriedades físicas e mecânicas diferentes começava a ser pesquisada. Experiências e publicações levaram à pedra artificial, ao concreto simples. Posteriormente estendida ao concreto armado e ao concreto protendido.

Na construção do Farol Eddystone (1759), John Smeaton (1724-1792) redescobria aglomerante da época romana.

Em 1780, na Inglaterra, Bryan Higgins (1741-1818) publicava *Experimentos e observações realizadas com o intuito de melhorar a arte de compor e aplicar cimentos calcários e preparar argamassas.*

Para obtenção da argamassa com propriedades hidráulicas, o cimento moderno, mistura da britagem, queima e moagem de rochas vulcânicas e argila, conhecido desde 1791, foi, em 1796, patenteado por James Parker como Roman Cement.

Na construção da ponte sobre o rio Dorgogne em Souillac, na França, em 1817, o engenheiro civil Louis Joseph Vicat (1786-1861) empregava uma argamassa que endurecia embaixo d'água, desenvolvida por ele, em 1813. Em 1818, publicava *Recherches expérimentales sur les chaux de construction, les béton et les mortiers.*

Na Inglaterra, o construtor Joseph Aspdin, em 1824, pelo cozimento com carvão de rochas calcárias misturado a argila, obtinha o cimento hidráulico, um pó fino denominado Portland-Cement em referência à cor e solidez das rochas originárias da ilha de mesmo nome. Durante vinte anos foi a marca de cimento mais importante no mercado inglês.

François Coignet (1814-1888) utilizava, em 1847, fôrmas como moldes para a confecção das peças de concreto.

O engenheiro francês Joseph-Louis Lambot (1814-1887), na construção de um barco em argamassa armada, substituindo os barcos de madeira, desenvolvia o cimento armado, resultando em 1849 o concreto moderno. Apresentado, em 1855, com sucesso na Exposição Universal de Paris.

A primeira fábrica de cimento era instalada em 1855, na Alemanha.

Joseph Monier (1823-1906), paisagista e comerciante, responsável pelos jardins do Palácio de Versalhes, partindo das experiências de Lambot, substituía as caixas de madeira por caixas de cimento armado para o cultivo das plantas. Registrava patente para suas caixas em 1867. Nesse mesmo ano participava da Exposição de Paris. Dez anos depois, em 1877, patenteava o método para a construção de vigas de concreto armado (Figura 208).

Figura 208. Castelo de Chazelet, França. J. Monier. Ponte de concreto, levemente arqueada, de 13,8 metros de comprimento e 4,25 metros de largura. Parapeito em forma de galhos.

Ponte em Concreto Armado foi executada em Homersfield, Inglaterra, em 1870, com vão de 16,5 metros, pelo arquiteto Henry Eyton.

Em 1872, o americano P. A. Jackson utilizava fios de aço com rosca comprimindo blocos de concreto.

Em 1877, foram estabelecidas as primeiras normas do cimento pelo Real Ministério da Prússia para Comércio, Ofícios e Trabalhos Públicos.

Sem resultados arquitetônicos notáveis, no período compreendido entre 1900 e 1950, a construção metálica teve forte concorrência do concreto armado, graças à divulgação das técnicas construtivas. Foram pioneiros:

Thaddeus Hyatt (1816-1901) advogado americano, pelas publicações, em 1877.

François Hennebique (1842-1921), por adquirir patentes e licenciar construtores a utilizarem seu sistema e construir, em 1880, a primeira laje em concreto armado utilizando barras de aço de seção circular. Em 1892, registrar patente de vigas com estribos.

Conrad Feytag (1846-1921), por adquirir a patente de Monier, em 1884.

Gustav Adolf Wass (1851-1917), por adquirir, em 1885, patentes de Monier para aplicação na Alemanha.

Mathias Könen (1849-1924), na Alemanha, em 1886, por escrever a primeira publicação sobre o cálculo do concreto armado. Desconsiderava a resistência à tração do concreto, levando em conta apenas o ferro. É um dos pioneiros pela fundamentação teórico-científica no cálculo de estruturas de concreto armado.

Charles Rabut (1852-1925), por iniciar, em 1897, o ensino das estruturas de concreto armado na École des Ponts et Chausées.

Emil Mörsch (1872-1950), professor da Escola Técnica de Stuttgart de 1916 a 1948, por desenvolver os fundamentos da teoria do Concreto Armado no livro publicado em 1902, *Teoria e prática do concreto armado*, apresentando resultados de numerosas experiências.

Na cidade de Cincinnati, estado de Ohio, em 1903, o *Ingalls Building* (Figura 209), com dezesseis andares, foi o primeiro edifício construído com estrutura de concreto armado, utilizando o sistema de Ernest L. Ransome.

Figura 209.
Vista externa do Ingalls Building.

O engenheiro Louis Armand Considère (1841-1914), pela publicação, entre 1902 e 1904, de diversos artigos na revista *Annales des Ponts et Chausés e Le Génie Civil*.

Edmond Coignet (1856-1915), ao publicar os procedimentos para cálculos, em 1904, *Le calcul des ouvregesen ciment avec ossature métallique*.

Normas de dimensionamento, execução e ensaio de estruturas de concreto armado em 1904, na Suíça.

O engenheiro suíço Robert Maillart (1872-1940), ao combinar beleza, praticidade e economia, projetava admiráveis pontes (Figura 210). A primeira em concreto armado, com vão de 51 metros, é de 1905.

Figura 210. Robert Maillart. Ponte de Aarburg, 1911, Suíça.

Em 1906, é publicado o Regulamento Oficial Francês sobre o Concreto Armado.

Mathias Koenen (1849-1924), ao realizar vários ensaios, em 1907, na Universidade Técnica de Stuttgart. Em 1912, Koenen e Morsch, ao observarem que o efeito da protensão reduzida, por causa da retração e da deformação lenta do concreto, perdia-se com o decorrer do tempo.

Em 1915, na Grã-Bretanha, o Conselho Municipal de Londres publicava normas para o concreto armado.

Le Corbusier, pelo livro de 1923, *por uma arquitetura*.

Henry Lossier (1878-1962), ao projetar pontes (Figura 211), silos, hangares e ser autor de inúmeras publicações e livros sobre concreto armado. Em 1926 empregava o termo patologia para o estudo de danos nas estruturas de concreto armado.

Figura 211. *Ponte Villeneuve-le Roi* sobre o Rio Sena. Projeto de Henry Lossier.

Eugène Freyssinet (1879-1962), em 1928, ao apresentar o primeiro trabalho consistente sobre o concreto protendido, observar que o efeito duradouro da protensão só ocorre com elevadas tensões no aço. Luigi Santarella (1886-1935), pelas publicações sobre as técnicas das fundações, construções de pontes e grandes estruturas.

Em 1933, a Comissão de Pesquisas em Construção da Grã-Bretanha publicava o *Código de prática para o uso do concreto armado em edificações*.

Rudolf Saliger, em 1940, da Escola Politécnica de Viena, publicava *El hormogón armado*.

Eugène Freyssinet, na França, ao demonstrar as vantagens da protensão no concreto, em 1934, inventar e patentear métodos construtivos.

Em 1947, Carlo Castelli Guidi publicava em Roma o livro *Cemento armato precompresso*.

Em 1950 surgia a FIP — Fédération Internationale de la Precontrainte.

Franz Dischinger (1887-1953), Ulrich Finsterwalder (1897-1988) e Hubert Rüsch (1903-1979), ao construir pontes de concreto protendido.

Caetano Casteli, ao publicar o livro *Patologia del cemento armado*, em 1951.

Com o Concreto Armado ocorria uma transformação na técnica construtiva. As peculiaridades arquitetônicas do concreto foram desenvolvidas por arquitetos criativos e admirados por suas contribuições em realizações vistas como produto pessoal. Na França, Auguste Perret (1874-1954), pela construção do primeiro edifício em concreto armado, o **Edifício da Rue Franklin, 25, Paris** (Figura 212).

Figura 212. Edifício da Rue Franklin, 25, Paris (1903). Vista da fachada.

Le Courbisier (1887-1965), arquiteto e urbanista, atuou em vários países, pioneiro do estilo internacional, pela arquitetura sem ornamentação. Foi um dos fundadores dos CIAM (Congresso Internacional da Arquitetura Moderna), lançando as bases do movimento moderno. Preconizava edifícios assentes em "pilotis", deixando livre espaços para estacionamento de veículos. Suas importantes obras datam de 1905 a 1960 como a Villa Savoye (1930) e a Chapelle Notre-Dame (1950). Desenvolveu o sistema de medição conhecido como módulo, baseado na razão áurea e nas dimensões médias humanas. Autor do Pavilhão Philipps na Exposição de Bruxelas, em 1958. (Figura 213).

Figura 213. Pavilhão Philipps. Exposição de 1958 em Bruxelas.

Frank Lloyd Wright (1867-1959), nos Estados Unidos, exprimia a arquitetura orgânica. O Museu Guggenheim (1937), em Nova York, com fachada em linhas curvas caracterizava a arquitetura moderna. Na Casa da Cascata, construída em balanço sobre uma cascata, onde integrando-se à natureza, os andares superiores flutuam sobre as copas das árvores aparentando sair da colina (Figura 214).

Figura 214. Casa da Cascata, 1934-1939, Pensilvânia, EUA.

Nas técnicas de cálculo, Eugène Freyssinet (1879-1962), na França (Figura 215).

Figura 215. Eugène Freyssinet. Ponte suspensa, 1926. Picardia, França.

Pier Luigi Nervi, em Orvieto, na Itália. Hangar d'Orbetello, 1939-1942. Trama para a cobertura de 329 por 130 metros, com elementos pré-fabricados de, no máximo, 2,5 toneladas. E o *Palazzetto dello Sport* em Roma (1956-1957) (Figura 216). Projetos explorando resultados plásticos.

Figura 216. Palazzetto dello Sport (1956-1957), Roma. Planta circular. Cobertura é uma casca composta por elementos pré-moldados.

Eduardo Torroja (1899-1961), na Espanha, pelo pioneirismo em cascas de concreto. A cobertura da tribuna na forma hiperboloide do Autódromo La Zarzuela é de sua autoria. O edifício do mercado municipal de Algeciras (1932) considerada como obra prima. Projetou estruturas em vários países, como a cobertura, em Caracas, do Club Tachira (Figura 217). Em 1952, foi um dos fundadores do Comite Europeu do Concreto, hoje, Federação Internacional do Concreto.

Figura 217. Caracas, 1955. Club Tachira. Cobertura na forma de paraboloide hiperbólico.

Félix Candela (1910-1997), no México, pelas coberturas paraboloides hiperbólicas (Figura 218).

Figura 218. México, 1957. Cobertura formada pela intersecção de paraboloides hiperbólicos abriga cerca de mil pessoas.

O **Edifício Pirelli** (1956-1960), na cidade de Milão. Cantos chanfrados, 127 metros de altura, 32 andares com planta de 75,5 metros de comprimento por 20,5 metros de largura com espaços livres para escritórios e 2 subsolos. Foram utilizados 30.000 metros cúbicos de concreto (Figura 219). Projeto de Gió Ponti (1981-1979) e Pier Luigi Nervi.

Figura 219. Edifício Pirelli. Índice de esbeltez: 6,2.
Fachadas, separadas das estruturas de concreto,
formam cortinas envidraçadas.

Nervi, Engenheiro Civil e Arquiteto, foi professor, em Roma, da Universidade Sapienza. Suas obras remontam ao período de 1930 a 1975. Com as complexas e ousadas formas estruturais, deu contribuições relevantes à tecnologia do concreto expressando beleza como a do Salão de Audiência Paulo VI, na cidade do Vaticano (1971).

31
AS ESTRUTURAS DE CONCRETO NO BRASIL

No Brasil o concreto armado começou no início do século XX aplicado de maneira criativa e ousada. Continua sendo o principal material estrutural adotado nas construções.

A primeira tentativa de fabricação do Cimento Portland acontecia na Usina Rodovalho, em 1888, na fazenda Santo Antonio, em Sorocaba.

Francisco Saturnino de Brito (1864-1929) utilizava o concreto, em 1907, nas obras de saneamento da cidade de Santos (Figura 220).

Figura 220. Santos, 1907. Etapa da execução dos canais das obras de saneamento.

A Companhia Brasileira de Cimento Portland, implantada, em 1924, próximo a reserva de calcário, no bairro de Perus, na cidade de São Paulo, foi a primeira fábrica de cimento.

Edifício José Sampaio Moreira

Em 1920, os arquitetos Samuel das Neves (1863-1937) e Cristiano Stockler das Neves (1889-1982) foram os autores do projeto do primeiro edifício de múltiplos andares em concreto armado na cidade de São Paulo. O *Edifício*, no estilo eclético, apresenta doze andares e cinquenta metros de altura (Figura 221). As exigências para a circulação vertical utilizando elevadores eram menos restritivas, com isso as áreas que seriam ocupadas pelo maior número de elevadores poderiam ser concedidas aos pilares. Seus autores foram responsáveis por cerca de vinte e cinco projetos nas proximidades deste "arranha céu".

Figura 221. Edifício José Sampaio Moreira. Fachada no estilo eclético.

Jockey Club do Rio de Janeiro

Em 1926, a marquise da tribuna de sócios do Jockey Club, exibia no estilo eclético, 49 metros de comprimento, 2,6 metros de espessura e balanço de 22,4 metros. Foi recorde mundial (Figura 222). Arquitetura de Francisco Couchet e Archimedes Memória (1893-1960).

Figura 222. Jockey Club do Rio de Janeiro. Vista da tribuna coberta pela marquise.

O engenheiro Ari Frederico Torres, em 1927, publicava pelo Instituto de Pesquisas Tecnológicas de São Paulo (IPT) o *Boletim n.º 1 sobre dosagem dos concretos*. Obra histórica na tecnologia brasileira, possibilitava a dosagem racional para alcançar as resistências previstas nos projetos, terminando com o empirismo vigente.

Emílio Baumgart (1889-1943) formava, em 1925, o primeiro escritório de cálculo estrutural. Em 1930, projetava e construía, a **Ponte Rio do Peixe**, em Santa Catarina. Ponte em viga reta com 7,5 metros de largura e vão de 68 metros de comprimento. Maior vão até então alcançado. Primeira ponte em concreto armado do Brasil pelo processo dos balanços sucessivos. No escritório de Emílio Baumgart colaboraram Paulo Rodrigues Fragoso (1904), Antonio Alves de Noronha (1904-1962), Fernando Lobo Carneiro (1913-

2001), Sergio Marques de Souza (1918-2002), Bruno Contarini (1934), notáveis engenheiros que deixaram marcas de pioneirismo no ensino e na engenharia estrutural do Brasil.

Edifício Moreira Garcez

Em 1927, na cidade de Curitiba, o Edifício Moreira Garcez, com oito andares no estilo art déco, foi construído pela Companhia Construtora Nacional, sucursal no Brasil desde 1924 da Wayss & Freytag alemã (Figura 223). Cimento e trilhos ferroviários foram importados da Alemanha. A fundação foi executada por estacas de troncos de eucaliptos, embebidos em óleo cru para a preservação contra a umidade do solo. O arquiteto Eduardo Fernando Chávez (1892-1944), e o engenheiro João Moreira Garcez (1885-1957) foram os autores.

Figura 223. Edifício Moreira Garcez. Fachadas no estilo art déco.

Em 1929, o *Código de obras Arthur Saboya* regulamentava a aplicação do Concreto Armado na cidade de São Paulo.

No Rio de Janeiro, em 1930, foi editada a revista *Cimento Armado* e criada a Associação Brasileira do Concreto.

Edifício A Noite

Em 1929, concebido pelos arquitetos Joseph Gire (1872-1933) e Elisário Antônio da Cunha Bahiana (1891-1980) e pelo escritório do engenheiro Emilio Baumgart, com estrutura de Concreto Armado, no estilo art déco, que se destaca pela retirada dos ornamentos, o Edifício A Noite alcançava a marca mundial de vinte e dois andares e 103 metros de altura (Figura 224). Foi atração turística na cidade do Rio de Janeiro. Obras importantes desse estilo são a Estação Central do Brasil, no Rio de Janeiro, e o Elevador Lacerda, em Salvador. O arquiteto Joseph Gire, formado na École Nacionale Supérieure des Beaux-Arts de Paris, foi autor dos projetos do Palácio das Laranjeiras (1909) e do edifício Copacabana Palace (1923) na cidade do Rio de Janeiro.

Figura 224. Edifício A Noite. Fachada no estilo art déco.

Ponte Tibagi

Na fundação Três Bocas, futura cidade de Londrina, em 1931, a Companhia de Terras do Norte do Paraná recebia a visita dos príncipes da Inglaterra Edward, futuro Rei Eduardo VIII, que era um dos acionistas e seu irmão Albert, futuro Rei George VI (1895-1952). A presença de suas altezas reais, com a construção da estrada de ferro interligando as cidades de Ourinhos à Londrina, alavancariam e fortaleceriam a venda de terras.

Para chegar até Londrina, na transposição do Rio Tibagi, segundo maior rio do estado, a Companhia de Terras do Norte do Paraná, em 1933, em Jataizinho, confiava a Rangel Christoffel & Cia a execução da Ponte Tibagi. Ponte ferroviária em concreto armado, com projeto do engenheiro Josef Grabenweger, tomando como carregamento móvel o trem tipo Cooper E 45 ou Alemão G.

O cimbramento estruturado por montantes verticais e escoras inclinadas, denominadas estroncas, eram peças roliças de madeira (Figura 225), abundantes na região. Nota-se que desde o Império Romano até metade do século XX, os cimbramentos eram exclusivamente de madeira.

A ponte ferroviária de 294 metros de extensão, com treze vãos de vinte metros e dois vãos de dezessete metros nas extremidades (Figura 226), foi inaugurada em 8 de julho de 1935 pelo Interventor do estado Manoel Ribas (1873-1946). Mesma ocasião da inauguração da estação ferroviária de Londrina – atual Museu Histórico da cidade.

Ao longo do trajeto entre as cidades de Londrina e Ourinhos, em 1949, vinte duas localidades eram servidas por estações ferroviárias.

Até então, o transporte de pessoas, materiais, animais, mercadorias era por estrada de terra não pavimentada. A travessia do Rio Tibagi era por uma pequena balsa.

Figura 225. Construção da ponte sobre o rio Tibagi.
Largura de 5,60 metros, altura do leito do rio ao trilho de 10 metros.

Figura 226. Ponte sobre o rio Tibagi, em operação.

Edifício Martinelli

Em 1934, no estilo eclético clássico francês e barroco romano, o Edifício Martinelli foi construído com altura de 106 metros, 2.133 janelas, onze elevadores importados da Suíça, cimento na cor rosa da Suécia e Noruega e aço dos Estados Unidos. Acabamento com mármore de Carrara, portas e janelas de pinho Riga e peças inglesas para os sanitários completam as 960 salas, 60 salões e 247 apartamentos. O projeto foi elaborado acompanhando o andamento da construção, sendo as fundações em sapata sobre solo pantanoso. Até o 14º pavimento teve a responsabilidade do arquiteto húngaro William Filinger (1888-1968). Do 14º pavimento ao 20º passou a ser do engenheiro/ arquiteto Ítalo Martinelli. Um palacete de seis andares na cobertura com tijolos furados completou os vinte e seis andares (Figura 227). Foi inaugurado pelo Príncipe de Gales, o futuro rei Eduardo VIII (1894-1972) da Inglaterra.

Figura 227. Edifício Martinelli. Fachadas no estilo eclético.

Edifício do Ministério da Educação e Saúde

Entre os anos 1936 e 1945, os arquitetos Lucio Costa (1902-1998), Carlos Azevedo de Leão (1906-1983), Oscar Niemeyer, Affonso Eduardo Reidy (1909-1964), Ernani Vasconcellos (1912-1989), Jorge Machado Moreira (1904-1992) e o engenheiro Emílio Baumgart (1889-1943) com consultoria de Le Corbusier projetaram o Edifício do Ministério da Educação e Saúde, na cidade do Rio de Janeiro (Figuras 228, 229 e 230), com incentivo do ministro Gustavo Capanema (1900-1985). Construção de dezesseis andares livres de paredes e divisórias. O pavimento sobre o térreo é uma laje tipo cogumelo utilizada pela primeira vez no Brasil como solução para manter o teto liso. Está apoiado sobre "pilotis" de nove metros de altura. A cortina de vidro com quebra-sol horizontal móvel, na fachada norte, foi o início da eclosão da arquitetura contemporânea no Brasil.

Figura 228. Edifício do Ministério da Educação e Saúde.
Fachada com cortina de vidro.

Figura 229. Edifício do Ministério da Educação e Saúde com realce nos "pilotis" de nove metros de altura.

Figura 230. Edifício do Ministério da Educação. Destaque para o quebra-sol horizontal móvel na fachada norte.

Obelisco do Ibirapuera

Em 1937, no jardim com área de 1.932 metros quadrados na forma de coração, o Obelisco do Ibirapuera foi concebido pelo arquiteto Mario Henrique Pucci (1908) e pelo escultor Galileo Ugo Emendabili (1898-1974). Viabilizado pelo engenheiro de estruturas Américo Bove (1906-2009) o edifício-símbolo, homenageia os soldados da Revolução Constitucionalista de 9 de julho de 1932. A base quadrada tem fundação direta de treze metros de lado. Representando a data, os lados no chão têm nove metros, no topo sete metros; largura da cripta trinta e dois metros; altura total oitenta e um metros, nove metros abaixo do solo. Altura visível do obelisco setenta e dois metros. Nove são os degraus para se chegar à cripta (Figuras 231 e 232). Construção iniciada em1947 foi, em São Paulo, a estrutura de maior altura exposta. No dimensionamento, para manter a estabilidade da estrutura, levando em consideração a ação do vento, requereu estudos especiais do engenheiro Américo Bove. Construído totalmente em concreto armado, o obelisco revestido com mármore, foi inaugurado em 1955.

Figura 231. Vista aérea do Obelisco do Ibirapuera. Estrutura de maior altura exposta em São Paulo.

Figura 232. Obelisco do Ibirapuera. Vista externa da entrada para a cripta.

A Associação Brasileira de Cimento Portland (ABCP), em 1937, lançava *Normas para execução e cálculo de concreto armado*. Em 1940, a Associação Brasileira de Normas Técnicas apresentava a *NB-1/1940: Cálculo e execução de obras de concreto armado*, complementada pela *NB-2/1941: Cálculo e execução de pontes de concreto armado*.

Igreja da Pampulha

Em 1943, com projeto do arquiteto Oscar Niemeyer (1907-2012) e do engenheiro Joaquim Cardozo (1897-1978), a Igreja da Pampulha, na cidade de Belo Horizonte, faz alusão às montanhas de Minas Gerais. Duas abóbadas parabólicas principais e três secundárias, como cobertura e ao mesmo tempo fechamento, exploram a maleabilidade e as possibilidades plásticas do concreto armado. Poucos são os elementos sem função estrutural. A concepção estrutural está intimamente ligada à concepção arquitetônica integrada à paisagem formada pelo lago artificial (Figura 233). O artista plástico Candido Portinari (1903-1962) é o autor do painel. O jardim é de Roberto Burle Marx (1909-1994), o introdutor do paisagismo modernista no Brasil.

Figura 233. Panorama da Igreja da Pampulha destacando as abóbadas parabólicas.

Em 1944, o professor da Escola Politécnica e pesquisador do Instituto de Pesquisas Tecnológicas (IPT), Telêmaco van Langendonck (1909-1994), publicava em São Paulo o livro *Cálculo de Concreto Armado*. No Rio de Janeiro, o professor Aderson Moreira da Rocha (1911-1996), da Universidade Federal, editava o livro *Concreto Armado* e em outubro de 1957, a revista *Estrutura*.

Ponte Casa Verde

Em 1946, o engenheiro Américo Bove, em São Paulo, projetava a Ponte Casa Verde (Figura 234), em concreto armado, com 33 metros de largura e extensão de 218 metros com arco triarticulado de 60 metros de vão e flecha de 6 metros sobre o rio Tietê.

Figura 234. Imagem panorâmica da Ponte Casa Verde sobre o rio Tietê.

Ponte do Galeão

Em 1949, a Ponte do Galeão, na cidade do Rio de Janeiro, com 370 metros de comprimento e 20,60 metros de largura, foi recorde mundial em extensão. Tabuleiro executado por elementos pré-moldados, com continuidade (Figuras 235 e 236).

Figura 235. Ponte do Galeão. Imagem do içamento das vigas pré-moldadas pelos guindastes sobre balsas.

Figura 236. Ponte do Galeão. Primeira obra em Concreto Protendido no Brasil. *Sistema Freyssinet*.

Hotel Quitandinha

Em 1950, no Hotel Quitandinha, na cidade de Petrópolis, o arquiteto Oscar Niemeyer e o engenheiro Antonio Alves de Noronha idealizaram a cúpula de revolução no formato de elipsoide de 12,8 metros de flecha, 35 centímetros de espessura e 47 metros de diâmetro que repousa sobre um anel com 110 por 80 centímetros de concreto (Figura 237).

Figura 237. Hotel Quitandinha. Vista da cúpula de revolução no formato elipsoide.

Edifício Itália

Em 1956, com projeto arquitetônico de Adolf Franz Heep (1902-1978) e estrutural dos engenheiros Oswaldo de Moura Abreu, Waldemar Tietz e Nelson de Barros Camargo, o Edifício Itália, em São Paulo (Figura 238). Material todo nacional e 40.000 pessoas trabalhando, demorou nove anos para ser concluído. A torre central ovalada de cento e cinquenta e um metros de altura com quarenta e quatro pavimentos e um subsolo, servidos por doze elevadores, tem duas alas laterais em verticalidade de oito pavimentos cada e três pavimentos horizontais formando um todo ocupando totalmente a área. A área construída de cinquenta e dois mil metros quadrados consumiu catorze mil metros cúbicos de concreto, vinte mil toneladas de aço, cento e cinquenta mil sacas de cimento e treze mil metros cúbicos de pedra. Para opor-se à ação do vento, paredes de Concreto Armado no centro do edifício e cem pilares laterais proporcionam a redução da oscilação no topo, tornando-a imperceptível. As fundações foram executadas sobre duzentas e setenta e seis estacas tipo Franki, moldadas no local, com tubo de aço de sessenta centímetros de diâmetro e trinta metros de comprimento.

Figura 238. Edifício Itália. Torre central ovalada de 151 metros de altura.

MASP

Em 1960, com projeto da arquiteta Lina Bo Bardi (1914-1992) e do professor engenheiro José Carlos de Figueiredo Ferraz (1918-1994) o Museu de Arte de São Paulo Assis Chateaubriand (MASP) (1960-1968), na Avenida Paulista, em concreto aparente envolto em panos de vidro, com fundação direta sobre o túnel nove de julho, é constituído pelo subsolo, belvedere e museu. Quatro pilares vazados de 4,0 metros por 2,50 metros com quatro vigas vazadas protendidas compõem dois robustos pórticos. A laje de caixão perdido em concreto armado com 50 centímetros de altura, vão livre de 30 metros por 74 metros, maior na época, é sustentada pela laje intermediária por meio de tirantes (Figuras 239 e 240). Realizado pela Construtora Heleno & Fonseca, com início em 1960, foi inaugurado, em 1968, com a presença da rainha Elizabete II (1926-2022) da Inglaterra. Tornou-se um dos marcos arquitetônicos da cidade.

Figura 239. Museu de Arte de São Paulo. Etapa da construção.

Figura 240. Museu de Arte de São Paulo. Fachada vista da Avenida Paulista.

Catedral de Brasília

Com projeto do arquiteto Oscar Niemeyer e do engenheiro Joaquim Cardozo, a Catedral de Brasília (1958-1970) é constituída por 16 pilares de concreto armado com seção variável ao longo do comprimento no formato hiperboloide, atrelados uns aos outros, cada um com 42 metros de comprimento pesando noventa toneladas. A base do pilar toca o solo em um anel de 60 metros de diâmetro absorvendo esforços de tração. As fundações compostas por 16 tubulões com 70 centímetros de diâmetro e 28 metros de profundidade recebem apenas esforços verticais. Abaixo do topo, na junção superior dos pilares, outro anel de 6,8 metros de diâmetro, unindo os pilares, absorve os esforços horizontais garantindo a amarração, e permitindo a iluminação pelo alto (Figura 241).

Figura 241. Catedral de Brasília, etapa da construção.

Como homenagem aos profetas de Aleijadinho e aos anjos barrocos, os escultores Alfredo Ceschiatti (1918-1989) e Dante Croce esculpiram os três arcanjos: Miguel, Gabriel e Rafael, que pendem do teto da Catedral, e na entrada, as quatro estátuas de bronze cada uma com três metros de altura representam os quatro Evangelistas com pergaminho nas mãos: Mateus, Marcos, Lucas e João. Dezesseis peças de fibra de vidro com dez metros de base e trinta metros de altura, em forma de triângulos inseridos entre os pilares, compõem o vitral nos tons de azul, verde, branco e marrom (Figura 242).

Figura 242. Catedral de Brasília. Com criatividade plástica, analogicamente se associa a uma tenda indígena. A relação entre o concreto aparente e o vitral de Marianne Peretti (1927-2022) como mosaico, rememora os vitrais góticos.

CONCEPÇÃO DE UMA NOVA IMAGEM

Considero impossível conhecer o todo sem conhecer cada uma das partes, bem como conhecer as partes sem conhecer o todo.

(Pascal)

A realização de uma obra implica a resolução de questões técnicas e implica um conteúdo artístico, isto é, implica um conhecimento, mas envolve também um ofício. A construção, por possuir duas determinações distintas, permite duas considerações. No estético a beleza situa-se na composição de cada uma das partes e na composição do todo. No técnico a estrutura conduz os carregamentos, organiza os elementos que configuram a totalidade. Sua solidez fixa-se nas leis da física.

Na estética, a contemplação, a tomada de consciência e a percepção ou reflexão estabelecem a ligação entre o mundo captado pelos sentidos e o mundo interior. Operação que torna capaz de reconhecer e fluir o belo.

Contemplação vem de *contemplation*, cuja raiz é a mesma de *templum*, relacionado ao edifício reservado para adoração e oferenda aos deuses. Belo é tema fundamental, enquanto meio de conhecimento e experiência, onde o saber contemplar é primordial. Se relaciona com o bem e se associa ao mundo das ideias a partir das quais tudo veio à existência.

A arte é uma necessidade. Está presente de diversas formas. Ninguém sofre de mal físico ou espiritual por não possuir um quadro, não ouvir um concerto ou não ler. Mas quem não se der a esses deleites será espiritualmente menos rico e menos sensível.

A concepção de uma experiência estética é um conhecimento sensível que causa estesia. Sentimento do belo, sensibilidade para a emoção diante daquilo que é bonito. Satisfação através de ver, ouvir, tocar ou cheirar que se transforma em arrebatamento. Artistas são, muitas vezes, venerados.

Impressões agradáveis sugeridas pela forma, cor, textura do conjunto como um todo constituem características importantes, identificadas como prazer do Belo ou prazer estético. Depende da sociedade na qual se insere, da região, tempo e pessoas. Do grego a palavra estética é antônimo de anestesia. Refere-se às musas, filhas que Zeus teve com Mnemósine, geradas como inspiradoras para despertar e recordar aos humanos os dons e habilidades artísticas.

Tendo o Gosto como a faculdade de julgar o Belo, cada período histórico elegeu um movimento como representação dos princípios estéticos e da cultura vigente. A Grécia proporcionou a harmonia, a simetria, o equilíbrio e a proporcionalidade. As construções Românica e Gótica na Idade Média proporcionaram a arquitetura sólida das abadias, dos castelos e das catedrais. O Renascimento procurou resgatar valores da Antiguidade como a simetria, o equilíbrio e a racionalidade. No Barroco (séc. XVI-XVII) a arquitetura explorou o movimento e a ideia da beleza no contraste e no exagero com profundidade, volumes, figuras ovais, ornamentos de maneira complicada, volutas em forma de fita encurvada, igrejas e palácios com fachadas onduladas. Escadas passavam a ser importantes.

Modernamente, com a lógica da produção e consumo, a arquitetura está condicionada por uma visão utilitária e mecânica. Não se exprime no palácio, no túmulo, no mausoléu, mas na fábrica, escritório, casa, teatro, escola.

O progresso não tem uma história linear e contínua. Nem uma sequência de causas e efeitos. É um processo de transformação determinado entre os meios de produção e as forças produtivas. A história e a técnica nas suas linhas essenciais mostram que "na vida dos Homens, assim como dos povos ou das nações, não há consequentes sem penosos ou longos antecedentes". Procede da Mitologia Grega.

Quando da criação dos animais, os deuses no Olimpo confiaram aos irmãos Epimeteu e Prometeu a incumbência de determinarem as qualidades necessárias a serem atribuídas para a preservação de cada espécie. A Epimeteu, aquele que compreende tarde demais, o que primeiro age, depois pensa e depois muda de ideia, coube distribuir diferentes faculdades, tudo perfeitamente equilibrado. Para algumas espécies, força sem velocidade, a outras, velocidade sem força, asas a umas, garras a outras. Para proteção, algumas revestiu com peles, outras com couro, carapaça, espinhos, chifres, veneno, camuflagem, rapidez, coragem, astúcia. Para algumas designou os pastos da terra, para outras, os frutos das árvores, e para outras ainda, as raízes, até não sobrar nada para o Homem. Prometeu, aquele que compreende antecipadamente, o previdente, tendo seus pensamentos maior alcance, incumbido de supervisionar a conclusão do trabalho do irmão, notou que não havia nada mais miserável, nulo e atormentado do que a condição Humana. O Homem estava nu e descalço. Com todos os dotes esgotados com os animais irracionais, nada mais havia sobrado. Só restavam atributos próprios dos deuses. Zeus havia negado o fogo e a técnica. Sem saber que meios inventar para tirar das condições deploráveis e assegurar a sobrevivência, Prometeu intervém. Subiu ao Olimpo, subtraiu de Zeus, secretamente, uma semente do fogo e o saber técnico de Hefesto entregando-o à Humanidade com outras artes e técnicas da deusa Atena. Com isso, o Homem capaz de fabricar objetos artificiais passava a ser criador.

Pela ameaça da destruição da ordem cósmica, Pandora, mulher bela e encantadora, foi modelada e criada por Zeus, para ser a primeira mulher. A Humanidade passava a ser constituída por dois sexos diferentes. Tendo os deuses contribuído para a sua máxima habilidade, foi enviada para casar com Epimeteu e castigar a Humanidade. Epimeteu, inadvertidamente, abriu a tampa da caixa de presentes onde estavam incontáveis pestes, sofrimento, mentiras e problemas, com a esperança escondida no fundo. Da caixa escaparam todos os males que iriam afligir a Humanidade. Além dos infortúnios veio a morte e fizesse o que fizesse o Homem iria morrer. Todavia, no interior da caixa ficou a esperança.

O Homem passava a lutar para sua sobrevivência e Zeus, temendo pela espécie, envia seu mensageiro Hermes para atribuir a todos os Homens e de forma igual os sentimentos de justiça e respeito "para que houvesse ordem nas cidades e vínculos de amizade entre seus habitantes". A cooperação de todos com todos asseguraria um futuro melhor.

Prometeu, o grande rebelde contra a injustiça e a autoridade do poder, por surrupiar o fogo em benefício da Humanidade, foi condenado a um suplício infinito. Amarrado, preso por correntes, de modo a ficar imóvel, a um rochedo na montanha do Cáucaso, tarefa executada por Hefesto com ajuda dos irmãos Crato (coação, poder) e Bias (violência, força). Seu fígado diariamente devorado por uma águia, reconstituía-se durante a noite na proporção da parte bicada. A vitória de Zeus foi a vitória da força bruta sobre o conhecimento. Prometeu, embora preso seu corpo, seu espírito estava livre. Por anuência de Zeus, o suplício termina quando, Héracles após matar a águia a flechadas, liberta Prometeu.

Os infortúnios de uma geração conduzem a serem necessários à prosperidade das gerações vindouras. Com o passar do tempo o Homem compensava a ausência de pelos com roupas, das carapaças com casas, das garras com a fabricação de armas e ocupava-se em destruir uns aos outros. Ser pacífico passava a não viver em paz. A guerra que não revigora e que só mata e destrói compõe a sua história. Contudo a esperança (desejar o que não se tem) jamais o abandonou. O roubo do fogo estabeleceu o conceito de Humanidade e criou a noção de sociedade fundada na dádiva, na generosidade. O fogo transformou o alimento cru no alimento cozido, aqueceu os corpos frios, e os ferreiros ao derreter metais transformavam-nos em ferramentas.

O iluminismo, guia do que era certo e bom, e a Revolução Industrial, marcada pelo desenvolvimento das máquinas, fábricas, ferrovias e o consequente aumento da população, necessitando de mercados e edifícios construídos rapidamente e com menor custo, demandava nova situação econômica. Prometeu tornou-se enfeite das torres das fábricas e das universidades. A estátua da Liberdade em Nova York, com sua tocha erguida, representa um Prometeu feminino. Prometeu tornou o Homem inventor das artes e, como símbolo do Homem racional, representa, até nos dias atuais, o espírito do progresso.

A ideia de progresso científico refere-se ao progresso da ciência para si mesma, isto é, para o conhecimento, e não o uso da ciência em proveito do Homem. A esse conhecimento científico como saber organizado, baseado em princípios fundamentados que poderão ser revistos, testados e questionados, os gregos chamavam *epistéme* (a procura das causas). Verdades científicas são abstratas, não dizem respeito aos objetos concretos, mas a objetos genéricos pertencentes a grupos e categorias quantificáveis e comparáveis.

A técnica (aprimoramento de um saber-fazer) por outro lado, procurando suprir as carências e necessidades humanas, circula de uma cultura para outra, de geração a geração. Segundo o filósofo e médico alemão Karl Jaspers (1883-1969), "o destino do homem depende da maneira pela qual ele domine as consequências da técnica em sua vida". Enquanto a ciência (que se ocupa daquilo que é), desde que se tenha em vista aplicações específicas, deve ser livre em reduzir o desconhecido em conhecimento — se pode, "indicando os meios necessários para atingir determinadas técnicas". A tecnologia, por sua vez, deve ser controlada pela ética, cuja finalidade é fazê-la útil ao homem — se deve ou não fazer. Nasce quando coisas certas são combinadas para se obter efeitos desejados.

A tecnologia, no entanto, depende da ciência, mas também a ciência depende da tecnologia. Pelo conhecimento a ciência beneficia a libertação física do homem sobre a natureza. O homem, com força física insignificante, mas com a comunicação oral, sozinho inventou ferramentas e descobriu campos para sua aplicação e "sem asas dominou os ares, sem guelras os mares".

Pesquisa aplicada é empreendida para resolver um problema definido. Quanto à pesquisa teórica, sua motivação é de ordem intelectual, fundamenta informações para os pesquisadores que têm um problema concreto para resolver.

Regras de comportamentos prescritos e seguidos por todos, embora não escritos, eram preceitos religiosos e baseavam-se nos costumes que nascem espontaneamente no campo da moralidade social. Por não ter consciência dos seus atos, o homem primitivo, ágrafo, é considerado pré-histórico, mas na sua formação psíquica descobria valores que implicavam a formatação de regras de convivências. Como dizia Rousseau, "o costume é a maior de todas as leis, pois se grava nos corações". Na era moderna, com a evolução social, ocorrem novos tipos de conflitos interpessoais e os costumes tradicionais dão lugar à nova conformação dos direitos materiais procedente das instâncias do poder do Estado. O conhecer, o agir e o fazer abarcam a ciência, a moral (como reguladora do bem agir) e a arte (como regra da boa arte de produzir). A lei escrita perdeu o caráter transcendente para assumir a função de uma regra técnica. As regras se multiplicam à medida que a fé na sua eficácia se perde. Quanto mais regras e leis ocorrem, mais se dissemina a transgressão.

Resultado do descompasso entre conhecimento e sabedoria, característica da Era Moderna, por força da globalização alcançando escala planetária, ocorre o divórcio da Humanidade com a natureza produzindo a crise ecológica, onde os três elementos primordiais estão sob ameaça: o ar pela poluição e pelo dióxido de carbono; a água, que se contamina e cada vez mais em falta; o fogo triunfando sob a forma de calor esterilizando a terra.

Por outro lado, com a concentração urbana que mata a iniciativa e a vida pessoal, uniformizando, controlando, estandardizando tudo. Com a capacidade de comunicação proporcionada pela invenção de novos meios mecânicos de transporte suplantando o condicionamento do Homem ao meio ambiente, e a consequente deslocalização das empresas. Com a cultura alfabética cedendo espaço para as fontes visuais. Com a indústria e o comércio fomentado pela concorrência tendo alcance internacional. Com pessoas tornando-se números insignificantes, coagidas e manipuladas. Com a globalização, fruto de desenvolvimentos políticos, militares, científicos e tecnológicos e a gradativa mundialização por meio de empresas multinacionais e transnacionais de caráter universal, padronizando pessoas, gostos, novos valores e condutas através dos meios de comunicação de massa que modelam a mentalidade coletiva. Os resultados da tecnologia que prefigura as características em que o homem viverá, obrigando a massa a obedecer. Com a tecno-evolução voltada para a multiplicação dos meios, estando prestes a fechar parênteses da história da Humanidade que fala, que vê e que escolhe, e com o mundo formado por organizações impessoais, artificiais sem nome: as sociedades anônimas. Com o irracional aliado ao tecnicismo e a estética substituindo a ética. Com o hedonismo e o narcisismo encenando seu teatro de horror criando condições para a emergência de sociedades novas, torna-se complexo distinguir-se o que seria "obra original" — a que não ocorreu, nem existiu antes.

O que é realmente uma invenção deve ser tomado no aspecto subjetivo, pois desde a caverna natural (símbolo físico do abrigo), da cabana (símbolo físico da racionalidade) e do menir (símbolo físico da arte), *nihil sub sole novum* — nada de novo sobre a terra (Eclesiastes, 1:9). O Homem não cria. Criar é privilégio divino. O Homem exprime, no máximo transforma. Criar é tirar algo do nada. A ideia, o tema, o assunto é propriedade comum da Humanidade. A forma como o autor as desenvolve é o que o valoriza.

A neofilia, o amor pelo novo, a curiosidade e o desejo de explorar o desconhecido, próprio do artista, passa a ser doença cultural e também uma forma de doutrinamento das massas. Tendência que explorada a fundo leva ao consumismo e à vontade pervertida do desejo de ter mais que outros, mais que sua parte, toda a parte. O "*cogito, ergo sum*" de Descartes passa a ser "*consumo, ergo sum*" da era moderna. Fazer algo do nada e depois vendê-lo.

Por sua vez desafios postos pelo progresso da tecnociência envolvem problemas éticos porque a ciência não procura apenas interpretar a natureza, mas a transforma. A tecnociência, revolução que ocorre no campo do pensamento, é um mecanismo autoengendrado em que a ciência se transforma, ao se comprometer com a prática, e obedecendo a uma lógica própria, desaparece sob a técnica que ela transforma, independentemente dos desejos humanos, formando um sistema tecnológico adaptando a sociedade à tecnologia. Sistema que tende a reduzir o humano a uma peça do mecanismo voraz da produção e consumo. Algoritmos, com acesso a cada detalhe da intimidade, reduzem a incerteza que perdura sobre os circuitos secretos do desejo de cada ser humano, sem que este saiba dos desígnios que movem os algoritmos cujos métodos e rotinas são blindados.

No entanto, a competência na arte de construir é do *homo faber* — com trabalho e técnica, a mesma do *homo sapiens* — com conhecimento sensitivo, imaginativo, intelectivo, ambos um só como *homo loquens* — com a linguagem mediadora entre o que se passa na mente e o mundo externo, registrando as experiências.

Arte deriva de *ars*, tradução latina para a palavra grega *techné*, que deu origem à palavra técnica. Portanto, arte e técnica estão próximas. A palavra latina *ingenium*, talento, criatividade deu origem aos termos engenheiro e engenhoso. Arquiteto tem como significado etimológico *arché* remetendo a maestria, amplitude e a *techné* como técnica mais arte.

Independente do espaço e tempo, o ato de construir abrange dois campos. No plano físico, transcorre a execução, realização, utilização e conservação, com atividades abrangendo o fazer. No plano das ideias ocorre, pela imaginação de vários cenários prováveis, a capacidade de ver esboçada a obra tendo o programa e o projeto demarcando o que fazer, o por que fazer e o como fazer.

Para o projeto são necessários conhecimentos prévios de ordem técnica, social, cultural, espacial e estética. A obra concebida na mente, repositório da memória que armazena o conhecimento, da competência que utiliza o conhecimento, da criatividade que inova em relação ao conhecimento e à capacidade na comunicação onde o pensamento simula o real idealizado de forma ordenada, visa:

- pela razão, englobar as inumeráveis decisões e alternativas e considerar a utilidade pragmática, medida pelos resultados práticos capazes de produzir, tanto no presente quanto no futuro. Domínio do juízo;
- pela imaginação, simular e representar prevendo resultados e efeitos. Necessita do conhecimento das técnicas apropria-

das para determinar como cada material deverá ser reunido produzindo uma forma que inicialmente era uma expressão do pensamento. Procurar materiais apropriados para cumprir as funções tanto estruturais quanto de vedação e acabamento dando formas, dimensões, cores. Sensibilidade de perceber o belo e o feio, o agradável e o desgracioso e fazer dessa percepção, pelo poder de invenção, um meio de prazer que por ser real não desperta em todos os mesmos sentimentos expressando sentimentos e valores. Domínio da arte, estudada pela estética, que é a crítica do gosto;

- pelo conhecimento, analisar como manter a estabilidade e as dimensões apropriadas ao conjunto de peças estruturais, sem que ocorram desperdícios. Domínio da técnica, aprofundada pela ciência;
- pelo planejamento, prever e selecionar judiciosamente os diversos materiais, as formas, as peças componentes, comparando custos, mão de obra, equipamentos, condicionantes construtivos, prazos de execução, disponibilidades. Domínio da ordem estudada pela economia;
- pela disciplina, acatar a ordenação normativa, as especificações próprias que orientam tanto as fases de projeto quanto de execução, possibilitando o convívio entre diversos intervenientes. Domínio da legislação desenvolvida pelo Direito.

A função, os materiais, a estabilidade, a forma, o resultado estético (onde, no moderno, a arquitetura e a estrutura fundem-se numa só concepção), a economia, o processo de execução são condições que estão unidas e têm influência mútua, procurando limitar ao mínimo os inconvenientes e sacrificar as condições menos importantes. Divisões horizontais e verticais têm menos destaque. As paredes oferecem transparência em similaridade com as estruturas sociais com as fronteiras perdendo relevância, as nacionalidades deixando de ser fechadas e os estratos da sociedade se misturando.

Para a mesma utilidade pragmática há numerosas soluções capazes de eficientemente resolverem os requisitos funcionais, arquitetônicos e estruturais. O intuito é eleger a solução mais adequada que cumpra seu propósito, seu objetivo, sua finalidade.

A evolução das construções é produto da cultura tomada como nível de desenvolvimento alcançado pela sociedade, na instrução, na ciência, na arte e instituições correspondentes, envolvendo o conhecimento de nós mesmos (mente) e do mundo (matéria), opondo-se à natureza, ou seja, opõe-se a tudo que não foi criado pelo Homem. Uma sociedade sem cultura não se conhece, não tem memória e não sabe de sua história.

Na contemplação histórica, com toda a riqueza da tradição passada desde o menir (gigantescos blocos de pedra erguidos na vertical, que inspiraram a concepção dos portentosos obeliscos — símbolo físico da arte), da caverna natural (símbolo físico do abrigo) e da cabana (cobertura e paredes de um mesmo elemento sem distinção — símbolo físico da racionalidade), encontram-se as regras para ação, dando solução de continuidade entre passado e presente, promovendo novas experiências. Afloram em uma sucessão os avanços no conhecimento sobre fabricação, utilização dos materiais e nas contribuições das gerações de arquitetos, engenheiros e cientistas na formação das teorias, havendo uma interação entre:

- o sistema político — poder e competência;
- o sistema social — conhecimento e participação;
- o sistema econômico — recursos e tecnologia.

Os idealizadores tendem a aliar, ao mesmo tempo, o útil ao belo em busca do potencial do uso e da apreciação. Até o início do século XIX, as inovações eram promovidas pelos mestres construtores, detentores do conhecimento da arte de construir, um só indivíduo e diversas funções. Posteriormente, ocorreu a transferência da produção artesanal para a manufatureira e desta para a industrial. O que era preparado artesanalmente passou a ser produzido em série. Com a sofisticação crescente das novas tecnologias, veio a especialização e a obra não é mais considerada como de uma só pessoa.

Nos edifícios, mantendo-se a infraestrutura básica e os pilares dispostos com liberdade, destaca-se a planta independente. Ao evitar a parede como apoio e livrando-a em relação à estrutura, possibilita alterações conforme a necessidade. Caixilharia de vidro de grandes dimensões é utilizada em grandes vãos proporcionando maior interação entre o espaço interno e o externo.

Das construções de pedra com vãos vencidos por arcos, abóbadas e cúpulas, as coberturas e edifícios em aço e concreto têm sua estabilidade mantida por estruturas básicas individuais ou associadas. Algumas embutidas nas vedações, outras aparentes, cuja variedade está na imaginação criadora das formas arquitetônicas cada vez mais surpreendentes e na engenhosidade ao conceber a montagem das peças componentes. A esbeltez de uma estrutura aquilata objetivos de natureza estética e/ou econômica e avalia o risco de instabilidade. Ao projetista compete detectar, averiguar, identificar e solucionar os problemas de compatibilidade. O sistema estrutural passou a ser a alma estética do edifício.

Os edifícios por causa e diante do impressionante avanço da tecnologia, ganhando escala mundial, incluídos nos equipamentos e máquinas para fabricação, transporte e montagem de grandes peças. Pelo desenho industrial de peças exclusivas. Pelos sistemas de fabricação procedentes das indústrias aeroespacial, automotiva e náutica. Pelos recursos financeiros e gerenciamento de todo o processo, onde as decisões relevantes são consideradas em conjunto fazendo parte de um todo. Pelo refinamento visual das uniões, os projetistas configuram as peças da estrutura e incorporam encaixes e elementos mecânicos expondo monumentalidade e leveza provocando impacto no seu entorno.

Os edifícios expressam em comum a repetição de módulos, rapidez e precisão de montagem. Remontam ao pioneirismo do Palácio de Cristal de Londres, inovador tanto na estrutura como no emprego dos materiais e como meio de comunicação institucional. Primeira grande construção de ferro e vidro a eliminar paredes como elementos resistentes, revolucionou a construção e a arquitetura ao introduzir sistemas de produção industrial.

Partindo para formas complicadas, o desenvolvimento das edificações com tendências contraditórias que coexistem e paralelamente se desenvolvem, onde a inovação requer imaginação permitindo atuar em formas arrojadas não situadas no presente imediato, envolve atividades de integração e convergência. Apresentando acordo entre arte (idioma que transmite o que não pode ser dito em nenhuma outra língua, existe por si mesma), ciência, experiência (entendida como interação contínua entre o homem com as condições do ambiente envolvendo o processo de viver) e teoria, atividades inter, multi e transdisciplinares, e não no conhecimento fragmentado. Necessita nas diferentes fases, tanto do projeto quanto da execução, da compreensão entre os vários profissionais envolvidos e da relação simbiótica desde o projeto até a finalização da obra.

O que importa é a relação entre o conhecer e o saber e entre esses dois o saber-fazer. A fragmentação do conhecimento em múltiplos ramos de maneira hermética não é reflexo do mundo real, corresponde mais a um modo de delimitar para ter controle do saber que é inato ao homem, universal no tempo e espaço, "renovando, inventando, reinventando, modificando, multiplicando o que a princípio era uno". A segmentação, a especialização (redução do todo em partes estudadas isolada e detalhadamente como peças de uma máquina), originária do século XIX, foi para apreender, não é um modo de conhecer. A especialização crescente nas diferentes disciplinas foi afastando a ciência das artes.

Hoje, para compreender deve-se abarcar os conhecimentos recíprocos de todo o processo construtivo, associando disciplinas diversas, consciente de que os elementos do saber só possuem sentido pelas relações mútuas, atingidas pela formação acadêmica abrangente, possível com a descoberta da vocação, o dom que os romanos chamavam *ingenium*, engenho inventivo, talento, intuição que não se transmite, que busca na aptidão aprimorar suas tendências mais elaboradas.

Nossas mãos têm acesso a séculos de dedicação e aperfeiçoamento científico que agora influenciam nossas vidas de forma determinante. A Terceira Revolução Industrial tomou a forma do microprocessador eletrônico. O computador transformou-se de executor de cálculos em um conversor de informações. A Quarta Revolução

Industrial é a combinação de uma série de novas tecnologias digitais, biológicas e físicas.

No século XXI, recorrendo ao CAD (desenho assistido por computador), ao CAM (projeto e fabricação com auxílio do computador) e do BIM (modelo da informação da construção), softwares para esboços em 2D, 3D e animação em 4D, arquitetos e engenheiros projetam edificações, em estruturas mistas aço-concreto, inteligentes e ecologicamente autossustentáveis. As possibilidades da produção em escala industrial levam a imitar os efeitos obtidos pelas máquinas.

Os arranha-céus se disseminam em um grau sem precedentes, com definições estruturais compatíveis com a flexibilidade espacial. A arquitetura científica distingue-se pela sinuosidade das formas, pilares inclinados, transparência e muita tecnologia de luz. Projetada para várias finalidades, em uma faina de experimentação converteu-se na arquitetura do mundo. A geografia tornou-se inoperante, as culturas sucumbem.

A História se nutre da memória para preservar o passado a fim de assistir ao presente e ao futuro. Segundo Arendt, "o passado não leva para trás, ele impulsiona para frente e, ao contrário do que se poderia esperar, é o futuro que nos conduz ao passado". Assim, transformados em gigantescas esculturas inspirados na Torre de Babel, construção ambiciosa do orgulho humano, "cujo ápice penetre os céus", "novos" edifícios são construídos, como o Abraj Al-Bait de 601 metros de altura, o Shangai Tower de 632 metros, e o Bur Khalifa de 828 metros com 330.000 metros cúbicos de concreto e 55.000 toneladas de aço, finalizado em seis anos.

"Novos" presume que outras experiências, outros impulsos, outras influências sociais, outras motivações e objetivos aconteceram em um outro contexto histórico. "... o velho não deve vangloriar-se do jovem nem o jovem ser insolente com o velho, pois nós somos o que ele foi, um dia seremos o que ele é". Bernardo de Chartres (1070-1130) referindo-se à autoridade dos antigos escrevia que: "Nós somos anões sobre os ombros de gigantes, de modo que podemos ver mais longe que eles, não em virtude de nossa estatura ou da acuidade de nossa visão, mas porque, estando sobre seus ombros, estamos acima deles".

Oito séculos se passaram e o aforismo dos anões e dos gigantes foi retomado pelo antropólogo Herman Max Gluckman (1911-1975): "A ciência é qualquer disciplina na qual até um estúpido desta geração pode ultrapassar o ponto alcançado por um gênio da geração passada". Pensamento filosófico transformado em uma expressão que salienta o caráter evolutivo da ciência e da técnica, cônscio de que os autores sempre alunos de seus mestres são frutos de uma civilização definida no tempo e no espaço, em que o tempo histórico pertence a três idades distintas onde os contemporâneos não são coetâneos e buscam, no estudo e na ciência, os segredos da sabedoria e da beleza em cima das obras que nos trouxeram até aqui.

BIBLIOGRAFIA CONSULTADA

Abrão, B. S. (1999). *História da filosofia*. São Paulo: Nova Cultural.

Alighiero, M. (2022). *História da educação: da antiguidade aos nossos dias*. São Paulo: Cortez.

Alves, I. F. O. (1999). *Brasil, 500 anos em documentos*. Rio de Janeiro: Mauad.

Anderson, P. (2016). *Passagem da Antiguidade ao Feudalismo*. São Paulo: Unesp.

Anderson, P. (2016). *Linhagem do Estado Absolutista*. São Paulo: Unesp.

Aquino, F. (2016). *História da Igreja: Idade Média*. Lorena, SP: Cléofas.

Araujo, L. A. (2005). *Manual de Siderurgia*. 2. ed. São Paulo: Arte e Ciência.

Arasawa, C. H. (2008). *Engenharia-Poder: Construtores de uma nova ordem em São Paulo*. São Paulo: Alameda Editorial.

Arendt, A. (1997). *A condição humana*. 8. ed. São Paulo: Forense.

Argan, G. C. (2001). *Projeto e destino*. São Paulo: Ática.

Arnhheim, R. (1988). *A dinâmica da forma arquitectónica*. Lisboa: Presença.

Ashton, T. S. (1991). *La revolución industrial*. 9. ed. México: Fondo de Cultura Económica.

Banhan, R. (1960). *Teoria e projeto na primeira era da máquina*. São Paulo: Perspectiva.

Barbosa, L. H. B. H. (1963). *História da ciência*. Rio de Janeiro: I.B.B.O.

Baxandall, M. (1991). *O olhar renascente*. São Paulo: Paz e Terra.

Benévolo, L. (1972). *Introdução à arquitetura*. São Paulo: Mestre Jou.

Benévolo, L. (1998). *História da arquitetura moderna*. 3. ed. São Paulo: Perspectiva.

Benévolo, L., & Albrecht, B. (2004). *As origens da Arquitetura*. Lisboa: Edições 70.

Beard, M. (2020). *SPQR: uma história da Roma antiga*. Campinas: Crítica.

Bernal, J. D. (1968). *Historia social de la ciencia*. Barcelona: Península.

Bernstein, P. L. (1997). *Desafio aos deuses*. 4. ed. Rio de Janeiro: Campus.

Bloch, M. (2016). *A Sociedade Feudal*. São Paulo: Edipro.

Brandão, C. A. L. (1999). *A formação do homem moderno vista através da arquitetura*. 2. ed. Belo Horizonte: Editora UFMG.

Bossuet, J. (1948). *Traité du Livre Arbitre*. Tucuman: Universidad Nacional de Tucuman/Instituto de Filosofia.

Bronowski, J. (1998). *O olho visionário*. Brasília: Editora UnB.

Brown, D. J. (1996). *Bridges*. Hong Kong: Mitchell Beazle.

Browne, L. (1996). *Bridges*. China: Todtri.

Bruna, P. (2020). *Edifício Itália*. Guarulhos: KP Costa Editora e Comunicação.

Bourg, D. (1998). *Natureza e técnica*. São Paulo: Ed. Piaget.

Buarque, C. (1990). *A desordem do progresso*. São Paulo: Paz e Terra.

Bucci. E. (2021). *A superindústria do imaginário*. São Paulo: Autêntica.

Bucci. E. (2023). *Incerteza, um ensaio*. São Paulo: Autêntica.

Buen, O., & Heredia, L. (1988). *Estructuras de acero*. México: Limusa.

Burke, P. (1999). *O renascimento italiano*. São Paulo: Nova Alexandria.

Burke, P. (2003). *Uma história social do conhecimento*. Rio de Janeiro: Jorge Zahar.

Butterfield, H. (1992). *As origens da Ciência Moderna*. Lisboa: Edições 70.

Buzzi, A. R. (2002). *A identidade humana*. Petrópolis: Vozes.

Caldeira, J. (2017). *História da riqueza no Brasil*. Rio de Janeiro: Estação Brasil.

Campbell, J. W. P. (2015). *A Biblioteca: uma história mundial*. São Paulo: Edições Sesc.

Caramella, E. (1998). *História da Arte*. Bauru, SP: EDUSC.

Cavalcante, B., Kamita, J. M., Jasmi, M., & Patuzzi, S. (2002). *Modernas tradições*. Rio de Janeiro: Access.

Cavalcanti, L. (2014). *Dezoito Graus — Rio Moderno — uma história de Gustavo Capanema*. Rio de Janeiro: Língua Geral.

Carvalho, B. (s.d.). *A história da arquitetura*. Rio de Janeiro: Edições de Ouro.

Ceram, C. W. (1956). *Deuses, túmulos e sábios*. São Paulo: Ed. Melhoramentos.

Cejka, J. (1996). *Tendencias de la arquitectura contemporánea*. 2. ed. México: G. Gili.

Ciccarelli, E. R. G. (2011). *A estrutura metálica na arquitetura civil*. São Paulo: Hucitec.

Colin, D. (1991). *High Tech Architecture*. Londres: Thames and Hudson.

Colin, S. (2000). *Uma introdução à arquitetura*. Rio de Janeiro: Uapê.

Colin, S. (2004). *Pós-modernismo*. Rio de Janeiro: Uapê.

Comparato, F. K. (2006). *Ética*. São Paulo: Companhia das Letras.

Costa, A. da. (2002). *Introdução à história e filosofia da ciência*. 2. ed. Portugal: Europa América.

Costa, C. T. (1994). *O sonho e a técnica*. São Paulo: Edusp.

Cova, C. (2022). *A insaciável fome do ouro*. Rio de Janeiro: Andrea Jokobsson Estúdio.

Dejean, J. (2005). *Antigos contra modernos*. Rio de Janeiro: Civilização Brasileira.

Derenji, J. S. (1993). *Arquitetura do ferro — memória e questionamento*. Belém: Cejup.

Dias, L. A. M. (1997). *Estruturas de aço: conceitos, técnicas e linguagem*. São Paulo: Zigurate.

Dias, L. A. M. (1999). *Edificações de aço no Brasil*. 2. ed. São Paulo: Zigurate.

Dias, L. A. M. (2001). *Aço e arquitetura: estudo de edificações no Brasil*. São Paulo: Zigurate.

Dickens, C. (2014). *Tempos difíceis*. São Paulo: Boitempo Editorial.

Duarte, J. F. (1997). *Itinerário de uma crise: a modernidade*. Curitiba: UFPR.

Duby, G. (1993). *O tempo das catedrais*. Lisboa: Estampa.

Durant, W. (1959). *Os grandes pensadores*. São Paulo: Nacional.

Durozoi, G., & Roussel, A. (1996). *Dicionário de filosofia*. São Paulo: Papirus.

Ecco, H. (2012). *Idade Média: bárbaros-cristãos-muçulmanos*. Portugal: Don Quixote.

Ecco, H. (2018). *No ombro dos gigantes*. Rio de Janeiro: Record.

Eggen, A. P., & Sandaker, B. N. (1995). *Steel, structure, and architecture*. Nova York: Whitney.

Einstein, A. (1954). *Ideas and opinions*. Nova York: Wing Books.

Engel, H. (1981). *Sistemas de estruturas*. São Paulo: Hemus.

Evedy, C. (1987). *Atlas histórico-geográfico universal*. Lisboa: Difel.

Fancello, O. (1990). *O caminho das ciências — das estrelas à vida*. Lisboa: Presença.

Fazio, M. (2011). *Arquitetura mundial*. Porto Alegre: AMGH Editora.

Ferreira, M. G. (2000). *Direitos humanos fundamentais*. São Paulo: Saraiva.

Figes, O. (2022). *Os Europeus*. Rio de Janeiro: Record.

Flower, D. A. (2010). *A Biblioteca de Alexandria*. São Paulo: Nova Alexandria.

Follett, K. (2001). *Os pilares da terra*. 12. ed. Rio de Janeiro: Rocco.

Fontana, R. (2005). *As obras dos engenheiros militares Galluzzi e Sambuceti e do arquiteto Landi no Brasil colonial do século XVIII*. Brasília: Senado Federal.

Frampton, K. (1997). *História crítica da arquitetura moderna*. São Paulo: Martins Fontes.

Franco, H. (2000). *Dante — o poeta do absoluto*. São Paulo: Ateliê Editorial.

Franco, H. (2002). *Idade Média – nascimento do Ocidente*. 2. ed. São Paulo: Brasiliense.

Ferguson, N. (2019). *A Praça e a Torre*. São Paulo. Ed. Crítica.

Fry, M. (1982). *A arte na era da máquina*. São Paulo: Perspectiva.

Fusco, R. (1992). *Historia de la arquitectura contemporánea*. Madri: Celeste Ediciones.

Galimberti, U. (2006). *Psiche e techne: o homem na idade da técnica*. São Paulo: Paulus.

Gallian, D. (2022). *É próprio do Humano*. Rio de Janeiro: Record.

Galor, O. (2023). *A jornada da Humanidade*. Rio de Janeiro: Intrínseca.

Gama, R. (1983). *Engenho e tecnologia*. São Paulo: Duas Cidades.

Gama, R. (1987). *A tecnologia e o trabalho na história*. São Paulo: Nobel-Edusp.

Gama, R. (1993). *Ciência e técnica*. São Paulo: T. A. Queiroz.

Gibbon, E. (2005). *Declínio e queda do Império Romano*. São Paulo: Companhia de Bolso.

Giovannardi, F. (2015). *Félix Candela – il construtore di sogni*. Itália: goware.

Glancey, J. (2001). *A história da arquitetura*. São Paulo: Loyola.

Goff, J. (2003). *Os intelectuais na Idade Média*. Rio de Janeiro: José Olympio.

Goff, J. (2018). *A civilização no Ocidente Medieval*. Petrópolis: Vozes.

Goldswosthy, A. (2020). *Em nome de Roma*. Campinas: Crítica.

Gombrich, E. H. (1985). *A história da arte*. 4. ed. Rio de Janeiro: Zahar.

Gombrich, E. H. (1990). *Norma e forma*. São Paulo: Martins Fontes.

Gossel, P. (1990). *Arquitetura no século XX*. Colônia: Taschen.

Gouhan, A. L. (1984). *Evolução e técnicas: o meio e as técnicas*. Lisboa: Edições 70.

Graeff, E. A. (1986). *Caderno Brasileiro de Arquitetura*. v. 7, 3. ed. São Paulo: Projeto.

Graeff, E. A. (1995). *Arte e técnica na formação do arquiteto*. São Paulo: Studio Nobel.

Grant, E. (2009). *História da filosofia natural do mundo antigo ao século XIX*. São Paulo: Madras.

Grinspun, M. P. S. (1999). *Educação tecnológica — desafios e perspectivas*. São Paulo: Cortez.

Güell, X. (1994) *Antoni Gaudi*. São Paulo: Martins Fontes.

Gympel, J. (2000). *História da arquitetura*. China: Könemann.

Hamilton, E. (2022). *Contos imortais dos deuses gregos*. Rio de Janeiro: Sextante.

Hart, F., Henn, W., & Sontag, H. (1976). *El atlas de la construcción metálica*. Barcelona: Gustavo Gili.

Harvey, D. (1999). *Condição pós-moderna*. 8. ed. São Paulo: Loyola.

Heidegger, M. (2008). *A origem da obra de arte*. Lisboa: Edições 70.

Helene, M. E. M. (1996). *Ciência e tecnologia*. São Paulo: Moderna.

Henderson, G. (1978). *Arte medieval*. São Paulo: Cultrix.

Henderson, W. O. (1969). *A revolução industrial*. São Paulo: Verbo-Edusp.

Henry, J. (1997). *A revolução científica*. São Paulo: J. Z. D.

Heydenreich, L. H. (1998). *Arquitetura na Itália de 1400-1500*. São Paulo: Cosac Naify.

Heyman, J. (1996). *Elements of the theory of structures*. Cambridge: Cambridge University Press.

Heyman, J. (1998). *Structural analysis. A historical approach*. Cambridge: Cambridge University Press.

Heyman, J. (1999). *The science of structural engineering*. Londres: Imperial College Press.

Hitchcock, H. R. (1998). *Arquitectura de los siglos XIX y XX*. 4. ed. Madri: Akal.

Hobsbawm, E. J. (1979). *A era das revoluções*. 2. ed. São Paulo: Paz e Terra.

Hogben, L. (1956). *Maravilhas da matemática*. Porto Alegre: Globo.

Hottois, G. (2008). *Do renascimento à pós-modernidade*. São Paulo: Ideias & Letras.

Hotgate, A. (1997). *The art of structural engineering*. Stuttgart-Londres: Edition Axel Menges.

Hunt, E. K., & Sherman, H. J. (2001). *História do pensamento econômico*. 20. ed. Petrópolis: Vozes.

Hushinson, L. (2021). *Arquitetura e psique*. São Paulo: Perspectiva.

Jaguaribe, H. (2007). *Breve ensaio sobre o homem e outros estudos*. São Paulo: Paz e Terra.

Japiassu, H. (1999). *As paixões da ciência*. 2. ed. São Paulo: Letras & Letras.

Japiassu, H. (2003). *Galileu, o mártir da ciência moderna*. São Paulo: Letras & Letras.

Jaspers, K. (2011). *Introdução ao pensamento filosófico*. São Paulo: Cultrix.

Jaspers, K. (2022). *O caminho para a sabedoria*. Petrópolis: Vozes.

Jimenez, M. (1997). *O que é estética?* São Leopoldo: Unisinos.

Kennedy, P. (1989). *Ascensão e queda das grandes potências*. 16. ed. Rio de Janeiro: Campus.

Keegan, J. (2002). *Uma história da guerra*. São Paulo: Companhia das Letras.

Kerényi, K. (2015). *Arquétipos da religião grega*. Petrópolis: Vozes.

Kiefer, F., Lima, R. R., & Maglia, V. V. B. (2001). *Crítica na arquitetura*. Porto Alegre: Editora Ritter dos Reis.

Koch, W. (2004). *Dicionário de estilos arquitetônicos*. São Paulo: Martins Fontes.

Konder, L. (1999). *Marx*. São Paulo: Paz e Terra.

Kostof, S. (1977). *The Architect*. Nova York: Oxford University Press.

Kriwaczek, P. (2018). *Babilônia*. Rio de Janeiro: Zahar.

Kühl, B. M. (1998). *Arquitetura do ferro e arquitetura ferroviária em São Paulo*. São Paulo: Ateliê.

Kupstas, M. (1998). *Ciência e tecnologia*. São Paulo: Moderna.

Laland, A. (1999). *Vocabulário técnico e crítico da filosofia*. 3. ed. São Paulo: Martins Fontes.

Laraia, R. B. (2007). *Cultura – um conceito antropológico*. 21. ed. Rio de Janeiro: Zahar.

Larivaille, P. (2001). *A Itália no tempo de Maquiavel*. São Paulo: Companhia das Letras.

Launay, M. (2019). *A fascinante história da Matemática*. Lisboa: Ed. Bertrand.

Lawrence, A. W. (1998). *Arquitetura grega*. São Paulo: Cosac Naify.

Leonhardt, F. (1977). *Construções de concreto vol. 1 – princípios básicos*. Rio de Janeiro: Interciência.

Leonhardt, F. (1983). *Construções de concreto vol. 5 – protendido*. Rio de Janeiro: Interciência.

Lot, F. (2008). *O fim do mundo antigo e o princípio da Idade Média*. Coimbra: Edições 70.

Lotz, W. (1998). *Arquitetura na Itália: 1500-1600*. São Paulo: Cosac Naify.

Lytton, E. B. (2021). *Atenas: ascensão e queda*. Limeira, SP: Conhecimento.

Majanlahti, A. (2012). *As famílias que construíram Roma*. São Paulo: Seoman.

Mark, R. (1995). *Architectural technology*. 2. ed. Londres: The MIT Press.

Martines, Lauro. (2003). *Abril Sangrento*. Rio de Janeiro: Imago Editora.

Martinez, A. C. (2000). *Ensaios sobre o projeto*. Brasília: Editora UnB.

Martins, W. (2002). *A palavra escrita*. 3. ed. São Paulo: Ática.

Mc Evedy, C. (1987). *Atlas histórico-geográfico universal*. Lisboa: Difel.

Mendes, C. (2011). *Arquitetura no Brasil de Cabral a D. João VI*. Rio de Janeiro: Imperial Novo.

Metri, M. (2014). *Poder, riqueza e moeda na Europa Medieval*. Rio de Janeiro: Ed. FGV.

Miranda, F. C. P. (1937). *O problema fundamental do conhecimento*. Porto Alegre: Globo.

Miyoshi, A. (2011). *Arquitetura em suspensão*. Campinas: Autores Associados.

Morales, A. J. (s.d.). *O melhor da arte do Renascimento 1*. Lisboa: G&Z Edições.

Moreux, J. C. (1983). *História da arquitetura*. São Paulo: Cultrix-Edusp.

Morrissey, J. (2005). *Gênios e rivais*. São Paulo: Globo.

Mourão, G. M. (1990). *A invenção do saber*. Belo Horizonte: Itatiaia.

Nascimento, A. M. (2001). *Iniciação ao direito do trabalho*. 27. ed. São Paulo: LTR.

Nunes, R. A. C. (2018). *História da Educação: antiguidade cristã*. São Paulo: Kírion.

Nunes, R. A. C. (2018). *História da Educação: Idade Média*. São Paulo: Kírion.

Nunes, R. A. C. (2018). *História da Educação: século XVII*. São Paulo: Kírion.

Nunes, R. A. C. (2018). *História da Educação: Renascimento*. São Paulo: Kírion.

Oliveira, B. J. (2002). *Francis Bacon e a fundamentação da ciência como tecnologia*. Belo Horizonte: Editora UFMG.

Ortega y Gasset, J. (1993). *Meditação da técnica*. Rio de Janeiro: Livro Ibero-Americano.

Ostrower, F. (1998). *A sensibilidade do intelecto*. 6. ed. Rio de Janeiro: Campus.

Ostrower, F. (2004). *Criatividade e processo de criação*. 18. ed. Petrópolis: Vozes.

Padovani, H., & Castagnola, L. (1958). *História da filosofia*. 3. ed. São Paulo: Melhoramentos.

Paim, G. (2000). *A beleza sob suspeita*. Rio de Janeiro: Jorge Zahar.

Palmer, A. (2013). *O Império Otomano*. São Paulo: Globo Livros.

Paricio, I. (1999). *La construcción de la arquitectura*. Catalunya: ITeC.

Pastro, C. (2010) *A arte no cristianismo*. São Paulo: Editora Paulus.

Pevsner, N. (1975). *Os pioneiros do design moderno*. Lisboa: Ulisseia.

Pevsner, N. (2005). *Academias de arte – passado e presente*. São Paulo: Companhia das Letras.

Phillips, A. (1993). *Arquitectura industrial*. Barcelona: Gustavo Gili.

Poincaré, H. (2000). *O valor da ciência*. Rio de Janeiro: Contraponto.

Polano, S. (1996). *Santiago Calatrava complete works*. Milão: Elemond Editori Associati.

Prado Jr., C. (2000). *Formação do Brasil contemporâneo*. São Paulo: Publifolhas.

Puls, M. (2006). *Arquitetura e filosofia*. São Paulo: Annablume.

Ragon, M. (1972). *Histoire mondiale de l'architecture et de l'urbanisme modernes*. Tournai: Casterman.

Reale, G. (1999). *O saber dos antigos – terapia para os tempos atuais*. São Paulo: Loyola.

Recco, H. R. (2022). *Trilhos, café e terra vermelha*. Maringá, PR: Viseu.

Reis, A., & D. Camotim. (2000). *Estabilidade estrutural*. Lisboa: McGraw-Hill.

Reston, J. (1997). *Galileu, uma vida*. Rio de Janeiro: José Olympio.

Roberts, J.M. (2000). *Livro de ouro da história do mundo*. Ediouro: Rio de Janeiro.

Ronan, C. A. (1997). *História ilustrada da ciência, vol. III*. Rio de Janeiro: Jorge Zahar Editor.

Rooney, A. (2012). *História da matemática*. Rio de Janeiro: M. Books.

Roque, T. (2012). *História da matemática: uma visão crítica*. Rio de Janeiro: Zahar.

Rosenthal, H. W. (1975). *La estructura*. Barcelona: Blume.

Rossi, R. (1996). *Introdução à filosofia*. São Paulo: Loyola.

Roth, L. M. (1999). *Entender la arquitectura*. Barcelona: Gustavo Gili.

Rouanet, S. P. (1999). *As razões do Iluminismo*. 6. ed. São Paulo: Companhia das Letras.

Rugiu, A. S. (1998). *Nostalgia do mestre artesão*. Campinas: Autores Associados.

Salvatori, M. (1980). *The buildings stand up*. Nova York: W. W. Norton.

Salvatori, M. (1990). *The art of construction*. Chicago: Review Press.

Salvatori, M., & Heller, R. (1996). *Le strutture in architettura. Nuova edizione ampliata*. Turim: Etas Libri.

Sánchez, E. (1999). *Nova normalização brasileira para o concreto estrutural*. Juiz de Fora: Interciência-UFJF.

Sandaker, B. N., & Eggen, A. P. (1992). *The structural basis of architecture*. Nova York: Whitney.

Santos, P. F. (1961). *A arquitetura da sociedade industrial*. Belo Horizonte: UFMG.

Schulitz, H. C., Sobek, W., & Habermann, K. J. (2000). *Steel construction manual*. Munique: Birkhäuser.

Schurmann, P. F. (1945). *História de la física*. Buenos Aires: Nova.

Sheppard, C. (1996). *Skyscrapers*. Cingapura: Smithmark.

Sheppard, C. (1996). *Railway stations*. China: Todtri.

Silva, E. (1991). *A forma e a fórmula*. Porto Alegre: DCLuzzatto.

Silva, E. (1998). *Uma introdução ao projeto arquitetônico*. 2. ed. Porto Alegre: Ed. UFRGS.

Silva, E. (1994). *Matéria, idéia e forma*. Porto Alegre: Ed. UFRGS.

Silva, G. G. (1988). *Arquitetura do ferro no Brasil*. São Paulo: Nobel.

Silva. R. F. (1997). *A Revolução Industrial*. 2. ed. São Paulo: Núcleo.

Silva, V. D. (1990). *Cavalaria e nobreza no fim da Idade Média*. Belo Horizonte: Itatiaia-Edusp.

Smith, D. E. (1953). *History of mathematics, vols. 1 e 2*. Nova York: Dover.

Soares, L. C. (2001). *Da revolução científica à big (business) science*. São Paulo-Niterói: Hucitec-Eduff.

Souza, A. (1978). *Arquitetura no Brasil*. São Paulo: Editora da Universidade de São Paulo.

Souza, F.G. (2022). *Açucar-riqueza e arte em Pernambuco*. Recife: Cepe.

Spengler, O. (1993). *O homem e a técnica*. Lisboa: Guimarães.

Strathern, P. (2023). *Ascensão e queda: uma história do mundo em dez impérios*. Porto Alegre: L&PM Editores.

Stroeter, J. R. (1986). *Arquitetura e teorias*. São Paulo: Nobel.

Summerson, J. (1997). *A linguagem clássica da arquitetura*. São Paulo: Martins Fontes.

Suzman, J. (2022). *Trabalho*. Belo Horizonte: Editora Vestígio

Svensson, F. (2001). *Visão de mundo: arquitetura*. Brasília: Alva.

Tavares, A. L. (2000). *A engenharia militar portuguesa na construção do Brasil*. Rio de Janeiro: Biblioteca do Exército Editora.

Telles, P. C. S. (2017). *Notáveis empreendimentos da engenharia no Brasil*. Rio de Janeiro: LTC.

Telles, P. C. S. (2018). *História da engenharia ferroviária no Brasil*. Rio de Janeiro: Notícias & Cia.

Timoshenko, S. (1983). *History of strenght of materials*. Nova York: Dover.

Tirapelli, P. (2006). *Arte Brasileira Colonial*. São Paulo: IBEP.

Tirapelli, P. (2010). *Arte Brasileira Imperial*. São Paulo: Companhia Editora Nacional.

Torroja, E. (1960). *Razón y ser de los tipos estructurales*. 3. ed. Madri: Instituto Eduardo Torroja de la Construcción y del Cemento.

Tremlett, G. (2018). *Isabel de Castela: a primeira grande rainha da Europa*. Rio de Janeiro: Rocco.

Trevisan, A. (2002). *Como apreciar a arte*. 3. ed. Porto Alegre: AGE.

Vallejo, I. (2022). *O infinito em um Junco*: a invenção dos livros no mundo. Rio de Janeiro: Intrínseca.

Vargas, M. (1985). *Metodologia da pesquisa tecnológica*. Rio de Janeiro: Globo.

Vargas, M. (1994). *Contribuição para a história da engenharia no Brasil*. São Paulo: Edusp.

Vargas, M. (1994). *Para uma filosofia da tecnologia*. São Paulo: Alfa Omega.

Vasconcelos, A. C. (1985). *O concreto no Brasil*. São Paulo: Copiare.

Vasconcelos, A. C. (1991). *Estruturas arquitetônicas*. São Paulo: Studio Nobel.

Vaz, L. (2001). *O Professor Jeremias*. Rio de Janeiro: Bom Texto.

Villalba, A. C. (1996). *Historia de la construcción arquitetónica*. Barcelona: Ediciones UPC.

Vernant, J. P. (2018). *Mito e religião na Grécia Antiga*. São Paulo: Martins Fontes.

Vernant, J. P. (2022). *O Universo, os Deuses, o Homem*. São Paulo: Companhia das Letras.

Vernant, J. P. (2022). *As origens do pensamento grego*. Rio de Janeiro: Difel.

Vitrúvio (2006). *Tratado de arquitetura*. Lisboa: IST Press.

Voltaire (1996). *Elementos da filosofia de Newton*. Campinas: Editora da Unicamp.

Walker, P. R. (2005). *A disputa que mudou a Renascença*. Rio de Janeiro: Record.

Warnke, M. (2001). *O artista da corte*. São Paulo: Edusp.

Wells, C. (2011). *De Bizâncio para o mundo*. 7. ed. São Paulo: Bertrand Brasil.

Woolf, G. (2017). *Roma: a história de um império*. São Paulo: Cultrix.

Zamboni, S. (1998). *A pesquisa em arte*. Campinas: Autores Associados.

Zignoli, V. (1978). *Construcciones metálicas*. Madri: Dossat.

Zilles, U. (2008). *Teoria do conhecimento e teoria da ciência*. 2. ed. São Paulo: Paulus.

Ziman, J. (1981). *A força do conhecimento*. Belo Horizonte/São Paulo: Itatiaia-Edusp.

Artigos

Costa, O. M. (1943). A evolução da teoria das construções. Conferência realizada no Instituto de Engenharia do Paraná, a 8 de junho de 1943. *Revista Técnica*, nov.- dez. (1943).

Magalhães, E. M. *Revista Estrutura*, n. 57, pp. 91-96. Rio de Janeiro.

Meurs, P. O Pavilhão Brasileiro na Exposição de Bruxelas, 1958. Arquiteto Sérgio Bernardes: www.vitruvius.com.brl texto 034, dezembro de 2000.

Monsieur Brune (1871). *Cours des Construction*. Paris: École des Beaux-Arts.

CRÉDITOS DAS FIGURAS

Figura 1
Pirâmide escalonada do faraó (2021). Bing, c2021. Recuperado de https//www.bing.com/images/search?view=detailV2&ccid=emDyq-0dH&id=0AC99FF2A4D4C6C25F9D337FBC996.

Figura 2
Egypt (2023, 18 dezembro). Wikipedia. Recuperado de https//en.wikipedia.org/wiki/Egypt#/media/File:All_Gizah_Pyramids.jpg.

Figura 3
Templo de Hatshepsut, em Luxor: seria ela a mãe adotiva de Moisés? (2023, 22 dezembro). Pé na Estrada. Recuperado de https//www.penaestrada.blog.br/o-templo-de-hatshepsut/.

Figura 4
Templo de Luxor (2020, 28 julho). Wikipedia. Recuperado de https//pt.wikipedia.org/wiki/Templo_de_Luxor#/media/Ficheiro:Pylons_and_obelisk_Luxor_temple.JPG.

Figura 5
Karnak (2023, 14 dezembro). Wikipedia. Recuperado de https//es.wikipedia.org/wiki/Karnak#/media/Archivo:Templo_de_Karnak,_Luxor,_Egipto,_2022-04-03,_DD_148.jpg

Figura 6
Amphitheater (2023, 21 novembro). Wikipedia. Recuperado de https// upload.wikimedia.org/wikipedia/commons/2/2c/Milet_Amphitheater1.JPG.

Figura 7
Ordens arquitetônicas Gregas (2023). Khan Academy, c2023. Recuperado de https://pt.khanacademy.org/humanities/ancient-art-civilizations/greek-art/beginners-guide-greece/a/greek-architectural-orders.

Figura 8
Templo de Posidon (2016). Aula de História. Recuperado de https://auladehistoria.org/wp-content/uploads/2016/02/templo-de-posidon-paestum.jpg.

Figura 9
Acrópole de Atenas (2023, 5 novembro). Wikipedia. Recuperado de https://pt.wikipedia.org/wiki/Acrópole_de_Atenas.

Figura 10
Partenon (2023, 19 outubro). Wikipedia. Recuperado de https//pt.wikipedia.org/wiki/Partenon#/media/Ficheiro:The_Parthenon_in_Athens.jpg.

Figura 11
Erecteion (2023, 9 dezembro). Wikipedia. Recuperado de https://upload.wikimedia.org/wikipedia/commons/7/78/The_Erechtheion_on_May_14%2C_2021.jpg.

Figura 12
Orange Smile. Recuperado de https://www.orangesmile.com.

Figura 13
Altar de Pérgamo (2020, 20 julho). Recuperado de https//pt.wikipedia.org/wiki/Altar_de_Pérgamo#/media/Ficheiro:Berlin_-_Pergamonmuseum_-_Altar_01.jpg.

Figura 14
Arquitetura Romana: História, Características + Obras Maravilhosas (2022, 7 julho). Viva Decora. Recuperado de www.vivadecora.com.br/pro/arquitetura-romana/.

Figura 15
PERUGIA, Arco Etrusco o di Augusto - Umbria Notizie Web (2019). Bing. Recuperado de https://www.bing.com/images/search?view=detailV2&ccid=HfI5RLIz&id=6BCD2DFB27FA5D6BCCDBC4140E-7130869B9F0370&t.

Figura 16
Roma: Excursão exclusiva ao subterrâneo do Coliseu e ao Fórum Romano (2023). Get Your Guide c2023. Recuperado de https//www.getyourguide.com.br/roma-l33/coliseu-subterraneo-e-forum-romano-t455597/.

Figura 17

Banhos romanos: Como eram as termas romanas? (2023). Jafet Numismatica, c2023. Recuperado de https://jafetnumismatica.com.br/banhos-romanos-termas-romanas/.

Figura 18

Banhos romanos: Como eram as termas romanas? (2023). Jafet Numismatica, c2023. Recuperado de https://jafetnumismatica.com.br/banhos-romanos-termas-romanas/.

Figura 19

Recuperado de https://commons.wikimedia.org/wiki/File:Interior_of_Santa_Maria_Degli_Angeli.jpg.

Figura 20

Muralha Aureliana (2011). Infoescola. Recuperado de https://www.infoescola.com/wp-content/uploads/2011/09/muralha-aureliana.jpg.

Figura 21

Aqueduto de Segóvia (2023, 13 outubro). Wikipedia. Recuperado de https://pt.wikipedia.org/wiki/Aqueduto_de_Segóvia#/media/Ficheiro:Aqueduct_of_Segovia_08.jpg.

Figura 22

Ponte do Gard (2022, 17 maio). Wikipedia. Recuperado de https://pt.wikipedia.org/wiki/Ponte_do_Gard#/media/Ficheiro:Pont_du_Gard_BLS.jpg.

Figura 23

Roman architecture. Recuperado de https://i.pinimg.com/474x/d6/c8/88/d6c8886003284f6675f4adedb3b374f9--roman-architecture-architecture-images.jpg.

Figura 24

Wikipedia. Recuperado de https://upload.wikimedia.org/wikipedia/commons/c/c9/ArcoCostLatoNord.jpg.

Figura 25

Coluna de Trajano (2022, 11 fevereiro). Recuperado de https://www.absolutviajes.com/pt/Roma/coluna-de-trajan/.

Figura 26

Wikipedia. Recuperado de https://upload.wikimedia.org/wikipedia/commons/8/84/Ephesus_Celsus_Library_Façade.jpg.

Figura 27

Wikipedia. Recuperado de https://upload.wikimedia.org/wikipedia/commons/c/c3/Monte_Cassino_Opactwo_1.JPG.

Figura 28

Walls of Constantinople (2022). Wikipedia. Recuperado de https://pt.wikipedia.org/wiki/Cerco_de_Constantinopla_(717718)#/media/Ficheiro:Walls_of_Constantinople.JPG.

Figura 29

Corrêa A. (2020). Castelo de Santo Ângelo: como visitar o imponente monumento histórico. Turismo. Recuperado de https://turismo.eurodicas.com.br/castelo-de-santo-angelo/.

Figura 30

imagens castellabate - Procurar Imagens (bing.com)

Figura 31

Aachen Germany Imperial Cathedral (2020). Wikipedia. Recuperado de https://wikipedia.org/wiki/Catedral_de_Aachen#/media/Ficheiro:Aachen_Germany_Imperial-Cathedral-01.jpg

Figura 32

Ricardo Costa (2020). Recuperado de https://www.ricardocosta.com/sites/default/files/imagens/bayeux/bayeux5.jpg.

Figura 33

baluarte medieval - Procurar Imagens (bing.com)

Figura 34

Crac des chevaliers Syria (2023, 17 dezembro). Wikipedia. Recuperado de https://upload.wikimedia.org/wikipedia/commons/5/5a/Crac_des_chevaliers_syria.jpeg.

Figura 35

Muralhas de Carcassone cidade Posso Boulevard (2020). Assets. Recuperado de https://assets.papodehomem.com.br/2016/10/13/18/22/09/

5c37a0e1-3b98-461f-96a2-adcc68b7ed4f/muralhas_de_carcassone_cidade_posso_boulevard.jpg.

Figura 36

Awstiqet CDN (c2023); Recuperado de https://awstiqetscdn.imgix.net/images/content/eb2345427ec240feb198a611a103e7c8.jpg?auto=format&fit=crop&ixlib=python-1.1.2&q=70&s=35960d-1fc4636500875087165e1b7f37.

Figura 37

scriptorium medieval - Procurar Imagens (bing.com)

Figura 38

Basílica di Sant'Ambrogio em Milão (2023). Dicas da Itália, c2023. Recuperado de https://dicasdaitalia.com.br/milao/basilica-di-santambrogio-em-milao/.

Figura 39

Santa Sofia (2023, 10 novembro). Wikipedia. Recuperado de https://pt.wikipedia.org/wiki/Santa_Sofia#/media/Ficheiro:Hagia_Sophia_Mars_2013.jpg

Figura 40

Hagia Sophia interior (2019). Tour Scanner. Recuperado de https://tourscanner.com/blog/wp-content/uploads/2019/05/Hagia-Sophia--interior.jpg?x65729

Figura 41

Basílica de São Vital (2022, 7 novembro). Wikipedia. Recuperado de https://pt.wikipedia.org/wiki/Basílica_de_São_Vital#/media/Ficheiro:-San_Vitale_Ravenna.jpg

Figura 42

El Romanico em Colonia (2013). Bing. Recuperado de https://www.bing.com/images/search?view=detailV2&ccid=4bKDPVIk&id=4DD-0C5063ABABF75250ECC77DA1518B19EC19418&thid.

Figura 43

Basílica de São Marcos (2023, 5 março). Wikipedia. Recuperado de https://pt.wikipedia.org/wiki/Basílica_de_São_Marcos#/media/Ficheiro:Basilica_Venecia.jpg.

Figura 44

Veneto Venezia (2023). Wikipedia. Recuperado de upload.wikimedia.org/wikipedia/commons/9/90/Veneto_Venezia2_tango7174.jpg.

Figura 45

Abbaye de Cluny (2023). Cluny Abbaye. Recuperado de https://www.clunyabbaye.fr/var/cmn_inter/storage/images/mediatheque/mediatheque-commune/images/abbaye-de-cluny-panoramique/1236980-1-fre-FR/Abbaye-de-Cluny-panoramique_image-max.jpg.

Figura 46

Blog Spot (c2023). Recuperado de https://2.bp.blogspot.com/4dCoX4YdVZ8/W5e9gvAlFcI/AAAAAAAAPD0/DTQbizhPLmIsdLpoTEK-6sEY_wtU7k1u4wCEwYBhgL/s1600/San_Mart%25C3%25ADn_de_Fr%25C3%25B3mista.JPG.

Figura 47

Moderna catedral (2023). Mega Construcciones, c2023. Recuperado de https://megaconstrucciones.net/images/edificios-religiosos/foto/modena-catedral.jpg.

Figura 48

Via Michelin (c2023). Recuperado de https://gv-images.viamichelin.com/images/michelin_guide/max/NX-44693.jpg.

Figura 49

Catedral de Pisa (2023, 12 julho). Wikipedia. Recuperado de https://pt.wikipedia.org/wiki/Catedral_de_Pisa#/media/Ficheiro:Pisa-Catedral1.jpg.

Figura 50

Basilique St Denis Seine (2023). Wikipedia. Recuperado de https://pt.wikipedia.org/wiki/Basílica_de_SaintDenis#/media/Ficheiro:Basilique_St_Denis_façade_ouest_St_Denis_Seine_St_Denis_20.jpg.

Figura 51

Wikipedia (c2023). Recuperado de https:// upload.wikimedia.org/wikipedia/commons/9/9f/St_Denis_Choir_Glass.jpg.

Figura 52

Wikipedia (c2023). Recuperado de https://pt.wikipedia.org/wiki/Basílica_de_SaintDenis#/media/Ficheiro:St_Denis_Transept_North_Glass.jpg.

Figura 53

Catedral de Lyon (2023). Wikiward, c2023. Recuperado de https://www.wikiwand.com/es/Catedral_de_Lyon#Media/Archivo:Cathedrale-saint-jean.jpg.

Figura 54

Static Flickr (c2023). Recuperado de https://live.staticflickr.com/8632/29493633762_72d1e7d8db_b.jpg.

Figura 55

Paris St Chappelle (2014). Daniel Jknaggs. Recuperado de https://danieljknaggs.com/wp-content/uploads/2014/05/hr_s7_paris_st-chappelle.jpg.

Figura 56

Notre Dame Paris (2023). Tour del Viajero, c2023. Recuperado de https://tourdelviajero.com/wp-content/uploads/Notre-Dame-Paris.jpg.

Figura 57

Arco Rampante Dame (2019). Calcolos Trutturale. Recuperado de https://www.calcolostrutturale.com/wpcontent/uploads/2019/04/arco_rampante_notre_dame-1170x781.jpg.

Figura 58

Chartres Cathedral (2023). Wikimdia, c2023. Recuperado de https://upload.wikimedia.org/wikipedia/commons/c/c6/Chartres-Cathedral.jpg.

Figura 59

Um Pouquinho de Cada Lugar (2013). Recuperado de https://i0.wp.com/umpouquinhodecadalugar.com/wp-content/uploads/2013/07/dsc_0042.jpg.

Figura 60

Recuperado de https://i.pinimg.com/originals/61/b5/ff/61b5ff7a9caad213d55f576780b9eb25.jpg.

Figura 61

Musement (c2023). Recuperado de https://images.musement.com/cover/0003/67/thumb_266732_cover_header.jpeg.

Figura 62

Pavimento Duomo Siena (2016). 10 Cose. Recuperado de https://www.10cose.it/wp-content/uploads/2016/04/pavimento-duomo-siena-1068x717.jpg.

Figura 63

Tipos de mirantes (2016). Arkiplus. Recuperado de https://i1.wp.com/www.arkiplus.com/wp-content/uploads/2016/09/tipos-de-minaretes2.jpg?resize=600%2C450.

Figura 64

Blog Spot (c2023). Recuperado de https://3.bp.blogspot.com/n82jzi-Gv5Y4/U7S6ragPR4I/AAAAAAAAXCs/3QYZ9OvN2jo/s1600/Torre+de+entrada+da+catedral+de+Aachen.jpg.

Figura 65

Lincoln Cathedral (2023). Wanderlist, c2023. Recuperado de https://wanderlust-tours.com/wp-content/gallery/cathedrals-england-2/lincoln-cathedral1.jpg.

Figura 66

Pinimg (c2023). Recuperado de https://i.pinimg.com/originals/bb/01/e5/bb01e532ec5501851e2de495003b45ae.jpg.

Figura 67

Salerno Aerea (2018). Sinmapa. Recuperado de https://i0.wp.com/www.sinmapa.net/wp-content/uploads/2018/08/salerno1-aerea.jpg?resize=1000%2C667&ssl=1.

Figura 68

Castello di Canossa (2020). Viaggiamo. Recuperado de https://www.viaggiamo.it/wp-content/uploads/2020/04/castello-di-canossa--storia.jpg.

Figura 69

Pinimg (c2023). Recuperado de https://i.pinimg.com/736x/9c/59/fe/9c59fe0e7d330ba33d67fef234393544.jpg.

Figura 70

Municip.jpg (709×531) (wikimedia.org)

Figura 71

CSN (c2023). Recuperado de https://cdn.audleytravel.com/3926/2802/79/1025196-aerial-view-of-siena.jpg.

Figura 72

Storia ViVA Viaggi (c2023). Recuperado de https://www.storiaviva-viaggi.it/wp-content/uploads/san-ivo.jpg.

Figura 73

Recuperado de https://fr.wikiarquitectura.com/wpcontent/uploads/2017/01/Santa_Maria_de_del_Fiore_1.jpg.

Figura 74

Farm (c2023). Recuperado de https://farm6.staticflickr.com/5160/14303920031_400382754d_z.jpg.

Figura 75

Michelozzo Cortile (2018). Guia Florença. Recuperado de https://guiaflorenca.net/wp-content/uploads/2018/09/347_1_Michelozzo_cortile-palazzo-Medici-Riccardi_fullhd.jpg.

Figura 76

Guia Florença (2018). Recuperado de https://guiaflorenca.net/wpcontent/uploads/2018/09/24123919780_792a8b771d_h.jpg.

Figura 77

A obra prima da arquitetura Renascentista (2023). Passeios na Toscana, c2023. Recuperado de https://passeiosnatoscana.com/a-obra-prima-da-arquitetura-renascentista-a-cupula-do-duomo-de-florenca/#jp-carousel.

Figura 78

Pinimg (c2023). Recuperado de https://i.pinimg.com/originals/51/2c/f7/512cf729ea57d83891b4dc90c5effc56.jpg

Figura 79

Palacio Rucellai (2023). Viajar Florencia, c2023. Recuperado de https://www.viajarflorencia.com/wp-content/uploads/palacio-rucellai-visitar.jpg.

Figura 80

Santa Maria Novella (2016). A um clic de la aventura. Recuperado de https://aunclicdelaaventura.com/wp-content/uploads/2016/04/Santa-Maria-Novella-portada.jpg.

Figura 81

Pinimg (c2023). Recuperado de https://i.pinimg.com/736x/3b/e7/6f/3be76f47fe1fe620f10de8e4bf9ee608--renaissance-architecture-ancient-architecture.jpg .

Figura 82

CDN (2016). Recuperado de https://cdn.skoda-storyboard.com/2016/12/shutterstock_39157972-960x1440.jpg

Figura 83

Blog Spot (c2023). Recuperado de https://2.bp.blogspot.com/TC1Rc0nvor4/Uul6K2bZ0zI/AAAAAAAAF_k/bSS59VSYds4/s1600/07.JPG.

Figura 84

Basílica de San Pedro Roma (2023). Blog Spot, c2023. Recuperado de https://4.bp.blogspot.com/9XM9_IypxM/ToKvUEBdFPI/AAAAAAAAQwc/yFwHSuzzC2g/s1600/Basilica-de-San-Pedro-Roma.jpg.

Figura 85

Pinimg (c2023). Recuperado de https://i.pinimg.com/originals/fa/39/74/fa39748b2ee307f4bf954e7f538e35ca.jpg.

Figura 86

Biblioteca Medicea Laurenziana (2021). Enflorencia. Recuperado de https://www.enflorencia.com/wp-content/uploads/2021/03/Biblioteca-Medicea-Laurenziana-1536x1058.jpg.

Figura 87

Pinimg (c2023). Recuperado de https://i.pinimg.com/originals/4f/f5/42/4ff5422b42bfcd79e6b1906fd6fc6f1a.jpg.

Figura 88

Pinimg (c2023). Recuperado de https://i.pinimg.com/originals/5f/0a/9e/5f0a9eb736685486bdf0b0f6ac1108df.jpg

Figura 89

Pinimg (c2023). Recuperado de https://i.pinimg.com/originals/1a/0d/e1/1a0de1781e6ca073336228b5b5896732.jpg.

Figura 90

Pinimg (c2023). Recuperado de https://i.pinimg.com/originals/f3/24/66/f32466f2975fd3591e3c13e5ebe1092e.jpg.

Figura 91

Piazza San Pietro (2020). Renatours. Recuperado de https://www.rana-tours.jp/wp-content/uploads/sites/5/2020/03/piazza-san-pietro.jpg.

Figura 92

Pinimg (c2023). Recuperado de https://i.pinimg.com/originals/40/c2/45/40c245928f4454eef4ab113f2b5a34a1.jpg.

Figura 93

Pinimg (c2023). Recuperado de https://i.pinimg.com/originals/54/f9/87/54f987b4abf9f552e6a5e09295f1fdd3.png.

Figura 94

San Carlo alle Quattro (2023). Wikipedia. Recuperado de https://upload.wikimedia.org/wikipedia/commons/thumb/8/80/San_Carlo_

alle_Quattro_Fontane_-_Front.jpg/1200px-San_Carlo_alle_Quattro_Fontane_-_Front.jpg.

Figura 95

A detailed guide to visit the Chateau de Versailles (2023). Talk travel app, c2023. Recuperado de https://talktravelapp.com/wp-content/uploads/A-detailed-guide-to-visit-the-Chateau-de-Versailles.jpg.

Figura 96

Chateau Versailles (2023). Wikipedia. Recuperado de https://pt.wikipedia.org/wiki/Palácio_de_Versalhes#/media/Ficheiro:Chateau_Versailles_Galerie_des_Glaces.jpg.

Figura 97

Verese News (2020). Recuperado de https://www.varesenews.it/photogallery_new/images/2020/09/saronno-2020-1174637.jpg]].

Figura 98

London Magical Tours (2020). Recuperado de https://www.londonmagicaltours.com/blog/wpcontent/uploads/2020/05/TELEMMGL-PICT000213217229_trans-YBEWvMdcMFfUabU60-4H7-3kDng3x--gnHj1zaeDjnU8.jpeg.

Figura 99

Pinimg (c2023). Recuperado de https://i.pinimg.com/originals/03/2e/c0/032ec00faea10b432c944522c89f6c0b.jpg.

Figura 100

Lonely Planets (c2023). Recuperado de https://lonelyplanetes.cdnstatics2.com/sites/default/files/styles/max_650x650/public/imprescindibles_images/austria_abadiaadmont_shutterstock_738044776_levt_shutterstock.jpg?itok=YWOJk20J.

Figura 101

Antoni Gaudi Spain Barcelon (2023). Adsttc, c2023. Recuperado de https://images.adsttc.com/media/images/50f9/97cb/b3fc/4b-5b/1800/009b/large_jpg/antoni-gaudi-spain-barcelona-colonia-guell-03-samuel-ludwig.jpg?1414192197.

431

Figura 102

Pinimg (c2023). Recuperado de https://i.pinimg.com/originals/8f/75/c0/8f75c0e1dcc92210250f3e5613edeae3.png (acesso em 18/11/2023)

Figura 103

Pirâmide do Louvre (2016). WP. Recuperado de https://i1.wp.com/beminparisblog.com/wp-content/uploads/2016/05/Piramide-do-Louvre-fontes-2.png?w=702&ssl=1.

Figura 104

Escola de Atenas (2023). Aventuras na História, c2023. Recuperado de https://aventurasnahistoria.uol.com.br/media/_versions/arte/escola_de_atenas_widelg.jpg.

Figura 105

Yahoo (c2023). Recuperado de https://r.search.yahoo.com/_ylt=AwrihwSWfFplOsoci6n.6Qt.;_ylu=c2VjA2ZwLWltZwRzbGs-DaW1n/RV=2/RE=1700457750/RO=11/RU=https%3a%2f%-2flh4.googleusercontent.com%2fproxy%2fJRb8CoaVek4XY-V-e0rxYXpPQ5UL0oZ8ruunV6XFWCfxNKf3hkN7MeT6s-A-DRCDYLr2ngzXj-IjPYutlukzY_r2Y0OK0IUoAxbG1Gteg5QN-BwTSI8IA301RH6Eqle8EuIBcqIwMH6k3a2%3ds0-d/RK=2/RS=6tbWRo_yYFCPp2O2DXBVMJkMYS8-.

Figura 106

Abadia Westminster (2018). Miviaje. Recuperado de https://miviaje.com/wp-content/uploads/2018/03/abadia-westsminster-londres.jpg.

Figura 107

Dona Ana Costa (2011). Recuperado de https://donaanacostadotcom.files.wordpress.com/2011/06/19.jpg?w=300.

Figura 108

Recuperado de https://lh3.ggpht.com/_UxBSbRTCLf4/S8NCGGXHGoI/AAAAAAAABqk/FwGqrAEJtDg/s1600/SDC11276.JPG.

Figura 109

Pinimg (c2023). Recuperado de https://i.pinimg.com/736x/58/f0/3a/58f03af4ffbb0787bcbfbd55b4c4b088.jpg.

Figura 110

Mosteiro de São Bento (Rio de Janeiro) (2023, 14 novembro). Wikipedia. Recuperado de https://pt.wikipedia.org/wiki/Mosteiro_de_São_Bento_(Rio_de_Janeiro)#/media/Ficheiro:Rio-SaoBentoMonastery1.JPG

Figura 111

Recuperado de https://generalgirao.com.br/wp-content/uploads/2020/06/foto-1024x691.jpg.

Figura 112

Igreja Francisco de Assis (2023). Wikipedia. Recuperado de https://upload.wikimedia.org/wikipedia/commons/7/71/Igreja_de_S%C3%A3o_Francisco_de_Assis_-_S%C3%A3o_Jo%C3%A3o_del-Rei.jpg.

Figura 113

Congonhas Santuário Matosinhos (2023). Wikipedia. Recuperado de https://upload.wikimedia.org/wikipedia/commons/4/43/Congonhas_santuario_matosinhos.jpg

Figura 114

Igreja do Santuário de Bom Jesus (2023). Wikipedia. Recuperado de https://upload.wikimedia.org/wikipedia/pt/1/12/Igreja_do_Santu%C3%A1rio_do_Bom_Jesus_de_Matosinhos_-_altares_do_cruzeiro_e_capela-mor.jpg.

Figura 115

São Francisco Ouro Petro (2023). Wikipedia. Recuperado de https://upload.wikimedia.org/wikipedia/commons/8/85/SFrancisOuroPreto-CCBY.jpg

Figura 116

Igreja São Francisco do Assis (2017). IPatrimônio. Recuperado de https://www.ipatrimonio.org/wp-content/uploads/2017/04/Ouro-Preto-Igreja-de-S%C3%A3o-Francisco-de-Assis-Imagem-Iphan2.jpg.

Figura 117

Família imperial brasileira (2023). Aventuras na História, c2023. Recuperado de https://aventurasnahistoria.uol.com.br/media/_versions/familia_imperial_brasileira/paco_imperial_widelg.jpg.

Figura 118

Casa dos Confidentes (2023). CDN, c2023. Recuperado de https://media-cdn.tripadvisor.com/media/photo-s/04/a8/b3/e5/casa-dos-inconfidentes.jpg.

Figura 119

Rio de Janeiro antiga alfândega (2017). IPatrimônio. Recuperado de https://www.ipatrimonio.org/wp-content/uploads/2017/05/Rio-de-Janeiro-Antiga-Alfândega-Imagem-Halley-Pacheco-de-Oliveira.jpg.

Figura 120

Entrada da academia imperial (2023). Wikipedia. Recuperado de https://upload.wikimedia.org/wikipedia/commons/e/e7/Entrada_da_Academia_Imperial.jpg

Figura 121

AL SP (c2023). Recuperado de https://www.al.sp.gov.br/repositorio/noticia/N-09-2013/fg129846.jpg.

Figura 122

Pinimg (c2023). Recuperado de https://i.pinimg.com/736x/25/bd/7d/25bd7db473875c0f433fcb4fe0e620e8--sao-paulo.jpg.

Figura 123

Boulton and Watt Rotary Engine (2019). Recuperado de https://allthatsinteresting.com/wordpress/wpcontent/uploads/2019/02/boulton-and-watt-rotary-engine.jpg.

Figura 124

The iron bridge David Taylorscience Photo Library (2023). Fine Art America, c2023. Recuperado de https://images.fineartamerica.com/images-medium-large-5/the-iron-bridge-david-taylorscience-photo-library.jpg.

Figura 125

Stephenson Rocket (2023). Wikipedia. Recuperado de https://upload.wikimedia.org/wikipedia/commons/3/30/Stephenson%27s_Rocket.jpg

Figura 126

Thoughtco (c2023). Recuperado de https://www.thoughtco.com/thmb/oyqdhX_2cq3x6pEZQeuXcorTy7E=/768x0/filters:no_upscale():max_bytes(150000):strip_icc()/Bessemerprocess0130003x2gty58b4e7c-75f9b586046963aff.jpg.

Figura 127

Fábrica de Ferro (2023). Wikipedia. Recuperado de https://upload.wikimedia.org/wikipedia/commons/b/b6/Fábrica_ferro_Sorocaba_1884.jpg.

Figura 128

A natureza foi preservada cuidadosamente em todo o percurso (2023). Blog Spot, c2023. Recuperado de https://3.bp.blogspot.com/yDzhk-DlqlPg/Twbjqn4EOvI/AAAAAAAABWw/aEHXZ7oMNL4/w1200-h-630-p-k-no-nu/A+natureza+foi+preservada+cuidadosamente+em+todo+o+percurso..jpg""1.

Figura 129

Pinimg (c2023). Recuperado de https://i.pinimg.com/originals/35/b5/56/35b5569fad33313919f93ece83e6b89e.jpg.

Figura 130

Paredes foram abertas para dar passagem ao progresso. Blog Spot, c2023. Recuperado de https://4.bp.blogspot.com/WKpYamXIrhc/TwbkPiDMmQI/AAAAAAAABXI/l2xmP3Z4AXU/s1600/Foto+2-+Pared%25C3%25B5es+foram+abertos+para+dar+passagem+ao+progresso.jpg

Figura 131

Estado da luz (2013). IPatrimônio. Recuperado de https://www.ipatrimonio.org/wp-content/uploads/2013/12/800px-Esta%C3%A7%C3%A3o_da_Luz1.jpg.

Figura 132

Luz Station centro (2023). CDN, c2023. Recuperado de https://media-cdn.tripadvisor.com/media/photo-s/15/58/2a/c4/luz-station-centro.jpg.

Figura 133

Palestra (2019). Manuais de Escopo. Recuperado de http://www.manuaisdeescopo.com.br/wp-content/uploads/2019/06/palestra-300x225.jpg.

Figura 134

Blog Spot (c2023). Recuperado de https://3.bp.blogspot.com/-l0FJzY-lFFFo/U9jF7KepQVI/AAAAAAAAXHM/2Bau5wEVHXg/s1600/1.jpg.

Figura 135

Amazona WS (c2023). Recuperado de https://s3.amazonaws.com/s3.timetoast.com/public/uploads/photo/17066221/image/766f45e19a576b70da60c5b7808dc021.

Figura 136

Pinimg (c2023). Recuperado de https://i.pinimg.com/originals/21/02/ec/2102ec1db15f0ed08a71d0dde5e2d496.jpg.

Figura 137

Golden Gate Bridge Phorografy (2016). Travel Digg. Recuperado de https://traveldigg.com/wp-content/uploads/2016/05/Golden-Gate-Bridge-Photography.jpg.

Figura 138

David J. Brown em Bridges (1996)

Figura 139

Viagens Machu Picchu (2020). Recuperado de https://blog.viagensmachupicchu.com.br/wpcontent/uploads/2020/08/queswa.jpg.

Figura 140

David J. Brown em Bridges (1996)

Figura 141

Clifton suspension sun (2023). Alexnail, c2023. Recuperado de https://www.alexnail.com/gallery-images/clifton-suspension-sun.jpg.

Figura 142

Brooklyn bridge (2023). Wikipedia. Recuperado de https://upload.wikimedia.org/wikipedia/commons/a/a4/Brooklyn_Bridge_NY.jpg.

Figura 143

Early onde day in 1969 (2023). Wikipedia. Recuperado de https://upload.wikimedia.org/wikipedia/commons/5/57/Early_One_Day_in_1969.jpg.

Figura 144

Westcoast (2023). Docomomo, c2023. Recuperado de https://docomomo.ca/bc-2000/images/com_westcoast1.jpg.

Figura 145

Harb our bridge (2019). Wikipedia. Recuperado de https://upload.wikimedia.org/wikipedia/commons/d/de/Sydney_%28AU%29%2C_Harbour_Bridge_--_2019_--_2179.jpg.

Figura 146

Salle Labrouste (2018). Paris zig-zag. Recuperado de https://www.pariszigzag.fr/wp-content/uploads/2018/09/Salle-Labrouste-Paris-ZigZag-8-scaled.jpg.

Figura 147

Britannia bridge (2023). Wikipedia. Recuperado de https:// upload.wikimedia.org/wikipedia/commons/0/0c/Britannia_Bridge_-_circa_1852.jpg.

Figura 148

Britannia bridge (2023). Wikipedia. Recuperado de https://upload.wikimedia.org/wikipedia/commons/7/7c/Britannia_Bridge_wrought_iron_section.jpg.

Figura 149

Pinimg (c2023). Recuperado de https://i.pinimg.com/originals/98/7a/46/987a467a082f8009c040a2dff187d9a3.jpg

Figura 150

A. Petrignani em Tecnologia da arquitetura (1973)

Figura 151

Monsieur Brune em Cours des constructions (1871)

Figura 152

Monsieur Brune em Cours des constructions (1871)

Figura 153

Monsieur Brune em Cours des constructions (1871)

Figura 154

Monsieur Brune em Cours des constructions (1871)

Figura 155

Monsieur Brune em Cours des constructions (1871)

Figura 156

Revista Polytechina (SP), (53).

Figura 157

Static Flickr (c2023). Recuperado de https://live.staticflickr.com/109/311519265_c0da538da1_z.jpg.

Figura 158

Anhembi (2023). Jorge Wilheim. Recuperado de https://jorgewilheim.com.br/app/webroot/files/uploads/ckfinder/images/Anhembi_JW_4A_CREDITO%20AGENCIA%20VASCLO_b.jpg

Figura 159

High Light (2023). Jorge Wilheim. Recuperado de http://www.jorge-wilheim.com.br/legado/files/uploads/projects/project_1439/highlight_image.jpg?1424837882

Figura 160

Cimento Itambé (2012). Recuperado de https://www.cimentoitambe.com.br/wp-content/uploads/2012/11/IPT.jpg

Figura 161

CDN (c2023). Recuperado de https://media-cdn.tripadvisor.com/media/photo-s/19/70/95/52/striking-design.jpg.

Figura 162

Pinimg (c2023). Recuperado de https://i.pinimg.com/originals/50/f6/09/50f60944f8390929207976e207a4d477.jpg.

Figura 163

Charles Sheppard em Railway stations (1996).

Figura 164

Blog Spot (c2023). Recuperado de https://1.bp.blogspot.com/-97agJ-J9cQj4/UZkcOJV891I/AAAAAAAAHjo/mZutvHx-B8Q/s1600/2.jpg.

Figura 165

Ponte Dom Luis (2023). Radio Museum, c2023. Recuperado de https://www.radiomuseum.org/museum/p/ponte-dom-luis-i-porto-vila-nova-de-gaia/images/porto_ponte_dom_luis_i_luft.jpg.

Figura 166

Puentes Maria Pia São joão (2023). CDN, c2023. Recuperado de https://cdn.civitatis.com/portugal/oporto/galeria/puentes-maria-pia-sao-joao.jpg

Figura 167

Pinimg (c2023). Recuperado de https://i.pinimg.com/originals/56/ad/6a/56ad6aaace9a52eb1f013e78db026584.jpg

Figura 168

Crystal Palace (2018). TP Eventos. Recuperado de https://tpeventos.com.br/wp-content/uploads/2018/03/crystal-palace-1060x430.jpg

Figura 169

Wikipedia. Recuperado de https://en.wikipedia.org/wiki/Galleria_Vittorio_Emanuele_II#/media/File:Milan,_Galleria_Vittorio_Emanuele.jpg

Figura 170

Recuperado de https://www.tripsavvy.com/thmb/ljbtFj_KKaKdkMaA-QSuMzG0Xweo=/3872x2572/filters:fill(auto,1)/octagon-galleria-vittorio-emanuele-ii-159658619-58e23bff3df78c5162abffe8.jpg

Figura 171

Jean Gympel em História da arquitetura (2000).

Figura 172

Festhale Frankfurt (2016). Wikipedia. https://en.wikipedia.org/wiki/Friedrich_von_Thiersch#/media/File:Festhalle_Frankfurt_2016.jpg

Figura 173

Helmut C. Schulitz em Steel construction manual (2000).

Figura 174

Blog Spot (c2023). Recuperado de https://1.bp.blogspot.com/GjwJq-68zko/Tebg4X8Yg0I/AAAAAAAAABA/mQIMY7fEPik/s1600/halle-tony-garnier.jpg.

Figura 175

Anne Petter Eggen em Steel structure and architecture (1995)

Figura 176

Festalle Frankfurt (2023). Wikipedia. Recuperado de https://en.wikipedia.org/wiki/Friedrich_von_Thiersch#/media/File:Festhalle_Frankfurt_2016.jpg

Figura 177

Adsttc (c2023). Recuperado de https://images.adsttc.com/media/images/5541/7119/e58e/ce70/6c00/030f/large_jpg/pavilhao_bruxelas.jpg?1430352140.

Figura 178

Adsttc (c2023). Recuperado de https://images.adsttc.com/media/images/5541/717e/e58e/ce50/2900/031d/large_jpg/pavilhao_bruxelas_5_2.jpg?1430352244

Figura 179

Pinimg (c2023). Recuperado de https://i.pinimg.com/originals/08/54/77/085477e8643d86d8242b44adf4a87afc.jpg

Figura 180

Adsttc (c2023). Recuperado de https://images.adsttc.com/media/images/552e/7cfa/e58e/ceb8/7d00/0042/large_jpg/Celso_Brando._Via_Bernardes_Arquitetura_1.jpg?1429110006.

Figura 181

Pier Luig Inervi (2020). Recuperado de https://pierluiginervi.org/wp-content/uploads/2020/12/bus-31-e1319097429206-357x322.jpg

Figura 182

Guiding architects (2014). Recuperado de https://www.guiding-architects.net/wp-content/uploads/2014/11/2-1.jpg.

Figura 183

EPDLP (c2023). Recuperado de https://www.epdlp.com/fotos/foster9.jpg.

Figura 184

WP (c2023). Recuperado de https://i1.wp.com/geheimtipps-tuttgart.de/wp-content/uploads/20180425-STR_Terminal1.jpg?w=1246&h=831&ssl=1.

Figura 185

Yahoo (c2023). Recuperado de https://br.images.search.yahoo.com/search/images;_ylt=AwrihwRhCVll5TsLgSH16Qt.;_ylu=c2VjA3NlYXJjaARzbGsDYnV0dG9u;_ylc=X1MDMjExNDcxMDAwNQRfcgMyBGZyA21jYWZlZQRmcjIDcDpzLHY6aSxtOnNiLXRvcARncHJpZAMEbl9yc2x0AzAEbl9zdWdnAzAEb3JpZ2luA2JyLmltYWdlcy5zZWFyY2gueWFob28uY29tBHBvcwMwBHBxc3RyAwRwcXN0cmwDMARxc3RybAMxOQRxdWVyeQNhZXJvcG9ydG8gc3R1dGdhcnQEdF9zdG1wAzE3MDAzMzQzMjQ-?p=aeroporto+stuttgart&fr=mcafee&fr2=p%3As%2Cv%3Ai%2Cm%3Asb-top&ei=UTF-8&x=wrt&type=E210BR739G0#id=-55&iurl=https%3A%2F%2Fc1.staticflickr.com%2F1%2F48%2F176247670_12dee23d37_b.jpg&action=click

Figura 186

Luís Andrade de Mattos Dias em Edificações de aço no Brasil (1999).

Figura 187

10 obras incríveis do arquiteto Lelé. Bing (2020). Recuperado de https://www.bing.com/images/search?view=detailV2&ccid=65aEoH8S&id=1FDED803EEF2B408F98BD855D22D22D7E106E439&thid=OIP.65aEoH8ShQ2rZNWF7sJ50QHaE8&mediaurl=https%3a%2f%2fsustentarqui.com.br%2fwp-content%2fuploads%2f2020%2f08%2fhospital-rede-sarahlelé.jpg&cdnurl=https%3a%2f%2fth.bing.com%2fth%2fid%2fR.eb9684a07f12850dab64d585eec279d1%3frik%3dOeQG4dciLdJV2A%26pid%3dImgRaw%26r%3d0&exph=1000&expw=1500&q=lele+sarah+brasília&simid=608021641446707150&FORM=IRPRST&ck=6507C2-

578130214126682B2A2DD44EBA&selectedIndex=16&qpvt=lele+-sarah+brasília&ajaxhist=0&ajaxserp=0.

Figura 188

Monadnok (2023). Wikipedia. Recuperado de https://upload.wikimedia.org/wikipedia/commons/9/9a/Monadnock.jpg.

Figura 189

Insurance Building (2023). Wikipedia. Recuperado de https://upload.wikimedia.org/wikipedia/commons/3/38/Home_Insurance_Building.JPG

Figura 190

Edifício Fuller (2023). Wikipedia. Recuperado de https://pt.wikipedia.org/wiki/Flatiron_Building#/media/Ficheiro:Edificio_Fuller_(Flatiron)_en_2010_desde_el_Empire_State_crop_boxin.jpg

Figura 191

Woolworth (2023). Wikipedia. Recuperado de https://upload.wikimedia.org/wikipedia/commons/4/47/Woolworth_bldg_nov2005.jpg

Figura 192

Empire State Building (2023). Wikipedia. Recuperado de https://upload.wikimedia.org/wikipedia/commons/1/10/Empire_State_Building_%28aerial_view%29.jpg

Figura 193

Seagram overall (2023). Sky Scraper Center. Recuperado de https://images.skyscrapercenter.com/building/seagram1_overall_mg.jpg.

Figura 194

Bing (c2023). Recuperado de www.bing.com/images/search?view=detailV2&mediaurl=https%3a%2f%2ffacts.net%2fwp-content%2fuploads%2f2020%2f08%2fburj-khalifa-dubai.jpg&expw=7773&exph=5185&cbid=OLC.FUszVoy9B%2Ffb0w480x360&cbn=local&idpp=local&thid=OLC.FUszVoy9B%2Ffb0w480x360&ypid=YN-8003x10619535125837842305&useBFPR=0&eeptype=PhotoGroups&dataGroup=local:datagroup.photos&PhotoGroupName=AllPhotos&PageTag=AllPhotos&selectedIndex=4&id=OLC.FUszVoy9B%2F-

fb0w480x360&q=dubai%20building&pseg=Local&noidpclose=0&-FORM=LOCIMG&ajaxhist=0&ajaxserp=0.

Figura 195

Wikipedia. Recuperado de https://upload.wikimedia.org/wikipedia/commons/c/c1/Edifício_Avenida_Central_no_Largo_da_Carioca.jpg.

Figura 196

Static Flickr (c2023). Recuperado de https://live.staticflickr.com/1387/1187216063_9d689005b2_b.jpg.

Figura 197

Structurae (c2023). Recuperado de https://files.structurae.net/files/photos/3625/dscn4518.jpg.

Figura 198

Assets (c2023). Recuperado de https://assets.aptamigo.com/IL/Chicago/Apartment/john-hancock-center/ext00.jpg.

Figura 199

Chicago Attraction (2019). WP Modula. Recuperado de https://cdn.wpmodula.com/client/q_lossless,ret_img/https://www.chicagotraveler.com/wp-content/uploads/2019/05/Chicago-Attraction-Willis-Tower--Sears-IMG_3470.jpg

Figura 200

Duluth Minnesota Minneapolis (2023). Pinimg, c2023. Recuperado de https://i.pinimg.com/736x/16/09/9c/16099cdf5abeed9564395f60e4b280d7--duluth-minnesota-minneapolis.jpg

Figura 201

Bing (c2023). Recuperado de https://3.bp.blogspot.com/JE7n3x-SUZU/WeBENAY0XAI/AAAAAAABES8/UJMe0sO0TGcSxgp1aF-NKG6nki3V5BCW7gCK4BGAYYCw/s1600/Federal%2BReserve%2BBank%2BOf%2BMinneapolis%2B-%2BMinneapolis%2BBank-746814.png.

Figura 202

Wiki Arquitetura (2017). Recuperado de https://en.wikiarquitectura.com/wp-content/uploads/2017/01/HSBC0.jpg.

Figura 203

Farol News (2018). Recuperado de https://farolnews.com.br/wp-content/uploads/2018/08/10-cc.jpg.

Figura 204

Blog Spot (c2023). Recuperado de https://4.bp.blogspot.com/_x99guR-lpF9o/Sd4vTPmzwwI/AAAAAAAACo4/sNg2nd0OFXs/s400/ssa07.jpg

Figura 205

Arkitektuel (c2023). Recuperado de https://www.arkitektuel.com/wpcontent/uploads/2017/03/913ea5246724645d1b3f32eb-30758b1630addf6c.jpg

Figura 206

Anne Petter Eggen em Steel structure and architecture (1995).

Figura 207

Franks (c2023). Recuperado de https://franks-travelbox.com/wp-content/uploads/2017/11/frankreich-paris-die-aussergewocc88hnliche-fassade-des-centre-pompidou-in-paris-frankreich-wird-von-vielfarbigen-rohren-und-einer-gewaltigen-rocc88hrenfocc88rmigen-treppe-dominiert-jorg-696x464@2x.jpg.

Figura 208

Chateu (c2023). Recuperado de https:// www.chateau-chazelet.com/en/newpagee87b9f8e.

Figura 209

Ingalls Building Cincinnati (2006). Structurae. Recuperado de https://files.structurae.net/files/photos/wikipedia/Ingalls_building_cincinnati_2006.jpg.

Figura 210

Revolutionary bridges of Robert Maillart (2023). Mini Ielts, c2023. Recuperado de https://images.mini-ielts.com/images/11/2811/the-revolutionary-bridges-of-robert-maillart.jpg.

Figura 211

Pont de Villenevue le Roi Mars (2015). Wikimedia. Recuperado de https://upload.wikimedia.org/wikipedia/commons/6/61/Pont_de_Villenevue_le_Roi_-_Mars_2015_-_Assemblage.jpg.

Figura 212

Edifício Viviendar Rue Franklin (2023). Blog Spot, c2023. Recuperado de https://1.bp.blogspot.com/zuvHi3KmaJs/U9AtprcLWJI/AAAAAAAANIM/SuTeiXdCwpw/s1600/edificio-viviendas-rue-franklin-fachada.jpg.

Figura 213

Wikimedia commons woute hagens (2023). Adsttc (c2023). Recuperado de https://images.adsttc.com/media/images/517d/3890/b3fc/4b-dd/3a00/0005/slideshow/wikimedia_commons__wouter_hagens_1312860837-image-2.jpg?1367160975.

Figura 214

Pinimg (c2023). Recuperado de https://i.pinimg.com/originals/69/8d/d0/698dd06df383f6c8f150ba51a62330de.jpg.

Figura 215

Structurae (c2023). Recuperado de https://files.structurae.net/files/photos/64/laon_ptsus02.jpg.

Figura 216

Pinimg (c2023). Recuperado de https://i.pinimg.com/originals/39/f0/bd/39f0bd2b594c66d3de3057d5338b25b3.jpg.

Figura 217

Guiaccs (c2023). Recuperado de https://guiaccs.com/wp-content/uploads/2017/10/Club-T%C3%A1chira_SG-14-DESTACADA.jpg.

Figura 218

Los Manantiales (2023). Penccil, c2023. Recuperado de https://www.penccil.com/files/table/U_40_119744394989_Cafe_Los_Manantiales.jpg.

Figura 219

Static Flickr (c2023). Recuperado de https://live.staticflickr.com/2424/3528536633_6d5af13eb5_b.jpg

Figura 220

Blog Spot (c2023). Recuperado de https://2.bp.blogspot.com/0DNyj-zRLnwM/WaI4ptCVpkI/AAAAAAAAChA/KWX8LytaC8KJdZ3YJMx-2VCtLdmOir-OwCLcBGAs/s1600/canais%2B8.jpg.

Figura 221

Fachada do edifício Sampaio Moreira (2018). Veja SP. Recuperado de https://vejasp.abril.com.br/wp-content/uploads/2018/12/Fachada-do-Edif%C3%ADcioSampaioMoreiranaRuaLiberoBadar%C3%B3nocentrodacidade..jpg.jpg?quality=70&strip=info&w=650.

Figura 222

Jockey Club Arquibancadas (2023). Rio de Janeiro Aqui (c2023). Recuperado de https://www.riodejaneiroaqui.com/figuras/jockey-club-arquibancadas.jpg.

Figura 223

Blog Spot (c2023). Recuperado de https://4.bp.blogspot.com/IVnhoh0hBmU/V3R39nAk_AI/AAAAAAAACFg/CCiuIspOXMkxTwriXNT-Z7oqHYv5Emb2gCLcB/s1600/20160501130051_FAO__DSC6498blog.jpg.

Figura 224

Edifício A Noite (2023). Wikipedia. Recuperado de https//pt.wikipedia.org/wiki/Edifício_Joseph_Gire#/media/Ficheiro:EdificioANoite.jpg.

Figura 225

Blog Spot (c2023). Recuperado de https://4.bp.blogspot.com/XVGxaH-I8AU4/W4R8b8OS4AI/AAAAAAABdmY/dPei6Ng0p8oFt5XKFz8Vt-7sh-UgbWwfQwCLcBGAs/s1600/PONTEEE.jpg.

Figura 226

Blog Spot (c2023). Recuperado de https://3.bp.blogspot.com/YGsCLW9a0hI/TdBxgLPJAtI/AAAAAAAACK8/3rcI6vWBbI/s1600/O+TREM+JA+PASSA+SOBRE+RIO+TIBAGI+-+D%25C3%2589CADA+DE+1930+-+Juliani.jpg.

Figura 227

Martinelli Building São Paulo, Brazil (2023). Atlas Obscura, c2023. Recuperado de https://www.atlasobscura.com/places/martinelli-building-sao-paulo-brazil.

Figura 228

Capanema fachada (2021). Smart History. Recuperado de https://smarthistory.org/wpcontent/uploads/2021/08/1_Pal_Gustavo_Capanema_Fachada_Sul_Foto_Oscar_Liberal.jpeg.

Figura 229

Pilotis da entrada principal para o Sul (2015). Diário do Rio. Recuperado de https://diariodorio.com/wp-content/uploads/2015/09/Pilotis-da--Entrada-Principal-voltados-para-o-Sul-por-Marcos-Leite-Almeida.jpg.

Figura 230

Palácio Capanema (2023). Vitru Vius, c2023. Recuperado de https://vitruvius.com.br/media/images/magazines/grid_9/5cc9306977f5_palaciocapanema12_nk.jpg.

Figura 231

Pinimg (c2023). Recuperado de https://i.pinimg.com/736x/8f/61/86/8f618643808c6f559d7196833afc027a.jpg.

Figura 232

Obelisco Ibiapuera. Homenagem aos heróis da revolução (2023). Wikipedia. Recuperado de https://upload.wikimedia.org/wikipedia/commons/4/45/Obelisco_do_Ibirapuera_-_Homenagem_aos_heróis_da_revolução_de_1932_-_vista_do_mausoléu.jpg

Figura 233

Dicas Igreja Pampulha Scaled (2019). Abrace o Mundo. Recuperado de https://www.abraceomundo.com/wp-content/uploads/2019/12/dicas-igreja-pampulha-scaled-e1575326441145.jpg.

Figura 234

Video Hive (c2023). Recuperado de https://videohive.img.customer.envatousercontent.com/files/66290135/Bridge%20Casa%20Verde%20590x332px.jpg?auto=compress%2Cformat&fit=crop&crop=top&max-h=8000&max-w=590&s=4598710d9079d1deed-3d2fc4c841f149.

Figura 235

Primeira ponte do Galeão, Rio de Janeiro (2023). Yahoo (c2023). Recuperado de https://r.search.yahoo.com/_ylt=AwrigTPLMIIltoIFKsT.6Qt.;_ylu=c2VjA2ZwLWltZwRzbGs-DaW1n/RV=2/RE=1700373323/RO=11/RU=https%3a%2f%2fwww.researchgate.net%2fprofile%2fEzioAraujo%2fpublication%2f278674545%2ffigure%2fdownload%2ffig2%2fAS

%3a667786548367385%401536224128279%2fFigura-
-1-Primeira-Ponte-do-Galeao-Rio-de-Janeiro-1948-Mondorf-2006.
png/RK=2/RS=6cA8tpsKZuJ6Y8h.QzDJossTZxg-.

Figura 236

Ponte mais antiga da ilha (2023). Notibras. Recuperado de https://www.notibras.com/site/wp-content/uploads/2015/04/Ponte-mais-antiga-da-Ilha.jpg.

Figura 237

Wikimapia (c2023). Recuperado de https://photos.wikimapia.org/p/00/00/68/94/57_big.jpg.

Figura 238

São Paulo Antiga (2016). Recuperado de https://www.saopauloantiga.com.br/wp-content/uploads/2016/12/cfdoalto_21.jpg.

Figura 239

Gazeta do Povo (2018). Recuperado de https://media.gazetadopovo.com.br/haus/2018/11/masp1-0bfc1a50.jpg.

Figura 240

Serv Cargo (2019). Recuperado de https://www.servcargo.com.br/servcargo/wp-content/uploads/2019/11/MASP-1024x683-1.jpg.

Figura 241

Pinimg (c2023). Recuperado de https://i.pinimg.com/originals/4a/7e/e0/4a7ee0573d336086a08d85ca9e1a9e06.jpg

Figura 242

Catedral Metropoli (2023). Wikipedia. Recuperado de https://upload.wikimedia.org/wikipedia/commons/e/ee/Catedral_metropol.jpg.